量刑研究

SENTENCING RESEARCH 第9辑

Vol. 9

石经海 主编

人民法院出版社

图书在版编目（CIP）数据
量刑研究. 第9辑 / 石经海主编. -- 北京 : 人民法院出版社, 2025. 3. -- ISBN 978-7-5109-4404-8
Ⅰ. D924.134
中国国家版本馆CIP数据核字第20257XT802号

量刑研究·第9辑
石经海　主编

策划编辑　路建华
责任编辑　路建华
封面设计　马永刚
出版发行　人民法院出版社
地　　址　北京市东城区东交民巷27号(100745)
电　　话　(010)67550682(责任编辑)　67550558(发行部查询)
　　　　　65223677(读者服务部)
客服QQ　2092078039
网　　址　http://www.courtbook.com.cn
E-mail　courtpress@sohu.com
印　　刷　天津嘉恒印务有限公司
经　　销　新华书店

开　　本　787毫米×1092毫米　1/16
字　　数　252千字
印　　张　15.5
版　　次　2025年3月第1版　2025年3月第1次印刷
书　　号　ISBN 978-7-5109-4404-8
定　　价　68.00元

《量刑研究》编辑委员会

卷首语

《量刑研究》是西南政法大学量刑研究中心主办的连续出版物。

西南政法大学量刑研究中心（以下简称中心）于2011年筹建，是西南政法大学推行学科交叉融合研究和学科特色方向建设而设立的校级非实体性学术机构。中心的成员为校内外对量刑问题的理论与实践有兴趣并愿意参与中心相关研究工作的人员。目前，中心已聘请了陈泽宪教授（中国刑法学研究会原常务副会长、中国社会科学院法学所研究员、中国社会科学院大学教授、中心名誉主任）、陈忠林教授（中国刑法学研究会原副会长、重庆大学法学院教授、中心学术委员会主任）、宋英辉教授（中国刑事诉讼法学研究会原副会长、北京师范大学刑事法律科学研究院教授）、熊秋红教授（中国刑事诉讼法学研究会副会长、中国政法大学诉讼法学研究院院长、教授）、刘仁文教授（中国刑法学研究会副会长、中国社会科学院法学研究所刑法室主任、研究员，中国社会科学院大学教授）以及全国法院、检察院、律师事务所近30位校外资深理论和实务专家为中心研究员，校内成员为本校刑法学科和刑事诉讼法学科量刑科研团队的全体成员。中心现任主任为西南政法大学刑法学科负责人石经海教授。

中心主要依托于西南政法大学刑法和刑事诉讼法学科。这两个学科在西南政法大学有着光辉的历史，是诸多著名刑事法学家，如邓又天、伍柳村、王洪俊、廖俊常、董鑫、赵长青、高绍先、孙洁兵、徐静村、朱启昌、李培泽、龙宗智、陈忠林、孙长永、邱兴隆等教授，精心建设起来的国内最先招收硕士生和较早招收博士生的国家级或省级重点学科。在深厚学科底蕴的支撑下，研究人员在致力于刑事法基础理论研究的同时，还特别注重针对刑事司法实务中暴露出的理论与实践问题展开研究，并逐渐形成一些彰显学科亮点和特色的研究方向。应当说，量刑问题研究是其中之一。

中心注重与实务部门密切合作。自2011年筹建时起，中心就与最高人民法院、重庆市高级人民法院、重庆市第一中级人民法院、重庆市江北区人民法院、重庆市人民检察院、重庆市人民检察院第一分院、重庆市江北区人民检察院、重庆市渝中区人民检察院、贵州省各级法院和检察院或相关庭室以及诸多律师事务所保持经常性合作交流。中心与最高人民法院、重庆市高级人民法院、重庆市第一中级人民法院、贵州省安顺市中级人民法院等联合举办关于量刑规范化改革、认罪认罚从宽处罚的全国性学术研讨会或专项课题调研，取得了诸多丰硕成果，为推动量刑的理论和实践发展作出了重要贡献。中心先后在贵州省安顺市中级人民法院建有“安顺中院研究基地”、在重庆锐力律师事务所建有“锐力研究基地”、在北京天驰君泰（重庆）律师事务所建有“天驰君泰研究基地”。

中心注重研究成果的教学转化。除了广泛为实务部门开设“量刑实务中的疑难问题”等培训课程外，中心还在西南政法大学法学本科生和刑事法方向法律硕士研究生中开设“量刑法学”和“量刑专题”等全校性选修课，以在实现研究成果教学转化的同时，通过完善学生刑事法知识结构、提升法律职业人才培养质量、促进量刑公正实现、推动量刑问题研究等，推动“重定罪、轻量刑”不良刑法理论与实务现象的快速转变。

然而，推动量刑的理论与实践发展是一项庞大的系统工程。这不仅在于量刑是整个刑法的缩影，而且在于量刑问题是长期严重影响司法公信力乃至社会安定的复杂问题；不仅在于“重定罪、轻量刑”现象在大陆法系司法实践中屡见不鲜，而且在于大陆法系理论上对量刑问题的研究至今仍很薄弱；不仅在于大陆法系的量刑改革步履艰难，而且在于英美法系在量刑改革上也没能令人满意；等等。因此，仅少数人的课题研究、成果发表乃至课程开设是远远不够的，需要有众多的园地与平台方便大家共同关注与交流。《量刑研究》的创办旨在提供这样的园地与平台。

期待理论界或实务界的朋友关注《量刑研究》，为推进量刑法治与公正的实现增添力量！

西南政法大学量刑研究中心

2024 年 12 月 16 日

目 录

理论前沿

专题研究

问题探讨

理论前沿

日本法官通过“自由”解释刑法进行的事实立法*

[日] 只木诚**
谭 淦***(译)

【摘 要】独立审判的法官对刑法的解释，究竟是属于类推，构成法官的事实立法，因而有违罪刑法定原则，还是对法律的扩大解释，仍在法条“语词的可能含义”范围内，是在日本司法实践中存在疑问的问题。本文考察了五十年来的日本案例，分析了法官相关法律解释的历史背景，主张克制的司法原则，认为应当从当前的社会现实去把握法律解释的性质和界限：目前，日本正处在“积极司法”的时代，因此，法官在解释时应尽可能探求立法者的原意，同时，在刑法颁布之后，应当考虑社会变化，在一定程度上允许客观解释。

【关键词】类推；扩大解释；立法

---

* 原文载于德国哥廷根大学刑事科学研究所医事刑法与生物法教席贡纳尔·杜特克（Gunnar Duttge）教授与只木诚教授共同主编的《二十一世纪日本刑法的最新发展》（Hrsg. von Gunnar Duttge und Makoto Tadaki, Aktuelle Entwicklungslinien des japanischen Strafrechts im 21. Jahrhundert, Mohr Siebeck, 2017）。本文的中文翻译和发表已获作者授权。

** 日本中央大学刑法学教授，法学博士。

*** 西南政法大学法学院副教授，法学博士。

在审判中，法官必须首先是独立的①；其判决仅受法律及其本人的良知约束②。如果法官不受法律的约束，脱离法律的原意去自由地适用法律，就会产生法官的一种新的立法，也是对三权分立原则的违反。本文深入探析当前的实践，在仔细审视最近五十年来的案例基础上，力图探明在日本的司法界，在多大的范围内存在经由法官的自由解释而产生的此种立法问题。

一、没有（先前的）法律就没有罪责与刑罚

罪刑法定原则（Gesetzlichkeitsprinzip）即“法无明文规定不为罪，法无明文规定不处罚”（*nullum crimen, nulla poena sine lege*），可以追溯到著名的刑法学者费尔巴哈。根据此原则，法律没有规定为犯罪行为的，不得定罪处罚。此原则有两点依据。一是孟德斯鸠的国家三权分立思想。根据该思想，司法机关只需适用立法机关事先制定的法律，且要受到法律的严格约束，以防止恣意。二是费尔巴哈的刑法心理强制学说，即有了刑法，才能威慑犯罪分子。③

在将“法无明文规定不为罪，法无明文规定不处罚”的精神应用于法律实践时，必须承认如下规则及结论：（1）禁止溯及既往的刑法；（2）排除习惯（刑）法；（3）禁止类推解释；（4）绝对禁止不定期刑；（5）刑法要有明确性；（6）刑事法律（Strafgesetze）、刑事条例（Strafverordnungen）内容要合理。1880 年，因受欧洲国家刑法的影响，日本政府在旧刑法典第 2 条规定了罪刑法定原则。现行的 1907 年日本刑法典虽然放弃了这

① 在 1891 年大津事件中，俄国皇太子（后来的尼古拉二世）在访问日本来到滋贺县大津市时，突然被派来保护他的警察津田三藏（Tsud Sanzo）袭击而受伤。这起事件之所以有名，与日本的司法独立有关：日本的元老政治家（Die Genro）及政府的其他官员一致认为，必须避免与俄国开战的危险，该袭击行为是针对日本皇室的犯罪，尽管失败了，也必须对行为人处以死刑。然而，日本帝国法院的院长儿岛惟谦（Kojima Koretaka）拒绝了这一要求。

② 刑法学者之间对法官的良知（Gewissen）争议较大。比如，团藤重光（Dando Shigemitsu）持客观良知论，而平野龙一（Hirano Ryuichi）则持主观良知论。

③ 费尔巴哈认为，对于被禁止的行为，只有事先作出明确的法律界定，才能达到预期的心理遏阻，从而预防犯罪，否则就无法达到威慑效果，因为行为人不知道自己的行为是否会导致犯罪后果。Vgl. Claus Roxin, Strafrecht Allgemeiner Teil. Grundlagen. Der Aufbau der Verbrechenslehre. Band 1. C. H. Beck Verlag, 4. Aufl. 2006, S 3 Rn. 22 und § 5 Rn. 22 ff..

样的规定，但原因在于其已被规定于1889年的日本宪法第31条。这种规范上的高位阶表明，罪刑法定原则在日本也极其重要，不仅是在学理层面，在实践层面亦是如此。

二、禁止类推和司法"造法"

（一）问题的由来

从上述的罪刑法定原则可以得出禁止刑法的类推适用这一原则，即在评价刑事可罚性的有无及程度时，禁止不利于被害人的类推适用。此处的类推，是指将概念扩张到法律实际所要指涉的范围之外（所谓"语词可能含义"[①]），从而允许法律适用于其原本不可规范的类似案件。通过类推的结论，法律规范的效力范围被扩大到了以前并未规范的案件情形。相比之下，扩大解释则仍处在法律规定的预期范围，仅仅是在对概念的理解方面比传统的做法更宽泛。

以下认识属于类推：按照各自的生活方式，乌龟也属于两栖类动物，鲸鱼也属于鱼类；除了财产，信息也是盗窃的对象；除了火车，公共汽车也是火车车厢倾覆的对象。但是，法律概念的内涵和外延是摇摆不定的，因此，（禁止的）类推结论和（允许的）扩大（解释）并不容易区分。[②]如果不能明确地辨别是否存在一种不被允许的、超越"可能意义"的解释，则类推结论和扩大解释的分界线，要么由解释所依据的、事实上的价值判断所决定，要么由隐藏在解释背后、司法判决的思维方式所决定。[③]

（二）案例

类推和扩大解释是刑法的基本概念。在日本的帝国法院时期就已经认

---

① 又称"公民可预测的客观（范围）或范围""语词客观的可能含义的范围"等。

② 在今天的日本，与德国一样，也有一种观点认为，类推解释的结论与扩大解释的结论是不能区分的。参见下村康正（Shimomura Yasumasa）：《刑法总论中的现代问题》，文久书林出版社1979年版，第3、15页。

③ 但是，主流观点认为，有利于被告的类推解释是被允许的。不过，这一点在德国并非没有争议。Vgl. Duttge, Gesetzesuntreue unter der Maske strafgerichtlicher Auslegung, Festschrift für Volker Krey, Kohlhammer Verlag, 2010, S. 42 f..

定：(1) 电流可以成为财产，从而是盗窃的适格对象①；(2) 在寿喜锅上小便，是对容器的毁损②；(3) 从养殖场放生一条鲤鱼，是对动物的伤害③；(4) 汽车的倾覆，就是火车的倾覆④。这些案件都是在“语词可能含义”的领域进行的解释，按照日本帝国法院的观点，它们全都属于扩大解释的适用案例。

从20世纪50年代中期到70年代中期，日本最高法院的克制解释尤其引人注目。这可以从如下案例中看出：(1) 根据规定，一把刃长15厘米的登山刀，不属于小型武器或刺杀武器的概念范围⑤；(2) 自制的燃烧瓶不是爆炸物⑥；(3) 要对法人进行刑事处罚，相关的组织或代表在行使权力或进行监督时，罪责上至少必须有过失⑦；(4) 杀害尊亲属的行为受到比普通谋杀更重的刑罚，这是违宪的⑧；(5) 如果行为人的行为是基于错误的假设，且该假设是被允许的，则不构成对名誉的侵犯⑨。总的来说，在这一系列的案例中，对于每一个可能的违法行为，日本最高法院从对刑法的严格解释的立场出发，都表示了否认。

随后，案例对法律的解释似乎大大趋于宽松。(1) 为了猎杀野鸭而射出了箭，即使没有射中野鸭，也被定性为猎杀（既遂）⑩；(2) 使用胶合

① 日本最高法院，1903年5月21日，《日本大審院刑事録》，第9卷，第874页。

② 日本最高法院，1909年4月16日，《日本大審院刑事録》，第15卷，第452页。

③ 日本最高法院，1911年2月17日，《日本大審院刑事録》，第17卷，第197页。

④ 日本最高法院，1940年8月22日，《日本最高裁判所刑事判例集》，第21卷第19期，第540页。

⑤ 日本最高法院，1956年4月10日，《日本最高裁判所刑事判例集》，第10卷第4期，第520页。

⑥ 日本最高法院，1956年6月2日，《日本最高裁判所刑事判例集》，第10卷第10期，第921页。

⑦ 日本最高法院，1965年3月26日，《日本最高裁判所刑事判例集》，第19卷第2期，第83页。

⑧ 日本最高法院，1973年4月4日，《日本最高裁判所刑事判例集》，第27卷第3期，第265页。

⑨ 日本最高法院，1969年6月25日，《日本最高裁判所刑事判例集》，第23卷第7期，第975页。

⑩ 日本最高法院，1996年2月8日，《日本最高裁判所刑事判例集》，第50卷第2期，第221页。

板制成的挡板遮盖国旗，属于国旗被移除（Beseitigung）[1]；（3）复印一份正式文件，属于伪造公文[2]；（4）如果胚胎是在职业活动中受到了伤害，并在出生后死亡，则要证明过失杀人罪的成立，需要适用更严格的过失标准[3]；（5）在通过走廊等相互连接的多栋建筑中，即使纵火地点与居住区之间相距200多米，也应视为针对居住区的放火罪[4]；（6）监护人与被监护人之间即便是亲属关系，也不能主张“亲属相盗”来逃避侵占罪的刑罚[5]；（7）拍摄裤子遮挡住的女性臀部，属于《骚扰条例》规定的“粗俗行为”范围[6]。

如果立法者的意图足够清晰，且自立法以来时间还不长，立法时所依据的社会现实仍未改变，法院就必须根据立法者的意图来解释法律。因此，一方面，复制儿童色情制品的图片数据，也可能属于制作儿童色情制品罪；[7] 另一方面，对于被起诉的警察，由于其中一名警察在监听时假装自己不是警察，因此他们被认定为无罪[8]，因为“对于一个如此行事的警察，不能提出其作为公务员滥用职权的指控”[9]。某些有影响力的刑法学者[10]，以及公共舆论对此却表示异议，认为其对此是有罪的。

① 日本最高法院，1965年4月16日，《日本最高裁判所刑事判例集》，第19卷第3期，第143页。

② 日本最高法院，1976年4月30日，《日本最高裁判所刑事判例集》，第30卷第3期，第453页。

③ 日本最高法院，1988年2月29日，《日本最高裁判所刑事判例集》，第42卷第2期，第314页。

④ 日本最高法院，1989年7月14日，《日本最高裁判所刑事判例集》，第43卷第7期，第641页。

⑤ 日本最高法院，2008年2月18日，《日本最高裁判所刑事判例集》，第62卷第2期，第37页。

⑥ 日本最高法院，2008年11月10日，《日本最高裁判所刑事判例集》，第62卷第10期，第2853页。

⑦ 日本最高法院，2006年2月20日，《日本最高裁判所刑事判例集》，第60卷第2期，第216页。

⑧ 这可以区分为填补法律空白，以及通过灵活解释扩大刑事可罚的范围。山口厚（Yamaguchi Atsushi）则认为将双重抵押评价为失信行为也是在“以解释进行立法”，参见山口厚：《刑法各论》，有斐阁2010年版，第324页。

⑨ 日本最高法院，1989年3月14日，《日本最高裁判所刑事判例集》，第43卷第3期，第283页。

⑩ 参见萩原滋（Shigeru Hagiwara）：《判例百选Ⅰ》，第5版，第116页。

（三）评价

对于刑法的解释，是通过类推获得的，或仅是通过扩大解释法律而得出，这一争论可能是源于对“法无明文规定不为罪，法无明文规定不处罚”原则含义的不同理解，以及法官对于何种解释才是被允许的不同看法。此处存在不同的可能性：比如，人们不仅可以坚持严格地理解“法无明文规定不为罪，法无明文规定不处罚”（形式解释），从而认为解释法律的唯一目的，是探究议会的立法者起草法律文本时所要追求的意义。这意味着一种主观的解释，它着眼于刑法的行为规范，强调公民的具有应罚性之行为的可预测性（自由保障机能）。例如，在一个有争议的案件中，当某人将存储在服务商硬盘上的淫秽图片文件设置成可供不特定多数人查看的状态时，是否构成公然展示淫秽物品罪，①就必须如此裁定：它不构成图片文件的发布，因为从接受方的角度来看，他们需要下载文件并进行其他技术设置才能查看到。根据相应的法院判决，这种行为并不构成犯罪。然而，这一判决引起了一些人的异议，他们要求在立法机关进行辩论。他们的目标是要求立法机关采取行动。这是一个司法机关与立法机关“来回传球”的典型例子。

而根据客观解释的立场，允许灵活解释法律（事实解释），力求从解释时的客观情况领会规范的含义。这一观点认为，判决的规范性十分重要，可以促进刑法的法益保护机能。按照这种观点，尽管法律确实是解释的边界，但也允许考量刑法颁布后的社会变化，且将其作为确定判决的依据。

由此，法院“通过解释来创制法律”，在一定程度上是可以接受的。②因此，在前述案例中，应当考虑到人们观看淫秽图片的便捷性，必须将相关的行为认定为发布图片。这种观点认为，立法机关在修改法律时遭遇到

---

① 日本最高法院，2000年7月16日，《日本最高裁判所刑事判例集》，第55卷第5期，第317页。

② 关于扩大解释，此处意味着与立法机关直接并明确地修改法律相比，通过法院的判决来逐步推进或发展更容易被公民理解或接受。而且，在面对法院的无罪判决时，议会往往难以立即作出反应或修改法律。参见大谷实（Oya Minoru）、前田雅英（Maeda Masahide）：《令人兴奋的刑法》，2000年版，第17页。

的困难，表明了灵活解释的必要性。主张形式（主观）解释的人却指出，正是灵活的解释，才降低了新的立法行动的意愿。

从前述案例可以看出，当前日本的案例倾向于“积极司法”的模式。但是，必须力求“克制的司法”，其反过来也能为客观解释服务。① 即便在刑法学领域，已经颁布的法律内容也是可变的，并且客观的法律解释对此有所影响，因为我们必须对社会的变化作出相应的调整。由于在没有明确法律规定的情况下，可以通过法律原则或其他指导思想来形成法律，从而灵活地应对社会变革，因此，支持灵活解释法律的观点也是合理的。② 但是，在此必须指出司法权力滥用的危险。因此，此种解释的强制性前提，是不能超出“语词可能含义”的范围。正如冯·李斯特（von Liszt）所说，当我们在考量刑事政策时，非常重要的一点是要牢记“法无明文规定不为罪，法无明文规定不处罚”原则的真正含义，那就是法是控制（人们）对惩罚的感知的手段。③ 此外，还应注意的是，今天的日本，也被称为“刑事立法的活跃时代”，刑法条文要修改或新增毫无困难；④ 另外，即使不采取主观解释，事实解释也必须限缩在如下情形：立法者的意图不明确；在此期间立法意图已经过时，且此前的规定已不适应当前的时代；该情形已有既定的先例。

（四）存留的问题

色川幸太郎（lrokawa Kotaro）在考察日本最高法院有关公共权力行使之合理性的判决时，⑤ 对日本最高法院倾向于轻易地批准或同意国家的决定和行动的观点表示理解和支持。而平野龙一针对刑事审判中仅有不高于0.1%的无罪判决率（这被归因于司法机关办案的准确性）表示，法院实

---

① “克制司法”一般是为了尽可能地尊重立法机关和行政部门的政治决定；“积极司法”则正好与之相反，认为人们应当随时表达自己的意见。

② 参见藤木英雄（Fujiki Hideo）：《刑法讲义》，2003年版，第45页；前田雅英：《刑法总论》，2011年第5版，第77页。

③ Vgl. Liszt, Vorträge und Aufsätze, 2. Bd. J. Guttentag Verlag, 1905, S. 160 ff. .

④ 以前，立法被认为像金字塔一样保持缄默；今天，刑事立法的活跃状况却令人瞩目。

⑤ 参见色川幸太郎：《法学青眉》特别号：今日的最高法院。

际上并非在判断有罪还是无罪，而只是对有罪判决的确认。①

如上所述，在日本，对某一特定行为，如果在法律的严格解释和适用后，人们仍然认为有必要对之进行刑事处罚，就会对立法机关施加影响，使其通过制定新的法律规范来作出反应。在20世纪50年代以前这是司法机关的常规做法。其时，一个理想的对话平台正在形成，立法机关试图通过立法，来完成日本最高法院传递给它的任务。但是，在此之后，出现了一些本应由立法机关解决的案件，但因其不作为或不当行为，司法机关通过灵活的法律解释解决了问题。

考虑到日本最高法院的态度可能已经过度倾向于一个方向，人们已经在广泛讨论如何来理解日本最高法院的此种态度以及背后的原因。人们往往认为，战后短时间内的严格司法只是一种例外，仅仅是出于对战前行为的自我批评。另一原因则是立法机关不能对快速的社会变化和发展作出反应，这也是当初要由司法机关来灵活解释法律的原因。此外，也有长期稳定的政府的保守倾向，以及20世纪70年代的司法危机这类因素。

从整体上看，这里所举的一系列类推解释的例子，特别是那些涉及刑事可罚性程度较高的行为，原审法院的解释是否仍在“语词可能含义”范围内，无论如何都是有疑问的。与德国和法国相比，日本这种典型的特征更加明显：在德国是以严格解释和强势立法为主导；② 在法国，温和团体反对大胆、敌意的刑事立法，司法机关则以谨慎而闻名。

三渊忠彦（Mibuchi Tadahiko）重复了罗斯科·庞德的论述：对法院来说，要实现公正和平等很重要，但更为重要的是，它必须得到人们的信赖。③ 在非专业法官制度逐渐被建立的今天，我们必须再次回想起法官受到法律约束的意义：非专业法官制度的目的，是通过司法活动中的公民参与，引入公民的生活经验和理性，从而提高公民对司法的理解和信赖。

---

① 参见平野龙一：《现代刑事诉讼法的诊断》，载《团藤重光古稀祝贺论文集》第41卷，1985年，第407、423页。而根据另外的观点，日本的检察机关已经通过非常准确和严密的侦查程序，试图只对那些其认为行为人实际有罪的案件进行起诉。参见松尾浩也（Matsu Koya）：《刑事诉讼法》（第一卷），第16页。

② 另外的见解参见 Duttge, a. a. O., S. 42 ff., 55 ff..

③ 参见三渊忠彦：《法思考之路》，1949年版，第244页。

（五）结论

在一百年前的日本，电流被视为财产，因此被认定是盗窃罪的对象，进而可以适用盗窃罪的犯罪构成对行为人进行处罚。而在同时期的德国，德国帝国法院并未将窃取他人电能的行为作为盗窃罪进行刑事处罚，因为电不是具有财产属性的物。也因如此，德国的立法者随后制定了一项新的规范，从此便可将此种行为纳入其中（参见德国刑法典第 248c 条）①。这一规范的制定，可以被认为是司法机关和立法机关之间成功对话的一个例子。归根结底，这一过程可以视为类推禁止原则的结果：只有通过明确、定型化的构成要件，我们才是真正地遵守了这一刑法的基本原则，并使公民更好地评估自己的行为。

原则上，作者认为这种看法是合理、正确的，但是，作者也认为，在日本，应当承认客观的解释方法。原因之一，在上面已经解释过，法律固然是解释的界限，但作为找到判决的手段，刑法颁布之后发生的社会变化也应当允许考量。当然，我们必须小心，不要让解释失控。前述的许多案例都受到过禁止类推方面的批评，但人们同样可以认为，在这些案件中采用的解释仍在允许的范围内。

① 德国刑法典第 248c 条规定了盗窃电力罪："为了自己或他人不法获取电力，以不符合规定的导线，从电力设备或设施中盗用他人电力的，处五年以下自由刑或罚金……"——译者注

非正式的犯罪附随后果*

[美] 韦恩·洛根**
曾 聪***（译）

【摘 要】非正式犯罪附随后果，是指表面上与定罪有关，但是并非产生自正式法律运作的非刑事制裁。非正式犯罪附随后果主要包括社会污名化、住房和工作机会减少以及对家庭成员福祉的不利影响。美国刑事司法系统对非正式犯罪附随后果长期缺乏关注，美国最高法院在帕迪利亚诉肯塔基州案中有关犯罪附随后果的判决，是对辩诉交易模式进行司法改革的重要标志。推动改革的主角是一线司法工作者，对于刑事定罪的非正式附随后果，辩护律师应当承担更多的告知义务，检察官应当努力确保被指控者知悉定罪的严重不利影响，法官应当在辩诉谈判中公开刑事定罪的广泛不利后果。

【关键词】非正式犯罪附随后果；帕迪利亚诉肯塔基州案；社会污名化；辩诉交易

---

* 原文载于 Wayne A. Logan, Informal collateral consequences, 88 Washington Law Review 1103 (2013)。本文的中文翻译和发表已获作者授权。摘要和关键词为译者补充。

** 美国佛罗里达州立大学法学院史蒂文·戈尔茨坦（Steven M. Goldstein）讲席教授，主要研究方向为刑法和刑事诉讼法。韦恩·洛根教授在犯罪记录、犯罪附随后果领域著述颇丰，代表作为 Knowledge as Power: Criminal Registration and Community Notification Laws in America, Stanford University Press, 2009; Sex Offender Registration and Community Notification Laws: An Empirical Evaluation, Cambridge University Press, 2021。

*** 中国政法大学刑事司法学院博士研究生。

一、引言

经过三十年的惩罚主义“狂欢”之后，美国才逐渐意识到严格的犯罪控制政策所带来的大量消极影响。[①] 这种转变在犯罪矫治领域最为明显，自20世纪80年代以来，犯罪矫治领域经历了前所未有的人数增长。[②] 在多种因素推动下，特别考虑到大规模监禁所需花费的巨大人力财力[③]，政策制定者正在减少监狱与被监禁者的数量[④]，并寻求成本更低的非实体的社会控制方案[⑤]。

本文考察了这种转变的另一个方面：人们越发关注的犯罪附随后果，即表面上与定罪有关的非刑事制裁。近来，这种非刑事制裁数量激增[⑥]，其对犯罪人所造成的影响往往远甚于定罪的直接后果（如监禁）[⑦]。长期以来，犯罪附随后果主要为学术研究所关注，[⑧] 最近，美国最高法院在具有

---

① See Jonathan Simon, *Governing Through Crime: How the War on Crime Transformed American Democracy and Created a Culture of Fear*, New York: Oxford University Press, 2007; Paul J. Larkin, *Public Choice Theory and Overcriminalization*, 36 Harvard Journal of Law & Public Policy 715, 722-755 (2013).

② See Lauren E. Glaze & Erika Parks, U. S. Dep' T of Justice, *Correctional Populations in the United States*, 2011, at 1 fig. 1 (2012), http: //www. bjs. gov/content/pub/pdf/cpusl1. pdf.

③ “犯罪权利运动”的发起者是财政保守派而非犯罪控制模式的支持者也证明了这一点。See *Right on Crime*, http: //www. rightoncrime. com.

④ See Nicole D. Porter, *The Sentencing Project, on the Chopping Block* 2012: *State Prison Closing* (2012), http: //sentencingproject. org/doc/publications/On%/o2Othe%/20Chopping%20Block%202012. pdf.

⑤ 亦可参见 Mary D. Fan, *Beyond Budget-Cut Criminal Justice: The Future of Penal Law*, 90 North Carolina Law Review 581, 636-640 (2012).

⑥ “调查显示，1986年至1996年期间犯罪附随后果有所增加。” See Kathleen M. Olivares et al., *The Collateral Consequences of a Felony Conviction: A National Study of State Legal Codes 10 Years Later*, 60 Federal Probation 10, 11-15 (1996). “在美国历史上，犯罪附随后果从来没有像今天这样广泛和根深蒂固。” See Michael Pinard, *Reflections and Perspectives on Reentry and Collateral Consequences*, 100 Journal of Criminal Law and Criminology 1213, 1214-1215 (2010).

⑦ 犯罪附随后果包括两种形式的非刑事制裁：一种是“附随制裁”，即由定罪引起，由法律自动实施的制裁；另一种是裁量式的“资格罚”，即由定罪引起，要在有关当局调查之后才能决定实施的制裁。See UNIF, *Collateral Consequences of Conviction Act* § § 2(2), (5), 8 (2010), http: //www. uniformlaws. org/shared/docs/collateral consequences/ucccafinal_ 10. pdf.

⑧ See Neil P. Cohen & Dean Hill Rivkin, *Civil Disabilities: The Forgotten Punishment*, 35 Federal Probation 19 (1971); Nora V. Demleitner, *Preventing Internal Exile: The Need for Restrictions on Collateral Sentencing Consequences*, 11 Stanford Law & Policy Review 153 (1999); Michael Pinard, *An Integrated Perspective on the Collateral Consequences of Criminal Convictions and Reentry Issues Faced by Formerly Incarcerated Individuals*, 86 Boston University Law Review 623 (2006).

里程碑意义的帕迪利亚诉肯塔基州案（Padilla v. Kentucky）的判决[①]中指出，被告人有权基于宪法第六修正案获知认罪行为可能带来的附随后果（在该案中是驱逐出境）[②]。美国律师协会正在编撰一份全国范围的犯罪附随后果目录[③]，大胆揭示了被定罪者遭受的诸多“无形惩罚”[④]，这进一步证明了国家对这一问题的关注。

当前对犯罪附随后果的关注是值得肯定的，然而，真正缺少关注的是定罪导致的非正式附随后果的范围。不同于失去公共住房、被驱逐出境、丧失职业资格或者被剥夺选举权等正式附随后果，非正式附随后果并不在相关法律的明确运作下被实施。相反，其渊源就是非正式的，独立于法律权威而产生，涉及定罪在社会、经济、医疗以及心理等领域带来的消极后果。例如，定罪后可在法律上剥夺被定罪者的职业、住房资格，然而，即使没有这种正式的资格罚，定罪事实也会对被定罪者的工作前景与住房申请产生极其负面的影响。同样重要的是，第三方，尤其是被定罪者所需抚养的家属，会受到经济与社会上的负面影响，然而，这些影响在“后帕迪利亚时代”的语境中也未得到承认。

本文认为，应当关注与定罪相关的一系列正式的与非正式的犯罪附随后果。文章第一部分提供了非正式附随后果的清单，包括个人的污名化，工作、住房机会的减少以及对第三方（如家庭成员）福利的不利影响。文章第二部分考察了犯罪附随后果在刑法理论与刑事政策中不受重视的现状，特别是在认罪建议与认罪协议的适用上，同时还对犯罪附随后果提出了更有深度的解释。文章第三部分就如何将这种解释付诸实践提出了方案。

---

① 559 U. S. 356 (2010).

② 559 U. S. 356 (2010), at 360.

③ See American Bar Association, http: //www. abacollateralconsequences. org/CollateralConsequences/ map. jsp.

④ Jeremy Travis, *Invisible Punishment: An Instrument of Social Exclusion,* in Marc Mauer & Meda Chesney-Lind eds, Invisible Punishment: The Collateral Consequences of Mass Imprisonment, New York: The New Press, 2003, pp. 15-16.

虽然美国对大规模监禁的兴趣正在减弱,[①] 但是州、地方以及联邦刑事司法系统每年仍要裁判百万余起刑事案件。[②] 没有理由认为,刑事起诉与定罪,不再是公众心目中应对违法行为的优先选择。[③] 考虑到刑事司法参与者与政策制定者对正式的犯罪附随后果越发敏感,其也应该注意到非正式的犯罪附随后果,这些后果至少会对个人产生与正式犯罪附随后果相当的不利影响。

二、非正式犯罪附随后果的基本类型

刑事定罪会带来一系列后果。其中,最具体、众所周知的后果就是通过监禁或者社区矫正的方式剥夺犯罪者的自由,[④] 而鲜为人知的是,在帕迪利亚诉肯塔基州案之前,定罪通常还会引发一系列正式的附随后果。本部分探讨了诸多非正式的犯罪附随后果,这些后果产生于法律运作之外,对被定罪者的生活造成了重大影响,包括社会污名化,住房与就业机会减少,往往还会对其朋友和家人造成"外溢效应"。

长期以来,社会污名化被认为是刑事定罪的典型后果。[⑤] 虽然从前对犯罪者的污名化表现为身体上的烙印与残损,[⑥] 但随着时间推移,包括早

---

① 2011 年州和联邦监狱的被监禁人数下降了 0.9%,这是被监禁人数连续第二年下降。See E. Ann Carson & William J. Sabol, U. S. Dept of Justice, *Prisoners in* 2011, at 1 (2012), http://www.bjs.gov/content/pub/pdf/pl1.pdf.

② 2011 年底,近 700 万人接受了某种形式的矫正监督,大约每 34 个居民中就有 1 个。See Lauren E. Glaze & Erika Parks, U. S. Dep' T of Justice, *Correctional Populations in the United States*, 2011, at 1 fig. 1 (2012).

③ 对"健康的刑事司法系统应当惩罚所有罪犯"这一观点的追溯,可参见 William J. Stuntz, *The Collapse of American Criminal Justice*, Harvard University Press, 2011, pp. 55-56. 有学者虽然对近年来监禁率的下降表示赞赏,但同时也担忧如果财政预算得到改善并且公众对大规模监禁的不利后果缺乏敏感性,那么监禁率还能否继续下降。See David Cole, *Turning the Corner on Mass Incarceration?*, 9 Ohio State Journal of Criminal Law 27, 44-49 (2011).

④ See Lauren E. Glaze & Erika Parks, U. S. Dep' T of Justice, *Correctional Populations in the United States*, 2011, at 1 fig. 1 (2012).

⑤ See Henry M. Hart, *The Aims of the Criminal Law*, 23 Law and Contemporary Problems 401 (1958).

⑥ See Pieter Spierenburg, *The Body and the State: Early Modern Europe*, in Norval Morris & David J. Rothman eds., Oxford History of the Prison: The Practice of Punishment in Western Society, Oxford University Press, 1996, p. 48.

期的美国，人们采取了一种更加宽容的立场。就像纽约州上诉法院在 1936 年指出的那样，被定罪者“并非被抛弃，也不应被如此对待”。①

然而，近几十年来，这种宽容的立场已经被一种更加严格的观点所取代。今天，罪犯身份是永久的耻辱，甚至影响犯罪者死后的名声。② 凸显这一转变的一个标志是行政赦免权的大幅削减③，另一个标志是从 20 世纪 90 年代开始制定的全国性犯罪登记与社区通告法④。这些法律要求收集符合规定的犯罪记录与身份信息，并通过互联网或者其他方式将这些记录、信息予以公开，这通常会伴随被记录者的一生。⑤ 2002 年，在涉及犯罪记录与社区通告是否违反宪法的史密斯诉多伊案（Smith v. Doe）中，首席大法官伦奎斯特（William Hubbs Rehnquist）在口头辩论环节精准捕捉到了人们的情绪，即犯罪者“应被污名化”。⑥ 污名化会以各种方式影响个体的生活幸福，例如，20 世纪 60 年代的一项研究表明，社会污名化与严重社会障碍、心理障碍具有内在相关性。⑦ 最近的研究表明，污名化具有一种自

---

① People v. Pieri, 199 N. E. 495, 499 (N. Y. 1936).

② 最值得注意的案例是，警方枪杀一名手无寸铁的男子之后，时任纽约市市长鲁道夫·朱利亚尼（Rudolph Giuliani）为了平息民愤，强调被枪杀者有犯罪记录。See Eric Lipton, *Giuliani Cites Criminal Past of Slain Man: Pressed on Shooting, Mayor Criticizes Victim*, N. Y. TIMES, Mar. 20, 2000, at BI.

③ See Margaret Colgate Love, *When the Punishment Doesn't Fit the Crime: Reinventing Forgiveness in Unforgiving Times*, 38 Human Rights Quarterly 2, 5-6 (2011).

④ 对法律背后的历史、政治因素的探讨可参见 Wayne A. Logan, *Knowledge as Power: Criminal Registration and Community Notification Laws*, Stanford University Press, 2009, pp. 49-108.

⑤ See Wayne A. Logan, *Knowledge as Power: Criminal Registration and Community Notification Laws*, Stanford University Press, 2009, pp. 49-84.

⑥ 口头辩论记录可参见 Smith v. Doe, 538 U.S. 84 (2003) (No. 01-729), http://www.supremecourt.gov/oralarguments/argumenttranscripts/01-729.pdf.

⑦ See Erving Goffman, *Stigma: Notes on the Management of Spoiled Identity*, Penguin Books Ltd, 1963; Shlomo Shoham, *The Mark of Cain: The Stigma Theory of Crime and Social Deviation*, New York: St. Martin's Press, 1970.

我实现式的犯罪效应，使个体更容易成为其被打上烙印的那种犯罪者。[①]罪犯被某些团伙挑选出来杀人、殴打他人、纵火或者破坏公物的情形也不少见。[②] 犯罪记录也会对个人经济产生重大影响，正如詹姆斯·雅科布斯（James Jacobs）所言，这对个人来说就是一份“负面简历”。[③] 比以往任何时候都更易获得的犯罪记录[④]，已被证明会显著降低个人短期和长期的经济福祉[⑤]。事实上，刑事定罪往往成为就业失败的非正式原因[⑥]，这加剧了正式法律运作引发的就业障碍[⑦]。更加微妙的是，定罪会破坏或者切断对就业至关重要的社会关系。[⑧] 即使找到工作，平均而言，有前科者的收入

① See Bruce C. Link & Jo C. Phelan, *Conceptualizing Stigma*, 27 Annual Review of Law and Social Science 363 (2001); Terri A. Winnick & Mark Bodkin, *Anticipated Stigma and Stigma Management Among Those to Be Labeled "Ex-Con"*, 29 Deviant Behavior 295 (2008). 值得一提的是，警方经常以犯罪记录为理由，证明搜查行为和扣押行为的合法性，see United States v. Erwin, 155 F. 3d 818 (6th Cir. 1998); United States v. Myers, 106 F. 3d 936 (10th Cir. 1997); United States v. Henry, 48 F. 3d 1282 (D. C. Cir. 1995). 由于便携式手持设备的出现，警方利用此类信息的情况大大减少了。See Wendy Ruderman, *New Tool for Police Officers: Records at Their Fingerprints*, N. Y. TIMES, Apr. 12, 2013, at A17.

② See Wayne A. Logan, *Knowledge as Power: Criminal Registration and Community Notification Laws*, Stanford University Press, 2009, pp. 49-84.

③ James Jacobs & Tamara Crepet, *The Expanding Scope, Use, and Availability of Criminal Records*, 11 New York University Journal of Legislation and Public Policy 177 (2008).

④ See James Jacobs & Tamara Crepet, *The Expanding Scope, Use, and Availability of Criminal Records*, 11 New York University Journal of Legislation and Public Policy 177, 178 (2008).

⑤ See Joan Petersilia, *When Prisoners Come Home: Parole and Prisoner Reentry*, Oxford University Press, 2003, pp. 112-120; Jeremy Travis, *But They All Come Back: Facing the Challenges of Prisoner Reentry*, Urban Institute, 2005, pp. 151-185; Devah Pager, *The Mark of a Criminal Record*, 108 Journal of the American Judicature Society 937 (2003).

⑥ See Harry J. Holzer et al., *Will Employers Hire Former Offenders? Employer Preferences, Background Checks, and Their Determinants*, in Mary Pattillo et al. eds., Imprisoning America: The Social Effects of Mass Incarceration, New York: Russell Sage Foundation, 2004, pp. 205-209; Devah Pager & Lincoln Quillian, *Walking the Talk? What Employers Say Versus What They Do*, 70 American Sociological Review, 355 (2005); Roberto Concepcion, *Need Not Apply: The Racial Disparate Impact of Pre-Employment Criminal Background Checks*, 19 Georgetown Journal on Poverty Law and Policy 231 (2012); Devah Pager et al., *Sequencing Disadvantage: Barriers to Employment Facing Young Black and White Men with Criminal Records*, 623 Annals of The American Academy of Political and Social Science 195 (2009).

⑦ See Marc Mauer, *Introduction: The Collateral Consequences of Imprisonment*, 30 Fordham Urban Law Journal 1491, 1493 (2003).

⑧ See David Wolitz, *The Stigma of Conviction: Coram Nobis, Civil Disabilities, and the Right to Clear One's Name*, 2009 Brigham Young University Law Review 1277, 1313-1314 (2009).

也比无前科者低得多。[①] 研究还表明，就业前景的破灭，会加剧有犯罪记录者的抑郁情绪，降低自我价值感，并进一步阻碍其就业前景。[②]

住房机会也会受到刑事定罪的影响。虽然有关法律对公共住房机会施加了正式的法律限制[③]，但私有房屋的房东往往会将犯罪记录作为筛选住客的手段[④]。有犯罪记录者认为，犯罪记录是他们获得住房的最大障碍。[⑤] 反之，无家可归除了提高就业的难度，还增加了之后被逮捕和定罪的可能性。[⑥]

最后，定罪的影响远超犯罪者本人。犯罪者的家属和朋友因为与之有联系，可能遭受间接的污名化与社会排斥[⑦]，遭受暴力或者蔑视的情形也不少见[⑧]。不足为奇的是，有限的住房机对犯罪者的家庭和家属会产生不

---

① Bruce Western et al., *The Labor Market Consequences of Incarceration*, 47 Crime and Delinquency 410 (2001).

② See Andrew E. Clark et al., *Lags and Leads in Life Satisfaction: A Test of the Baseline Hypothesis*, 118 Economic Journal 222, 233 (2008).

③ See Eumi K. Lee, *The Centerpiece to Real Reform? Political, Legal, and Social Barriers to Reentry in California*, 7 Hastings Race and Poverty Law Journal 243, 254 (2010).

④ See Eric Dunn & Marina Grabchuk, *Background Checks and Social Effects: Contemporary Residential Tenant-Screening Problems in Washington State*, 9 Seattle Journal for Social Justice 319, 325-326 (2010); Rebecca Oyama, *Note, Do Not Re(Enter): The Rise of Criminal Background Tenant Screening as a Violation of the Fair Housing Act*, 15 Michigan Journal of Race & Law 181, 183 (2009).

⑤ See Katharine H. Bradley et al., *For Justice, No Place Like Home: Housing and the Ex-prisoner* 8 (2001), available at http://b.3cdn.net/crjustice/a5b5d8fa98ed957505hqm6b5qp2.pdf.

⑥ See J. McGregor Smyth, *From Arrest to Reintegration: A Model for Mitigating Collateral Consequences of Criminal Proceedings*, 24 Criminal Justice 42, 47-48 (2009).

⑦ See Todd R. Clear et al., *Incarceration and the Community: The Problem of Removing and Returning Offenders*, 47 CRIME & Delinquency 335, 341 (2001).

⑧ See U.S. News on NBCNEWS.com(Sept. 18, 2012, 6:31 PM), http://usnews.nbcnews.com/_news/2012/09/18/13943695-man-sentenced-to-life-for-killing-sex-offenders-judge-chastises-supporters.

利影响[①]，就业障碍[②]和无法获得联邦政府的教育培训贷款[③]，以及无法获取食物券也是如此[④]。并且，若因定罪而被监禁，其他人往往会直接感受到负面影响。监禁大幅增加了遭受性侵害的风险[⑤]和人身伤害的风险[⑥]，以及患病的风险（例如艾滋病、结核病和肝炎）[⑦]。监禁也会影响心理健康[⑧]，对个人造成严重心理障碍，损害他们刑满释放后的工作能力[⑨]。这些与健康有关的不利后果，可能对罪犯的家庭成员造成直接影响，并加剧其

① See Heidi Lee Cain, *Housing Our Criminals: Finding Housing for the Ex-Offender in the Twenty-First Century,* 33 Golden Gate University Law Review 131 (2003); Scott Duffield Levy, *The Collateral Consequences of Seeking Order Through Disorder: New York's Narcotics Eviction Program,* 43 Harvard Civil Rights-Civil Liberties Law Review 539 (2008).

② See Sharon M. Dietrich, *Criminal Records and Employment: Ex-Offenders Thwarted in Attempts to Earn a Living for Their Families,* in CMTY. Legal Servs., INC. & CTR. For Law and Social Policy, Every Door Closed: Barriers Facing Parents with Criminal Records 13, 14(2002); K. Babe Howell, *Broken Lives from Broken Windows: The Hidden Costs of Aggressive Order-Maintenance Policing,* 33 New York University Review of Law & Social Change 271, 296 (2009).

③ See 20 U. S. C. § 1091(r)(1) (2006). 该条文规定，学生因销售或持有管制器具构成犯罪，会丧失获得这一贷款的资格。

④ See Legal Action CTR., *After Prison: Roadblocks to Reentry: A Report on the State Legal Barriers Facing People with Criminal Records* 12 (2004), http://www.lac.org/roadblocks-to-reentry/upload/lacreport/LACPrintReport.pdf.

⑤ See Tonisha R. Jones & Travis C. Pratt, *The Prevalence of Sexual Violence in Prison: The State of the Knowledge Base and Implications for Evidence-Based Correctional Policy Making,* 52 International Journal of Offender Therapy 280, 289 (2008).

⑥ 应当注意的是，囚犯的暴力犯罪率是社区成员的十倍以上。See Nancy Wolff et al., *Physical Violence Inside Prisons: Rates of Victimization,* 34 Criminal Justice and Behavior 588, 595 (2007).

⑦ See Michael Massoglia, *Incarceration, Health, and Racial Disparities in Health,* 42 Law & Society Review 275, 280, 295-296 (2008); Michael Massoglia, *Incarceration as Exposure: The Prison, Infectious Disease, and Other Stress-Related Illnesses,* 49 Journal of Health and Social Behavior 56 (2008); Jason Schnittker & Andrea John, *Enduring Stigma: The Long-Term Effects of Incarceration on Health,* 48 Journal of Health and Social Behavior 115 (2007).

⑧ See Craig Haney, *The Psychological Impact of Incarceration: Implications for Post-Prison Adjustment,* in Jeremy Travis & Michelle Waul eds., Prisoners Once Removed: Impact of Incarceration and Reentry on Children, Families, and Communities, Urban Institute Press, 2003, pp. 33, 37-46.

⑨ See Craig Haney, *The Psychological Impact of Incarceration: Implications for Post-Prison Adjustment,* in Jeremy Travis & Michelle Waul eds., Prisoners Once Removed: Impact of Incarceration and Reentry on Children, Families, and Communities, Urban Institute Press, 2003, pp. 46-48, 54-56.

经济上的困难[①]，当罪犯是家属的唯一抚养人时，情况则更加糟糕[②]。

三、非正式犯罪附随后果的学理阐释

犯罪附随后果虽然早已为学者所知，但迄今为止还未引起刑事司法系统中政策制定者与其他参与者的关注。本部分对犯罪附随后果进行更广泛、更有深度的解读，包括那些在法律正式运作之外产生的非正式附随后果。

刑事司法系统往往缺少对于消极法外后果之范围的敏感度。例如，法院虽然通常承认定罪的污名化效应，[③] 但是又不说明这些消极影响的法律意义。这种淡漠的态度，在 2003 年史密斯诉多伊案（Smith v. Doe）[④] 的判决中得到了充分体现：美国最高法院认为，阿拉斯加州的性犯罪登记与社区通告法在立法意旨与实际效果上都不具有惩罚性，并允许其具有溯及既往的效力，且与宪法的禁止事后法条款（the Constitution's Ex Post Facto Clause）并不存在矛盾冲突。[⑤] 根据史密斯诉多伊案的多数意见，虽然公开定罪信息可能会产生"不利后果"，包括"公众谴责""羞辱""社会排斥"，以及造成"持久和令人痛苦的影响"，但犯罪者个人并未受到额外的刑事惩罚。[⑥]

史密斯诉多伊案的多数意见认为，犯罪记录和社区通告的污名化效应并不具备正式的刑事惩罚的作用，这在理论层面受到了批评。[⑦] 然而，与此同时，多数意见对于定罪具有非正式惩罚作用的前提预设是非常重要

---

① See Jeremy Travis & Michelle Waul, *Prisoners Once Removed: The Children and Families of Prisoners,* in Prisoners Once Removed: Impact of Incarceration and Reentry on Children, Families, and Communities, Urban Institute Press, 2003, p. 50; Leslie Acoca & Myrna S. Raeder, *Severing Family Ties: The Plight of Nonviolent Female Offenders and Their Children,* 11 Stanford Law & Policy Review 113 (1999).

② 某些情况下，父母不抚养孩子可能对孩子更加有利，但研究表明，即使作为犯罪人的父母，其抚养也可以对孩子产生积极影响，并且提供孩子所需的经济支持。See Joan Petersilia, *When Prisoners Come Home: Parole and Prisoner Reentry,* Oxford University Press, 2003, pp. 228-229.

③ See Reno v. ACLU, 521 U. S. 844, 872 (1997).

④ 538 U. S. 84 (2003).

⑤ 538 U. S. 84 (2003), at 103-04.

⑥ 538 U. S. 84 (2003), at 99-101.

⑦ See Wayne A. Logan, *Knowledge as Power: Criminal Registration and Community Notification Laws,* Stanford University Press, 2009, pp. 136-141.

的，这建立在近期有关“惩罚经验”的学术研究之上。① 正如约翰·布朗斯汀（John Bronsteen）教授和其著作的合著者所说的那样，在刑事制裁的合比例性判断中，必须考虑定罪可能带来的消极后果的范围②，即使这些后果不是由法律的正式运作产生的③。

更重要的一个反对意见是附随后果消极影响的潜在偶然性与经验特殊性，这是当前刑法学者正在热烈探讨的问题。④ 虽然在某些情形中，定罪事实在心理、身体、社会与经济等方面的影响可能基于个人情况有所减轻或者完全避免，但这些情形并不能改变定罪事实消极影响的一般基准。

对于定罪的污名化效应，也可以提出相类似的观点。污名化也可能具

① See John Bronsteen et al., *Retribution and the Experience of Punishment*, 98 California Law Review 1463 (2010); John Bronsteen et al., *Happiness and Punishment*, 76 University of Chicago Law Review 1037 (2009).

② See John Bronsteen et al., *Retribution and the Experience of Punishment*, 98 California Law Review 1463, 1486 (2010).

③ 应当指出的是，这种更全面的理解，无须对作为惩罚实施者的国家机关采取过度的扩张解释。虽然这里探讨的附随后果没有法律明文规定，但是它们可以追溯到定罪这一事实，这也是一个典型的国家行为。从刑事政策与审慎思考的角度来看，它们的法外性质也不会减少被定罪者受到的影响。应当由哪个主体施加惩罚，一直是许多当代报应主义者所争论的问题，他们坚持认为，必须是经授权的国家代理人实施的惩罚，才有资格作为刑事制裁 See David Gray, *Punishment as Suffering*, 63 Vanderbilt Law Review 1619, 1650-51, 1664 (2010); Dan Markel et al., *Beyond Experience: Getting Retributive Justice Right*, 99 California Law Review 605, 619-620 (2011). 从报应主义视角来看，法外损害是否可以证成“量刑调整”式的惩罚，可参见 Dan Markel et al., *Beyond Experience: Getting Retributive Justice Right*, 99 California Law Review 605, 619(2011). 事实上，从严格的字面意义来说，附随后果（包括非正式的附随后果）的确不是一种惩罚。同时，这种对国家责任的否认，反映政府对其行为所可能产生的后果的漠不关心。例如，在对阿拉巴马州强制披露全美有色人种协进会（NAACP）成员名单的异议中，法官一致指出：无论强制披露效果如何，都不能回答该披露行为应当归属于国家行为还是私人行为。关键在于政府与私人的关系，因为只有在代表生产秩序的国家权力发挥作用之后，私人行为才能站稳脚跟。See NAACP v. Alabama ex rel. Patterson, 357 U. S. 449, 463 (1958); Brown v. Socialist Workers '74 Campaign Comm., 459 U. S. 87, 93 (1982). 应当注意，只要存在“合理的可能性”，强制披露姓名就可能使相关个人受到“政府官员或者私人团体的威胁、骚扰或者报复”。See Buckley v. Valeo, 424 U. S. 1, 74 (1976).

④ See Richard A. Bierschbach, *Proportionality and Parole*, 160 University of Pennsylvania Law Review 1745, 1765 (2012).

有不同程度，这取决于潜在违法行为的性质①，甚至在某些个体②，或者亚群体中也会存在这种程度的区别③。然而，即使接受这一观点，定罪的贬损效应也是不容置疑的。④ 正如亚历山大·纳塔波夫（Alexandra Natapoff）所言："对于一个被公开变为罪犯的守法公民而言，一条重要的社会—心理防线已经被突破了。"⑤

同样，并非所有罪犯都会承受一种非正式的犯罪附随后果，并且这种附随后果的消极影响可能因人而异，但这一事实并不关涉承认附随后果消极影响的必要性。事实上，纯粹从统计角度来讲，这些附随后果的经验共性为认真考虑它们提供了原则基础。⑥ 更加重要的是，虽然现代的刑事审判具有"批发"的特点，但被告人依然享有"零售"的个人权利，⑦ 这种权利对附随后果的变化具有很高的敏感度。

尽管如此，刑事司法系统一直不重视定罪带来的附随后果。在判断刑事制裁的适当性时，法院只是偶尔考虑第三方可能遭到的损害，被考虑到

① 对于性侵行为的定罪可能产生最严重的社会敌意，对该现象的解释可参见 Wayne A. Logan, *Knowledge as Power: Criminal Registration and Community Notification Laws*, Stanford University Press, 2009, p. 91.

② "罪犯必须关心他人的看法，否则社会羞辱无法控制他们，一个犯罪者的社会性依附越牢靠，他的羞辱感就越强，如果罪犯缺少这种社会性依附……他会变得……'不知羞耻'。" See Stephen P. Garvey, *Can Shaming Punishments Educate?*, 65 University of Chicago Law Review 733, 748 (1998).

③ 作者认为，如果一个人对犯罪亚文化存在依恋，那么社会羞辱会产生较少的"报复效应"，在这种情况下，社会羞辱反而会成为其自豪感的来源。See Stephen P. Garvey, *Can Shaming Punishments Educate?*, 65 University of Chicago Law Review 733, 749(1998).

④ 为证明这一点，只需关注近期司法机关对其他犯罪群体进行的登记和通告，以及营利性网站和小报的激增，这些网站和报纸公布的只是因涉嫌轻微犯罪被逮捕者的面部照片。See Holly Zachariah, *Convicted Dealers Featured on Web*, The Columbus Dispatch (Nov. 11, 2012, 6: 28 AM), http: //www. dispatch. com/content/stories/local/2012/11/11/convicted - dealers - featured - on - web. html; 因各种并不严重的违法行为（非法侵入、公共场所醉酒和闲逛）被逮捕的。See Busted Mugshots, http: //www. bustedmugshots. com. 利润也流向了一些负责删除面部照片的企业。See Susanna Kim, *Businesses Charge Hundreds to Remove Mug Shots Online*, ABCNEWS. com(Apr. 23, 2012), http: //abcnews. go. com/Business/businesses-make-profit-copying-mug-shots-online-critics/story?id=16157378.

⑤ Alexandra Natapoff, *Misdemeanors*, 85 S. California Law Review1313, 1327 (2012).

⑥ See Alexandra Natapoff, *Misdemeanors*, 85 S. California Law Review1313, 1318-1354 (2012).

⑦ 个人权利是我们宪法与民主的基石。See, e. g., In re Dir. of Assigned Counsel Plan of N. Y. C., 603 N. Y. S. 2d 676, 686 (N. Y. Sup. Ct. 1993).

的人几乎都有联邦白领背景①，而且通常忽视那些陷入刑事诉讼的人所遭受的名誉损失②。在帕迪利亚诉肯塔基州案之前，法院通常拒绝对正式的附随后果进行诉前咨询。③

帕迪利亚诉肯塔基州案及美国最高法院最近对米索里诉弗莱案（Missouri v. Frye）、④ 拉夫勒诉库珀案（Lafler v. Cooper）的判决⑤，都表明了人们对由辩诉交易驱动的美国刑事司法系统的担忧⑥，并且从经验事实角度认识到刑事司法系统具有法外性质（the system's extralegal quality）的思路得到认可⑦。帕迪利亚诉肯塔基州案还表明，美国最高法院希望在更广泛的领域内化解长期以来遭受批评的直接后果与附随后果之间的理论分歧⑧，正如毕巴斯（Bibas）教授所言，要求法院"关注后果的重要性，而不是

① 布朗教授分析法官对于量刑的解释之后，认为这种对第三方的关心很大程度上是因为"在此情况中，被告人与第三方更易产生共鸣"。See Darryl K. Brown, *Third-Party Interests in Criminal Law,* 80 Texas Law Review 1383, 1390-1391 (2002).

② 对该案的分析应特别注意相关判例，这些判例认为公开定罪信息不会触发正当程序保护，See Paul v. Davis, 424 U. S. 693 (1976) ; Wayne A. Logan, *Liberty Interests in the Preventive State Procedural Due Process and Sex Offender Community Notification Laws,* 89 Journal of Criminal Law & Criminology 1167 (1999).

③ 正如Chin教授所观察到的，尽管帕迪利亚诉肯塔基州案中没有提到这一点，但是对附随后果的关注已经出现于法院以前的判决当中，这塑造了符合宪法的刑事诉讼法程序，包括辩护律师与陪审团的正当权利。See Gabriel J. Chin, *The New Civil Death: Rethinking Punishment in the Era of Mass Conviction,* 160 University of Pennsylvania Law Review 1789, 1814-1815 (2012).

④ U. S., 132 S. Ct. 1399 (2012). 该判例指出，辩护律师未将有利的认罪条件告知被告人，将构成无效的律师辩护。

⑤ U. S., 132 S. Ct. 1376 (2012) . 该判例指出，辩护律师对法律的错误理解，导致被告人认罪，将构成无效的律师辩护。

⑥ U. S., 132 S. Ct. 1388 (2012) . 该判例指出，州法院和联邦法院90%以上的定罪都是基于被告人认罪。

⑦ 这三个案件强调"获得法外事实咨询的权利，并且这种权利只适用于辩诉交易和被告人认罪等领域"。See Josh Bowers, *Two Rights to Counsel,* 70 Washington and Lee Law Review 1133 (2013).

⑧ Padilla v. Kentucky, 559 U. S. 356, 364-65 (2010); See Jenny Roberts, *Ignorance Is Effectively Bliss: Collateral Consequences, Silence, and Misinformation in the Guilty-Plea Process,* 95 Iowa Law Review. 119, 124-125 (2009).

拘泥于它们的刑事标签或者民事标签"①。帕迪利亚诉肯塔基州案的内在逻辑已经切实影响到驱逐出境的具体判断②，这表明需要从"大规模定罪，而不仅仅是大规模监禁"的角度来应对当前的挑战③。

四、非正式犯罪附随后果的司法应对

若非正式的犯罪附随后果值得注意，那么现实中的问题就出现了：如何在刑事程序中凸显这些附随后果。本部分论述实现这一目标的方式，特别侧重于阐述在以辩诉交易为主导的刑事司法系统中，主要参与者的制度角色。

毫无疑问，提示非正式犯罪附随后果的责任将主要由辩护律师承担。④然而，任何增加辩护律师（尤其是负担过重、报酬过低的公设辩护律师）义务的建议都可能立即遭到反对。帕迪利亚的控诉虽然在一定程度上得到了辩护律师的赞许，但也引发了为辩护律师增加咨询负担的忧虑。⑤帕迪利亚诉肯塔基州案中所讨论的驱逐出境就是一个最重要的例子，这要求辩护律师对一系列高度专业和复杂的法律法规稔熟于心。⑥然而，这里讨论的附随后果并不需要复杂的法律专业知识，将这些后果告知当事人也不会增加多少时间成本，这是已经负担过重的公设辩护律师所关心的事情。⑦

---

① Stephanos Bibas, *Regulating the Plea-Bargaining Market: From Caveat Emptor to Consumer Protection*, 99 California Law Review, 1117, 1147 (2011). 毕巴斯教授指出："宪法第六修正案的重点不应是后果可否被贴上民事标签或者附随标签，而是它们的严重性和确定性，这才是刑事被告辩诉交易中'讨价还价'的重要因素。"

② See Margaret Colgate Love, *Collateral Consequences after Padilla v. Kentucky: From Punishment to Regulation*, 31 Saint Louis University Public Law Review 87, 105-111 (2011).

③ See Gabriel J. Chin, *The New Civil Death: Rethinking Punishment in the Era of Mass Conviction*, 160 University of Pennsylvania Law Review 1789, 1803 (2012).

④ 有判例指出，辩护律师有义务告知被告人接受认罪协议的利弊。See Libretti v. United States, 516 U.S. 29, 50 (1995).

⑤ See Darryl K. Brown, *Why Padilla Doesn't Matter (Much)*, 58 UCLA Law Review 1393, 1397-1413 (2011); Shanthi Prema Raghu, *Supporting the Criminal Defense Bar's Compliance with Padilla: It Begins with Conversations*, 9 Seattle Journal for Social Justice 915, 922, 928 (2011).

⑥ 有判例指出，判断某一违法行为是否会被决定驱逐出境往往不是一项容易的任务。See Padilla v. Kentucky, 559 U.S. 356, 369 (2010).

⑦ See Wayne A. Logan, *Litigating the Ghost of Gideon in Florida: Separation of Powers as a Tool to Achieve Indigent Defense Reform*, 75 Missouri Law Review 885 (2010).

律师只是有义务向当事人强调定罪可能导致的在经济、社会以及个人层面的不利后果，这也符合逐渐被接受的律师行业规范。[①]

刑事司法系统的其他参与者也应发挥作用。对于检察官而言，明确定罪的全部后果符合他们“追求个案正义”的核心职责。[②] 与此同时，与程序正义原理相一致,[③] 通过公开透明的方式来实现正义可以创造更加广泛的公共福祉。正如全美地区检察官协会前主席罗伯特·约翰逊（Robert Johnson）所言，当检察官未能披露认罪协议可能带来的全部后果时，他们就有可能“不受尊重，并且失去我们试图维系的社会信心”[④]。

当非正式的犯罪附随后果摆在谈判桌上，双方更有能力根据帕迪利亚诉肯塔基州案对定罪后果的性质和范围进行“知情考虑”，并达成有效的谈判结果。[⑤] 还可以预期的是，由于能够充分认识到定罪的附随后果，认罪协议谈判双方的平衡将受到影响[⑥]，可能会导致更多的审前转处或者推迟起诉，从而避免定罪带来的不利影响[⑦]。

此外，更深入地了解定罪的附随后果，也可以缓解所谓的“无辜者的辩诉交易”问题，即法律上本应无罪的被告，可能会以较轻的罪名认罪，

① See Michael Pinard, *Broadening the Holistic Mindset: Incorporating Collateral and Reentry into Criminal Defense Lawyering*, 31 Fordham Urban Law Journal 1067 (2004); McGregor Smyth, *Holistic Is Not a Bad Word: A Criminal Defense Attorney's Guide to Invisible Punishments as an Advocacy Strategy*, 36 University of Toledo Law Review 479 (2005); Kim Taylor-Thompson, *Tuning Up Gideon's Trumpet*, 71 Fordham Law Review 1461, 1502 (2003).

② See Model Rules of Prof'l Conduct r. 3. 8 cmt. 1 (2010); Standards for Criminal Justice: Prosecution Function and Defense Function § 3-1. 2(c) (1993); Catherine A. Christian, *Collateral Consequences: Role of the Prosecutor*, 54 Howard Law Journal 749, 750 (2011).

③ See Tom R. Tyler & Yuen J. Huo, *Trust in the Law: Encouraging Public Cooperation with the Police and Courts*, Russell Sage Foundation, 2002.

④ Robert M. A. Johnson, *Collateral Consequences*, 16 Criminal Justice 32, 33(2001); Paul H. Robinson & John M. Darley, *The Utility of Desert*, 91 Northwestern University Law Review. 453 (2000).

⑤ See Padilla v. Kentucky, 559 U. S. 356, 373 (2010).

⑥ See Stephanos Bibas, *Plea Bargaining Outside the Shadow of Trial*, 117 Harvard Law Review 2463, 2470-2477(2004); Russell D. Covey, *Fixed Justice: Reforming Plea Bargaining with Plea-Based Ceilings*, 82 Tulane Law Review 1237, 1240-1241 (2008).

⑦ See Margaret Colgate Love, *Alternatives to Conviction: Deferred Adjudication as a Way of Avoiding Collateral Consequences*, 22 Federal Sentencing Reporter 6 (2009).

以避免在审判中受到更严厉的刑事制裁。① 那些被指控犯有轻微犯罪的人往往具有这种脆弱性，可能只是为了从拘留中获释而认罪。②

最后，法官能够而且应当发挥作用。在帕迪利亚诉肯塔基州案后，政策制定者已经在考虑扩大法官在法庭辩诉对话中的权利。③ 虽然不能像辩护律师那样提供具体建议④，但量刑法庭可以向认罪的被告强调定罪的非正式附随后果⑤。司法咨询对大量涉嫌轻微犯罪的被告人特别有利，基于宪法原则⑥和程序法规则，这些被告如果非常贫穷，在认罪谈判阶段将无法获得公设辩护律师的协助。⑦ 事实上，法官在法庭上公开承认此类附随后果将产生有益的效果，可以凸显刑事定罪存在广泛不利后果的国家倾向。⑧

虽然这里的重点是辩护律师、检察官和法官的职责，但应当指出的是，这些刑事司法系统的参与者无须单独行动。事实上，这一路径可以由

---

① See Lucian E. Dervan & Vanessa A. Edkins, *The Innocent Defendant's Dilemma: An Innovative Empirical Study of Plea Bargaining's Innocence Problem,* 103 Journal of Criminal Law and Criminology 1 (2013).

② See Lucian E. Dervan & Vanessa A. Edkins, *The Innocent Defendant's Dilemma: An Innovative Empirical Study of Plea Bargaining's Innocence Problem,* 103 Journal of Criminal Law and Criminology 1, 38 (2013).

③ See *Communication from the Chief Justice, the Supreme Court of the United States Transmitting Amendments to the Federal Rules of Criminal Procedure That Have been Adopted by the Supreme Court,* Pursuant to 28 U. S. C. 2072, H. R. Doc. No. 113-125, at 3-4 (2013).

④ See Danielle M. Lang, *Padilla v. Kentucky: The Effect of Plea Colloquy Warnings on Defendants' Ability to Bring Successful Padilla Claims,* 121 Yale Law Journal 944, 949-960 (2012).

⑤ 应当指出的是，这种强调特别重要，不同于正式的犯罪附随后果，非正式的犯罪附随后果往往不容易获得行政救济或者司法救济。See Margaret Colgate Love, *Collateral Consequences after Padilla v. Kentucky: From Punishment to Regulation,* 31 Saint Louis University Public Law Review 87, 121-126 (2011).

⑥ See Alabama v. Shelton, 535 U. S. 654, 662 (2002). 该案裁例重申了阿杰辛格诉哈姆林案 (Argersinger v. Hamlin) "实际监禁" 的标准。

⑦ 有学者阐述了科罗拉多州的法律规则与司法实践，该州允许在轻罪案件中进行"预先辩护"。See Justin Marceau & Nathan Rudolph, *The Colorado Counsel Conundrum: Plea Bargaining, Misdemeanors, and the Right to Counsel,* 89 Denver University Law Review 327 (2012).

⑧ 应当强调的是，本文主要关注定罪对被告人个人层面的影响。然而研究表明，对于贫困地区和少数民族社区，大规模定罪与大规模监禁在社会、政治与经济层面都产生了重大不良影响。See Dorothy E. Roberts, *The Social and Moral Cost of Mass Incarceration in African American Communities,* 56 Stanford Law Review 1271 (2004); Anne R. Traum, *Mass Incarceration at Sentencing,* 64 Hastings Law Journal 423 (2013).

律师协会或者其他团体铺就，他们可以就非正式的犯罪附随后果提供指导和培训，就像帕迪利亚诉肯塔基州案之后，他们就刑事定罪对移民带来的后果所做的那样。①

五、结论

就刑事司法而言，我们生活在一个充满希望的年代。严厉的刑事政策正在被重新评估，由法律法规的正式运作引发的犯罪附随后果正在引起法院和政策制定者的重点关注。这些都是刑事司法的积极进步，但这种意识转变在一个根本重要的方面是极度缺乏的：忽略了一系列非正式的犯罪附随后果，这些后果与定罪相关，但并非由法律的正式运作产生，且对犯罪者可能产生同等程度的不利影响。本文试图解决这一缺陷，并且通过判例论证了，在美国努力建构公平透明刑事司法系统的过程中，② 除了正式的犯罪附随后果，非正式的犯罪附随后果也应在帕迪利亚诉肯塔基州案之后得到充分考量。毫无疑问，帕迪利亚诉肯塔基州案是美国最高法院对以辩诉交易为主的美国刑事司法体系进行改革的重要标志，这种改革并不是由宪法主导的，而是源于一线司法工作者的具体司法实践。司法工作者应努力确保可能被定罪者对其公民身份的敏感度，并且使其认识到这样一种风险：在不久的将来，他们可能会被"贴切地"描述为"被污名化、注定成为二等公民"的群体。

① See N. Y. C. Bar ASS'N, *Padilla v Kentucky: The New York City Criminal Court System, One Year Later* 4 (2011), http://www2.nycbar.org/pdf/report/uploads/PadillaCrimCtsCJOReportFINAL6.15.11.pdf.

② 毕巴斯教授指出："帕拉迪亚案'标志着法院规范辩诉交易模式的一个分水岭'。" See Stephanos Bibas, *Regulating the Plea-Bargaining Market: From Caveat Emptor to Consumer Protection*, 99 California Law Review, 1117, 1118 (2011).

“规范的功能性犯罪概念”之批判性评论

——兼论犯罪与刑罚之间必要的正当性关联*

[德] 卡特琳·吉尔哈克**

郭蕤奇***（译）

【摘　要】 主流学说主张要规范地、功能性地理解犯罪概念。这一主张区分行为规范与制裁规范，将刑罚目的、法益、比例原则作为犯罪行为的判定根据。本文试图指出功能性思维与规范理论的显著缺陷：它们或者会招来对目的的永无止境的探询，或者会导致循环论证，或者只能在任意的利益衡量过程中得出任意的结论。本文认为，刑法不是调控行为的系统，也不是任意性的规范秩序，而是自由的现实性；法自身追求自由的本性，才是证立犯罪行为的首要根据。在这样的一种自由语境下，犯罪是对自由的否定，刑罚则是对该否定的否定：二者都是自由概念的体现。因此，犯罪与刑罚在概念上必然是一体的。

【关键词】 功能性；规范理论；自由

---

* 原文载于 Jan C. Joerden，Jan C. Schuhr（Hrgs.），Jahrbuch für Recht und Ethik，Band 28（2020），S. 171–206。本文的中文翻译和发表已获作者授权。注释有删减。

** 德国雷根斯堡大学刑法学、刑事诉讼法学、法哲学教授。

*** 中国人民大学刑法学博士研究生。感谢冯军教授对翻译的指导，感谢汤沛丰博士、黄钰洲博士、梁奉壮博士、方向楠博士在康德、黑格尔、宾丁和卢曼理论方面提供的翻译建议。

本文旨在研究一些最近①与明确性要求相关而再次作出的基本论述，它们涉及对犯罪概念的理解，以及犯罪概念在刑罚理论中的定位。② 这些基本论述表现为对规范的功能性犯罪概念的思考，而规范的功能性犯罪概念的任务是“通过它们的范畴来确定哪些人的行为应受到特别的谴责和刑罚”③。由于在这种功能性方法的代表者看来，“只有在刑法上重要的不法才需要用刑罚来应对”④，因此，一个这样的概念必须做到将某一确定的行为上升为刑法上的不法。⑤

要研究的这一犯罪概念具有两个特征：功能性和规范性。本文将在此任务安排（确定应受刑罚的行为）的背景下，探讨这两个特征的意义。

一、功能性思维

功能性是出发点，因为应当考虑法律后果（刑罚）来目的导向地确定犯罪概念。⑥ 在社会学的相互关联中——在此能够并且必须作为思维的起点考虑该相互关联，⑦“功能”这一概念是指“事物在其贡献的视点下对维护系统所具有的性能”⑧。根据一种强有力的功能性出发点的理解，必须动用刑罚来功能性维护的重要系统，首先是社会的“规范的同一性”。⑨ 但

① Vgl. G. Freund, Erfolgsdelikt und Unterlassen (1992), S. 51 ff.; G. Freund, Strafrecht Allgemeiner Teil, 1998, § 1; W. Frisch, Strafe, Straftat und Straftatsystem im Wandel, GA 2015, 65 ff..

② Vgl. F. Rostalski: Der Tatbegriff im Strafrecht (2019), S. 64 ff..

③ E. A. Wolff, Die Abgrenzung von Kriminalunrecht zu anderen Unrechtformen, in: Winfried Hassemer (Hrsg.), Strafrechtspolitik, S. 15; W. Frisch, An den Grenzen des Strafrechts, in: W. Küper/J. Welp (Hrsg.), Festschrift für Stree und Wessels (1993), S. 69 ff..

④ F. Rostalski, Der Tatbegriff im Strafrecht (2019), S. 15.

⑤ Vgl. E. A. Wolff, Die Abgrenzung von Kriminalunrecht zu anderen Unrechtformen, in: Winfried Hassemer (Hrsg.), Strafrechtspolitik, S. 137 ff.; 另见 W. Frisch, Straftat und Straftatsystem, in: J. Wolter/G. Freund (Hrsg.), Straftat, Strafzumessung und Strafprozess im gesamten Strafrechtssystem (1996), S. 135 ff..

⑥ MüKo^3-Freund, Vor § 13, Rn. 27 ff.; G. Jakobs, Das Strafrecht zwischen Funktionalismus und “alteuropäischem” Prinzipiendenken, ZStW 107 (1995), S. 843 ff.; H. H. Lesch, Der Verbrechensbegriff (1999), S. 184 ff..

⑦ Vgl. G. Jakobs, Strafrecht AT (1991), Abschn. 1, Rn. 11,; Schuld und Prävention (1976), S. 8 ff..

⑧ N. Luhmann in: H. Ritter (Hrsg.), Historisches Wörterbuch der Philosophie.

⑨ G. Freund, Zur Legitimationsfunktion des Zweckgedankens im gesamten Strafrechtssystem, in: J. Wolter/G. Freund (Hrsg.), Straftat, Strafzumessung und Strafprozess im gesamten Strafrechtssystem (1996), S. 43, 44.

是，也可以进一步把它理解为法秩序甚至是规范效力①，或者更进一步，把它理解为一个自由的法秩序②。

由此便得出了一条多环节的形式上功能的推导链条：第一，功能的联结点是社会或规范的效力、法秩序的存续或者在内容上更详细描述为“自由的”法秩序的存续；第二，刑罚服务于社会或规范的效力，或者法秩序或自由的法秩序的维护和稳定；第三，要功能性地描述犯罪及其教义学上的基本概念（尤其包括责任）③，以根据刑罚目的的联结点来确定其内容④。因此，可以说，犯罪是指为了维护社会、规范、法秩序或自由的法秩序而需要用刑罚来消除的行为。⑤

目前的一个基本见解是，根据功能性思维，犯罪概念必然依赖于刑罚目的。“据以创设和勾勒犯罪构成要件”⑥ 的标准也与刑罚的社会任务相关。例如，根据雅各布斯（Jakobs）的观点，决定性的标准是“为维持社会的同一性以稳定规范的必要性”⑦，或者在其他人看来，该标准是维护有助于保护法律上重要利益的诸规范之效力的必要性⑧。

如果像以上描述的那样来处理犯罪概念的问题，那么，对功能性之联结点的选择便已为如下的一切内容设置了决定性的转折点：如果刑法所认可的禁令是为值得维护的东西而设定的，联结点就要在功能上合乎逻辑地

---

① 刑罚被设想为“对法秩序之不可侵犯性的防护”，通过施加刑罚来实现威胁是一种确证规范的手段，且其清楚地表明，规范和刑罚的威胁都应被认真地看待。Vgl. W. Frisch, Strafe, Straftat und Straftatsystem im Wandel, S. 72, 73.

② M. Pawli, Vom Rechtsgut zur Freiheitgestalt. Zur ontologischen Tiefenstruktur strafrechtlicher Grundkategorien, in: M. Böse/K. Schumann/F. Toepel (Hrsg.), FS für Urs Kindhäuser (2019), S. 351 (360 ff.); Normbestätigung und Identitätsbalance (2017), S. 39–45; Das Unrecht des Bürgers (2012), S. 90–92, 101 ff. Rostalski, Der Tatbegriff im Strafrecht (2019), S. 18.

③ G. Jakobs, Schuld und Prävention (1976), S. 14.

④ Vgl. M. Pawlik, Das Unrecht des Bürgers (2012), S. 17; S. 19; W. Frisch, Straftheorie, Verbrechensbegriff und Straftatsystem im Werk von Günther Jakobs, in U. Kindhäuser u. a. (Hrsg.), Strafrecht und Gesellschaft (2019), S. 647 (675).

⑤ G. Jakobs, Schuld und Prävention (1976), S. 8 ff..

⑥ U. Neumann, Aufgabe des Strafrechts und Strafbegründung, S. 261.

⑦ 这一表述来源于 U. Neumann, Aufgabe des Strafrechts und Strafbegründung, S. 261。

⑧ 关于着重于后者（法律上重要利益）的功能性方法，参见下文“四”部分。

契合该系统，那么，禁令便在表面上具有了正当性：[①]“必须将其作为目的的功能来查明那些其存在时就把一个主体判定为应受制裁的因素，制裁规范就是为了实现该目的而构建的。”[②]

相应地，为选择和证立既定目的，必须耗费巨大的论证精力。其结果即使并非无懈可击，也必须在思维上被牢固地建立。由于刑罚的正当性，以及随之而来的犯罪概念的正当性，甚至教义学基本范畴及其体系的正当性，[③] 都依存于所设定的联结点（维护的利益）的正当性，因此，不能允许这种联结点是不明确的、可疑的或者甚至是明显错误的。

例如，如果把维护“社会的规范同一性”设定为刑法体系之功能性的联结点，那么，就必须可靠地证明，该同一性为什么是值得维护的。这同样适用于将法秩序作为联结点或者法律上的利益来保护的情形。在寻找这种根据的过程中，纯粹的功能性思维不会有什么帮助，因为对规范（或者法秩序等）的同一性的维护，必须另外以更高一级的目的为依据，而这一目的又必须服务于另一个更高级的目的，如此往复。如果要让这个过程在某一刻停歇，这一目的就必须自己证立。

无论出于何种原因，一旦省略了上述步骤，[④] 即使这个被功能性地建构起来的思维大厦拥有令人惊叹的严密性与机敏性，也必然成为一个没有地基的建筑而摇摇欲坠。对于正当性问题而言，如果完全放弃了每一个正当性要求[⑤]（如此一来，原则上便可能任意地设置任何联结点）[⑥]，或者没

---

① 对雅各布斯体系中功能性思维的简要阐述参见 W. Frisch, Straftheorie, Verbrechensbegriff und Straftatsystem im Werk von Günther Jakobs, 674 ff.。

② G. Jakobs, Studien zum fahrlässigen Erfolgsdelikt (1972), S. 152.

③ 对“刑法教义学”的理解正是考虑到了这一点，参见 R. Zaczyk, Was ist Strafrechtsdogmatik?, in: M. Hettinger u. a. (Hrsg.), FS für Wilfried Küper(2007), S. 723 ff。

④ 例如，出于兴致的缺乏，对论证的不同要求，以及对“最终根据”的怀疑等。

⑤ 这一点似乎得到了雅各布斯的承认，参见 G. Jakobs, Das Strafrecht zwischen Funktionalismus und “alteuropäischem” Prinzipiendenken, S. 855。

⑥ 帕夫利克对此提出了疑问。他认为，在雅各布斯那里看到了集体理性的隐晦表达，这是认为德国（刑事）法律制度值得维护的一个很好的理由。Vgl. M. Pawlik, Das Strafrecht der Gesellschaft, S. 251. 正如在黑格尔看来，现实总被认为是充满理性的。尽管正当性正好取决于这一点，但应该指出的是，理性概念恰好不受制于时代精神。它不仅仅是在表明，某物“看起来”是合法的，而是应被放在思考的开头。

能为所设定的目的找到正当性根据，那么，所有的努力最终都是徒劳的①。

这种对确定关键性最终目的的思想进行升华的过程表明，无论如何表述该目的，它都必须以一种不再指向另一必须填补的目的的方式来自我证立。对目的之追寻必然成为对根据的追寻。必须回答的问题是：为什么社会的规范的同一性或者一个确定的规范，抑或一个法秩序或者一个自由的法秩序，是值得维护的？显然，功能性方法最后提及的路径（将自由的概念纳入刑法的目标之中）走得最远，因为它最终恰当地确定了法的根据与目标。然而，这一路径已经宣告了功能主义的终结，并指出了必须从根本上采取不同的处理方法的原因。②

二、规范理论

在此要更进一步地审查该功能性地理解刑法的思潮。令人诧异的是，它在最后却恰好否认了作为法律后果的刑罚概念与实质的刑事不法概念之间所必需的关联。虽然“应当联系有争议的法律后果，即对一个特定的人宣告有罪和施加刑罚，而功能性地确定犯罪条件”③，但这种（功能性）方法的论证基础正是“规范理论上行为规范与制裁规范的分离”④。通过命令或禁止特定行为方式来恰当确定行为规范所要保护的法益及具体的保护方式，这是一个“前置于刑法的步骤”。⑤ 而制裁规范只有后置的功能，即通过对违反行为规范的行为进行补偿性惩罚来保障法的存续，从而确证已被确立的行为规范的持续有效性。⑥（若要做到如此——译者注）行为规范的正当化首先必须不依赖于制裁规范。⑦

---

① 例如，如果社会就它具体的形态而言并不值得被维护，或者它处于德国一个著名的明显非法的政权时期，那么维持这个系统的刑罚规范就不再能被正当化，它们自身便是不法。

② Vgl. U. Murmann, Kritik des funktionalen Strafrechts, in: H. Koriath, R. Krack, H. Radtke, J.-M. Jehle (Hrsg.), Grundfragen des Strafrechts, Rechtsphilosophie und die Reform der Juristenausbildung (2020), S. 189 ff..

③ MüKo^{3}-Freund, Vor § 13, Rn. 27.

④ F. Rostalski: Der Tatbegriff im Strafrecht (2019), S. 64.

⑤ F. Rostalski: Der Tatbegriff im Strafrecht (2019), S. 65.

⑥ Vgl. Rostalski, Der Tatbegriff im Strafrecht (2019), S. 65.

⑦ Vgl. Rostalski, Der Tatbegriff im Strafrecht (2019), S. 70.

规范理论的基本思想在宾丁的著作中已有所体现。① 在“功能性的刑法理解”这一范围内，当前流行的思潮又对其进行吸纳、修改和补充。② 因此，其显然不只是使“法律素材中的物本逻辑结构”③ 得以体系化的东西④，还颇为有趣地与正当性问题和刑事不法的实质定义联系在一起⑤，并牵扯到整个刑法科学（包括刑事量刑和刑事诉讼法）⑥。

一方面，（刑法理论）与功能性思维的联结，要求（提出）一个实质性的被刑罚目的所塑造的犯罪概念；⑦ 另一方面，根据规范理论，刑事法律中包含被禁止或命令之行为的部分，又应当与预先规定刑罚的部分相分离，并被独立地确定和正当化。故有必要审查上述两方面的要求是否能够无矛盾地协调一致。为此，首先，必须追溯学者对规范理论的研究是如何从将其视作一种分析方法转移到实质的犯罪学说之上的。其次，需要在如下方面检验这种“现代的”规范理论：为了正确地实现所提出的正当性诉求，该理论作出了哪些尝试以及是否能够实现这一目标。⑧

三、具有体系化功能的规范理论——源自宾丁

关于“规范理论”究竟是什么的问题，格罗塞-维尔德（Grosse-Wilde）认为：“规范理论关乎一种从实证法的偶然性中抽离的普遍性，即希望认识到一个法秩序的基本要素所隐含的‘深层语法’和结构。在德语

① Karl Binding, Die Normen und ihre Übertretung (Neudruck der 4. Aufl., 1922), Band 1, S. 7.

② Vgl. U. Kindhäuser, Gefährdung als Straftat (1989), S. 146-160; J. Renzikowski, Normentheorie und Strafrechtsdogmatik.

③ Vgl. Armin Kaufinann, Lebendiges und Totes in Bindings Normentheorie (1954), S. IX.

④ 宾丁指出，他关注的是“对刑法条文与犯罪者所违反的法律规定之间关系的澄清”，或者用较新的措辞来表述——制裁规范与行为规范之间的关系。参见 K. Binding, Die Normen und ihre Übertretung, Bd. 1 (1922), S. 7。

⑤ Vgl. MüKo^3-Freund, Vor § 13, Rn. 28, 37 ff..

⑥ 除了在实体刑法中发挥作用，功能性的行为概念同样作为基础概念服务于刑罚裁量和刑事诉讼法，以及竞合理论。Vgl. F. Rostalski, Der Tatbegriff im Strafrecht (2019), S. 3.

⑦ 参见“一”部分。

⑧ Vgl. L Neumann, Die Normentheorie und das Verhaltnis von Kriminal- und Verwaltungsstrafrecht, in: A. Schneider/M. Wagner(Hrsg.), Normentheorie und Strafrecht(2018), S. 79 ff..

区，人们近乎一致地将卡尔·宾丁（Karl Binding）视作规范理论的奠基者。"[①] 因此，规范理论涉及的是从具体法律制度中抽象出来的法的一般特征与基本结构之汇总，或者换一种表述，它涉及"对法的形式性与结构性要素之分析"[②]。

对作为法秩序子集的刑法而言，这种分析方法的发展与显著成效要归功于卡尔·宾丁。他对刑法规范理论的关键论述如下："刑法条文在概念上产生于违法行为之后。它旨在规定违法行为的后果，而非确定其内容。世界上没有犯罪是因违背了刑法条文而被惩罚的：每个犯罪侵害的都是在根本上不同于刑法条文的法律规定，并且这些法律规定最近被称为'规范'。"[③]

诸规范是对行为的禁令或命令。这些禁令或命令被用作有行为能力者的准绳，亦即用作对他们自由的限制。[④] 从刑法条文的构成要件中，我们能够认识到这些规范。[⑤]

在这里，"违法行为"要被理解为对法律规定即对规范的违反。该规范包含了对行为的禁令或命令，对这些行为具有能力的人，必须遵循该规范。[⑥] 规范包括"对法律上有害的行为之禁令"和"对法律上有益的行为之命令"。[⑦] 规范接收者必须遵守的这些禁令和命令，被视作对他们自由的限制。[⑧] 刑法条文的目的是确定违法行为（规范违反）的后果，并在这种情况下规定刑罚。刑罚是一个针对规范违反者的"斗争手段"。[⑨] 为了查明

---

① Th. Grosse-Wilde, Die Vielheit der Normen(-theorien) im englischsprachigen und deutschsprachigen Rechtsdiskurs, in: A. Schneider/M. Wagner (Hrsg.), Normentheorie und Strafrecht(2018), S. 215.

② J. Renzikowski, Die Unterscheidung von primären Verhaltens- und sekundären Sanktionsnormen in der analytischen Rechtstheorie, S. 4.

③ K. Binding, Handbuch des Strafrechts, Band I(1885), S. 155.

④ K. Binding, Handbuch des Strafrechts, Band I(1885), S. 156, 157.

⑤ K. Binding, Handbuch des Strafrechts, Band I(1885), S. 159.

⑥ Vgl. K. Binding, Handbuch des Strafrechts, Band I(1885), S. 158.

⑦ K. Binding, Handbuch des Strafrechts, Band I(1885), S. 4.

⑧ R. Zaczyk 正确地指出，在这种对限制自由之规范的理解中，单个的规范接收者和规范的确立者之间毫无联系地对立着。亦即，他们处在固定的角色中：一个服从，另一个命令。Vgl. R. Zaczyk, Kritische Bemerkungen zum Begniff der Verhaltensnorm, GA 2014, S. 73(81). 另外，在宾丁那里却能看到的是，只有当规范的内容被理性的公民所理解时，它才能被认为是一种规范。Vgl. R. Zaczyk, Das Unrecht der versuchten Tat(1989), S. 71, 72.

⑨ K. Binding, Handbuch des Strafrechts, Band I(1885), S. 4. 刑罚可能取决于规范的内容，这是一个在这种方法看来格格不入的观点。根据该方法，刑罚只能事后被附加。

规范的内容，应该尽可能地去查看刑法条文中的构成要件。但确定规范内容的是规范自身，而非刑法条文。①

据此，宾丁分析了刑法条文的语言表达，描绘了法条中“如果—那么”（wenn-dann）的逻辑结构，并且区分了不同的接收者：一方是规范的接收者（个人），另一方是刑法条文的接收者（法律机关）。规范在法律上的命令只向那些能够理解并遵循命令的人提出。② 如果命令没有被遵守，那么在刑法条文预先有所规定的情况下，（违反规范的人）就要承受刑罚的后果。③

上述观察并不是宾丁本人出于（探究）刑罚根据、法哲学的意图而作出的。④ 在这些章节中找不到对哪些违法行为、违反哪些规范应受刑罚处罚的论述。相反，宾丁找到刑法条文并且指出如何查明其中包含的（行为）规范⑤、存在哪些类型的规范⑥、这些规范在多大范围内属于附有相应服从义务的强制性法律规定⑦、规范和刑罚条文分别有哪些接收者⑧等。⑨ 对于这样的处理方式及其结果，法理论上可能会有反对意见，也可能会有不错的支持理由。⑩ 但是，从中推导不出对犯罪概念的论述，即“通过这一

① 在另一处，宾丁以如下方式表达了同样的想法：“……犯罪者所违反的具有约束力的行为准则是法律上的禁令或命令本身，行为人不需要参考作为行为条件的法律后果。我们基本上通过将我们的刑法规定的第一部分转化为一项指令来找到这些命令：不要去行动，正如那里所描述的那样；或者去行动，正如那里所要求的那样。正是这种法律指令，我称之为规范。规范在概念上先于刑法条文，因为后者要以刑罚后果对违反规范的行为进行威胁，或宣布其免于处罚。” Vgl. K. Binding, Die Normen und ihre Übertretung. Bd. 1[1922], S. 45. .

② 在这里，规范的来源和根据完全被隐去了；它们是否只是外在地“撞上”相关主体的禁令或命令，抑或在其产生和根据上需要相关主体的参与，这对于规范理论的方法而言无关紧要，只要接收主体足够明智地认识到，它是外在有约束力的规范，并能够在事实上遵守它。

③ 正如不涉及对规范的实质性要求，这里也不涉及刑罚的实质性根据。如果刑法预先有所规定，那么违反规范的行为便要遭受刑罚。

④ 这并不意味着，他没有看到刑法科学的这些维度。Vgl. K. Binding, Handbuch des Strafrechts, Band I(1885), S. 14, 15. 然而在区分规范和刑法条文时，他关注的是其他方面。

⑤ K. Binding, Handbuch des Strafrechts, Band I(1885), S. 159.

⑥ K. Binding, Handbuch des Strafrechts, Band I(1885), S. 164 ff. .

⑦ K. Binding, Handbuch des Strafrechts, Band I(1885), S. 183 ff. .

⑧ K. Binding, Handbuch des Strafrechts, Band I(1885), S. 187 ff. .

⑨ Vgl. Thomas Meyer, Zwischen positivem Recht und Vernunft, in: Kubiciel/Löhnig/Pawlik/Stuckenberg/Wohlers (Hrsg.), Eine gewaltige Erscheinung des positiven Rechts (2020), S. 37 (50 ff.).

⑩ 笔者知道，规范理论者对这些问题展开了热烈的讨论。但本文有意选择了不同的方向。

概念的范畴（或许）能够确定，何种个人行为应受到特殊的遣责和刑罚”①。

如果人们要了解宾丁对犯罪概念的见解，那么他们能够以一种独特的方式在其对法益的思考中找到②，尽管对于“哪些利益值得被作为法益，更具体地说，被作为刑法的益加以保护”，宾丁的思考并未发展出实质性的标准。相反，他采取了这样的做法，即将存在于实证法中的犯罪的“攻击对象”进一步整理、展示和系统化。③

宾丁还提出了对所有刑事立法者之目标的一般性思考：“历史上的刑事立法者相信，为健全的法生活的全部条件提供保障，远比确保主观权利的存续更为崇高。在这样的生活中，安宁不受干扰，法律主体自由、适当且有力地发展自身，权利也不受妨碍地顺利行使。只要规范和刑法条文存在，这种对安宁且幸福的法生活之前提的保障就一直是它们最大的任务。……立法者要寻求健全的共同生活在事实上的条件，以及人、物和状态，远比权利更能抓住他的视线。他还要继续寻求我所说过的那些条件……它们的性质在于能够吸引扰乱法的攻击行为。由此便找到了需要直接被保护的客体：它将成为规范的对象，对它的侵害被标识为犯罪行为。立法者的审慎态度和实践决定了法益的认可范围，立法者的敏锐性能保证对法益的精确描述，这二者的结合决定了规范的范围、效力以及刑法条文中的可用性。”④

上述这段话中包含了一些实质性的（确定犯罪客体的）根据，根据宾丁的说法，它们“自古以来”就被立法者考虑到了：“……为健全的法生活的全部条件提供保障……在这样的生活中，安宁不受干扰，法律主体自由、适当且有力地发展自身，权利也不受妨碍地顺利行使。”

然而，即使是在他的作品中少有的涉及实证法之前置性根据的地方，

---

① F. Rostalski: Der Tatbegriff im Strafrecht (2019), S. 15.

② K. Binding, Die Normen und ihre Übertretung, Band 1 (1922), S. 338 ff.; Wolfgang Wohlers, Karl Binding und die Rechtsgutstheorie, in: Kubiciel/Löhnig/Pawlik/Stuckenberg/Wohlers (Hrsg.), Eine gewaltige Erscheinung des positiven Rechts (2020), S. 143 (146 ff.).

③ K. Binding, Die Normen und ihre Übertretung, Band 1 (1922), S. 338 ff. 原则上，在宾丁看来，受到攻击的是“立法者的统治权”（通过违反服从义务，即违反规范本身）；此外，在犯罪中，法益也被添加为具体的侵害对象。

④ K. Binding, Die Normen und ihre Übertretung, Band 1 (1922), S. 339, 340.

宾丁也并未以论证的方式展开研究，而是从对（历史性）立法的筛选中提炼出结果。他没有说立法者应当在刑事立法中考虑上述方面，而是说立法者向来都是这么做的。

因此，宾丁和处于其传统当中的规范论者都在同等程度上展现了他们的敏锐洞察力和对立法者的信任。他们相信，立法者的工作在过去是以健全的法生活的条件、安宁和法律主体的自由发展为导向的，并且将来也会以此为目标。[①] 这种方法（规范论者所采取的研究方法——译者注）的特点是，通过对实证法的分析，推断出其内容。在刑法中，用这种方法可以找到基础的法益（“攻击对象”）。[②] 对基础法益的侵害和不遵从立法上之禁令与命令的事实一同构成了应受刑罚处罚之犯罪的内容。在宾丁看来，上述“攻击对象”就如同历史性事实那样被发现，而非被证立、支撑或是批判。[③] 宾丁认为，这个“法秩序的‘利益资产’”来自一个法源，该法源“只能通过其对自身的衡量或是通过逻辑被限制”。[④]

由此可以看出，规范理论的早期版本并未抱有正当性的关切，而是以系统化的关切来处理法之问题。接下来应当探究的是，规范理论是否和在何种程度上发生了变化，以及新的立场能够多大程度地令人信服。

四、新的刑法规范理论及其正当性

有一系列的科学方法都可以被归入这一时代的规范理论，[⑤] 其中一些在前提、后果以及研究兴趣上都显示出了相当大的差异[⑥]。因此，去谈论“现在的规范理论”是不准确的。另外，在一定的视角下，上述思潮又完

---

① 令人印象非常深刻的是，Wolfgang Naucke 指出，宾丁在理论上为公然违背上述标准的立法铺平了道路。

② 例如，未出生者与已出生者的生命、健康、与奴役相对的自由、行使自己意愿的自由、值得被尊重的尊严、妇女的性尊严、两性的性道德、婚姻状况，也包括对上帝的敬畏、宗教感情、对死者的敬畏、对动物的同情、安全和安宁的感受、人类的“自然感情”。Vgl. K. Binding, Die Normen und ihre Übertretung, Bd. 1 (1922), S. 346, 347.

③ 对此正确的评论参见 V. Haas, Kausalität und Rechtsverletzung (2002), S. 64, 65。Haas 指出，一个被这样理解的法益概念不能“为处罚特定的行为方式提供实质的根据和正当性说明”。

④ K. Binding, Die Normen und ihre Übertretung, Bd. 1 (1922), S. 340.

⑤ Vgl. St. Ast, Normentheorie und Strafrechtsdogmatik (2010), S. 10, Fn. 3.

⑥ Vgl. A. Schneider, M. Wagner (Hrsg.), Normentheorie und Strafrecht, 2018, S. 6.

全能被归纳为更高一级的“规范理论”的方法，且它们的代表者亦作如此理解。① 目前，刑法规范理论思潮的共同特征可以被概括为下面四点：第一，这些思潮的根本假设是宾丁广为人知的行为规范与制裁规范之分离。② 第二，大多数思潮一致认为，将一个行为确定为“犯罪”需要特别的即可以被称作“实质的”正当性。③ 无论如何，几乎没有任何属于“规范理论”这一上位概念的学说会公然指向一个纯粹形式性的犯罪概念，或是指向一个仅从实证（刑法）条文中解读出的犯罪概念。④ 第三，从这些被审查的思潮中可以清晰地看到，犯罪概念的正当性标准，最终要到现行有效的德国宪法中，更准确地说，是到合比例性原则中去寻找。⑤ 第四，这些方法在根本上都遵循了功能性的路径。

下述思考旨在澄清正当性问题是如何在规范理论方法之内得到解决的，以及这些方法是否提供了令人信服的解决方案。

（一）法益保护作为正当性根据

根据弗罗因德（Freund）的看法，刑罚“目的理性地”“被国家预防

---

① 下述思考绝不是详尽无遗的——无论是在内容上还是对审查立场的选取上。然而，重要的是审查（这些思潮）在内容上重要的特征，准确地说是审查它们对“犯罪行为”之定义的证明力和形成概念的能力。

② 基于这种分离的考虑，首先得出的是针对教义学问题的结论（例如，作为和不作为、客观和主观构成要件、不法和罪责、故意和过失、错误等）。

③ W. Frisch, An den Grenzen des Strafrechts; G. Freund, Erfolgsdelikt und Unterlassen (1992), S. 85 ff., MüKo^3-Freund, Vor § 13, Rn. 29; F. Rostalski, Der Tatbegriff im Strafrecht (2019), S. 67; J. Renzikowski, Normentheorie als Brücke zwischen Strafrechtsdogmatik und Allgemeiner Rechtslehre, ARSP 87 (2001), S. 110 ff..

④ 然而，Appel 明确地写道：“国家制定的法律规范意味着行为的一般指令，其约束力来自规范制定机构的权限。在一个民主宪政国家，规范制定机关的这种权限不能因提及法律之外的价值与规范，并将其作为根据权限制定的法律规范的标准而被损害。根据基本法，犯罪的实质概念只能以如下方式被限制，即实质上，所有的犯罪都是受宪法约束的立法者被允许对其设置刑罚的东西。超出这个范围的犯罪概念之内容，是无法用法律范畴来把握的。”（Verfassung und Strafe [1998], S. 389）. Appel 想要超越宾丁，塑造出一种宪法上的约束。类似的见 K. F. Gärditz, Strafbegründung und Demokratieprinzip, Der Staat 49 (2010), S. 331 ff.; K. F. Gärditz Demokratizität des Strafrechts und Ultima Ratio-Grundsatz, JZ 2016, 641 ff.; C. F. Stuckenberg, Grundrechtsdogmatik statt Rechtsgutslehre, GA 2011, S. 653 ff.。

⑤ Vgl. MüKo^3-Freund, Vor § 13, Rn. 28.

性的法益保护任务正当化”，国家的任务是“保护个体的生存和发展条件”。① 法益概念对于确定现有刑法规定的作用范围，以及对于立法者创设更多刑法构成要件的权限都至关重要。② 在这些基本论述之后，弗罗因德并未发展出实质的法益学说。③ 他认为，“（将某物）承认为法益的唯一决定性因素，是从（成文或不成文的）法秩序中推导出的实证性判断”④。因此，法益概念的实质内容没有被一劳永逸地固定下来，甚至没有在实证法之前被预先规定；相反，只有在一个具体的法秩序中，才能确定对该法秩序而言什么要被视为法益。刑法作为次级的规范秩序，必须从属于法益。⑤

这让人回想起前述宾丁的立场，他从实证的法秩序中推导出法益，并将（行为）规范视作法益保护规范。宾丁的观点不涉及对犯罪概念之实质标准的发展，而是涉及从规范中提炼出（犯罪的）攻击对象。宾丁的法益概念并无批判功能，只有宣告功能。⑥

弗罗因德的一段话也阐述了这种含义：“谁对法益概念抱有过高的期待，那么谁就必然会因其功效甚微而失望。法益概念并不是一把可以用于应对失控刑法的真正的利剑。因为什么是行为规范及巩固行为规范的刑罚所要保护的法益，在一定范围内完全可以由立法者来决定。只要大体上有充分的理由谴责某一特定行为，那么就不能再援引法益概念来反对适当地谴责该错误行为。”⑦

然而，紧接着需要解释的是，为何尽管如此，弗罗因德仍要赋予法益概念对“确定现有刑法规定的作用范围”和对“立法者创设更多刑法构成要件之权限”的重要意义。⑧ 他以下述方式证立：⑨ 正确把握法益概念的价

---

① MüKo³-Freund, Vor § 13, Rn. 38, 40.

② MüKo³-Freund, Vor § 13, Rn. 45.

③ Vgl. SK-StGB⁸-Rudolphi/Jäger, Vor § 1, Rn. 3, 15 ff..

④ MüKo³-Freund, Vor § 13, Rn. 46.

⑤ MüKo³-Freund, Vor § 13, Rn. 46.

⑥ Vgl. Wolfgang Wohlers, Karl Binding und die Rechtsgutstheorie, in: Kubiciel/Löhnig/Pawlik/Stuckenberg/Wohlers (Hrsg.), Eine gewaltige Erscheinung des positiven Rechts (2020), S. 149.

⑦ MüKo³-Freund, Vor § 13, Rn. 60.

⑧ Vgl. MüKo³-Freund, Vor § 13, Rn. 45.

⑨ 以下论述见 MüKo³-Freund, Vor § 13, Rn. 61, 62。

值至关重要。行为规范的正当性以对相应的禁令或命令存在充分根据为前提，如果没有切实的理由，那么该行为规范可能无法再存续。然而，上述理由得以成立的基本前提是，遵守规范所带来的合理收益完全可以被预期，并且在更广泛的意义上，法益可以被维护。如果不能详细阐述这样的收益，规范就会失去正当性。或者退一步，需要对遵守规范的预期收益和需要付出的“成本”进行价值比较，并对收益（相较于“成本”）的优先性作出切实的论证。基于这样的论证需求，“法益概念的批判功能首次展现了出来”。在这一背景下，必须考虑行为规范为其追求的法益保护目的而采取的手段之适宜性、必需性及适当性。①

总结如上论述即可得出：立法者在创设由刑罚所保障的行为规范时，有着“明显的界限”。在行为规范方面，立法者必须为其禁令或命令提供充分、足够或切实的根据。当可以期待“遵守该规范所带来的合理收益”时，或根据价值考量，遵守规范的预期收益优先于“成本”时，行为规范就有了“切实的根据”。② 对它所欲保护的法益而言，行为规范必须是一个适宜的、必需的和适当的手段。③ 另外，制裁规范必须有助于保障被如此确立起来和被正当化的行为规范之效力，并且就此而言，制裁规范本身必须是合目的的、必需的和适当的。④

在规定禁令或命令的场合，对立法活动提出的首要限制，就是（为禁令或命令）提供任何实质性根据都要有必要性。因此，（这种限制）似乎已经使得立法者无法全然任意地开展工作。当可以期待通过设立行为规范获得收益时，一个“切实的根据”便被假定了。该收益必须考虑到法益保护。如果法益概念被实质性地填充，如被米夏埃尔·马克思（Michael Marx）定义为“人自由的自我实现所需要的那些物”⑤，那么便可以提出一个标

① Vgl. Timm (= Rostalski), Gesinnung und Straftat (2012), S. 65 ff..

② G. Freund, Erfolgsdelikt und Unterlassen (1992), S. 52.

③ Vgl. Timm (= Rostalski), Gesinnung und Straftat (2012), S. 65.

④ Vgl. F. Rostalski, Der Tatbegriff im Strafrecht (2019), S. 77.

⑤ Vgl. M. Marx, Zur Definition des Begriffs “Rechtsgut”(1972), S. 62. 只有立法者能够且必须合理地制定为法之益（Rechts-Gütern）的物才是利益。而哪些东西是具体属于该利益的，不能被超越时代地、抽象地、永恒有效地确定。唯一可以肯定的是，他人的利益原则上应得到尊重。使得物成为利益的特殊标准存在于人类主体的内在关联当中：这样的物必须有助于主体的自我实现。

准：行为规范是否具备一个正当的核心，即行为规范的存在是否有利于维持人自由地自我实现所需要之物？然而现在的问题是，弗罗因德并未意图确定这样的法益概念：他对法益的理解是变化的，依赖于在一个具体的法秩序中什么被承认为法益。[①] 这意味着：被审查的具体法秩序的立法者，必须通过他所设置的有效的行为规范来证实一个指向利益的收益；而这一利益本身又要通过审查（由他）所设置的规范才能得到证明。行为规范应该服务于法益保护，而法益本身又必须从行为规范中推导出来，这便形成了一个循环论证。[②]

（二）宪法的合比例性审查

如果接受遵守规范的预期收益在价值考量上必须优先于“成本”，那么问题就被扩张了。根据这种理解，该预期收益指向由禁令或命令带来的法益保护。而一旦假设，法益——与弗罗因德的见解相反——要从根本上得到确定，就必须以如下方式展开思考。

某一特定的行为方式会由于规范的调控功能[③]而被放弃，由此不产生法益侵害（例如，公民阅读了“不允许伤害任何他人”的行为规范，并且放弃殴打周围人，“身体的完整性”这一法益便不会受损。同样，德意志民主共和国公民阅读了“不得超越国边境”的行为规范，于是放弃了越境的企图，“国家边境”这一法益也不会受损）。[④] 在这种思维下，对行为的禁止意味着可能实施行为的人丧失了自由。这种自由的丧失描绘了行为规范作为“手段”（要付出）的“成本”，而收益是指一个特定的法益侵害因而不发生。那么，评估收益是否大于“成本”的依据是什么？

弗罗因德和罗斯塔尔斯基（Rostalski）等人提供了宪法的合比例性原则作为答案：对它所欲保护的法益而言，行为规范必须是一个适宜的、必需的和适当的手段。如果规范有助于达成期望的行为调控并由此实现法益

---

① 民众健康？血统的纯正？社会主义精神？国家边境？基督教的、伊斯兰教的或是犹太教的信仰内涵？性别公平？I. Appel, Verfassung und Strafe (1998), S. 381. 批评了将法益学说当作划定刑法边界的方案。

② Vgl. I. Appel, Verfassung und Strafe (1998), S. 381.

③ Vgl. Timm (= Rostalski), Gesinnung und Straftat (2012), S. 65.

④ 借助这些例子人们可以认识到实质地确定法益的重要意义。

保护，它就是适宜的；如果相较于立法上设定的规范，没有其他的、更温和的手段足以调控行为，该规范就是必需的；如果调控行为的手段与“所追求的目的处于相称的关系中”，它就是适当的。[①] 最后的步骤涉及对利益冲突的平衡，这里的利益冲突即潜在的犯罪者在某个特定的行为中拥有利益（如殴打、越境），而这与他人的利益（如身体的完整性）存在冲突或者与集体的利益（如国边境的不受侵犯性）存在矛盾。[②]

这表明，从现在起必须进一步确定，是什么形成了一种“相称的关系”，或者一种“不相称”的关系又是如何表现的。对此需要“对各个相冲突的益和利益进行法律评估”。[③] 只有在对矛盾的益与利益的衡量中显然存留着“收益”时（行为规范所要保护的“益”显然超出行为人的“利益”时——译者注），作为益之保护手段的行为规范的适当性才能被承认。亦即，要想确定一个受到质疑的行为规范的有效性，必须能够证明，该行为规范有助于确定明显更为优越的利益或价值。[④] 因此，当可以查明被保护之益显著优于一个任意行为所能带来的个人利益时，（目的与手段的）关系就是“相称的”。[⑤]

然而现在无法进一步确定，这种情况何时得以满足。因为还没有提出

① Vgl. Timm (= Rostalski), Gesinnung und Straftat (2012), S. 65.; Freund/Rostalski, Strafrecht AT (2019), § 1, Rn. 55 ff..

② 这一审查过程最初并没有考虑到一个由刑罚保障的行为规范，而是在第二个审查步骤中才开始探讨制裁规范。这种两步程序的理由是，行为规范的保护之益（直接的法益保护）和制裁规范的保护之益（行为规范的有效性）并不一致。因此，合比例性的审查只能分别进行。Vgl. Freund/Rostalski, Strafrecht AT (2019), § 1, Rn. 46, 47.

③ Freund/Rostalski, Strafrecht AT (2019), § 1, Rn. 58.

④ Vgl. G. Freund, Erfolgsdelikt und Unterlassen (1992), S. 87.

⑤ 罗斯塔尔斯基基本上也采取了同样的看法：“初级规范确定了共同体生活的法律秩序。与之相对，次级规范规定了对扰乱初级规范之行为的反应，以及这些反应的前提。因此，刑法具有一种附属的性质：尽管可以从一个制裁规范的存在中推导出一个行为规范的存在，从刑罚中却不能得出对被允许和被禁止之行为的普遍界分，也不能确定受保护的法领域（的范围）。更确切地说，通过禁止应受刑罚的行为来限制宪法所保障的行动自由，这样的做法已经需要被正当化。对此必须忽略对刑罚目的的考量。它仅仅取决于，被保护的利益——其在刑法教义学中通常被称为法益——是否能根据合比例性原则使对基本权利的限制正当化。因此，相较于其下级问题，这一问题，即一个违反规范的行为何时严重到了必须用刑法手段来制裁的程度，需要权衡其他的利益。”Vgl. J. Renzikowski, Normentheorie als Brücke zwischen Strafrechtsdogmatik und Allgemeiner Rechtslehre, ARSP 87 (2001), S. 10 ff..

这样一个可以用来查明“优势”或“显著优势”的标准。① 原则上，一个任意的行为所产生的个人利益与一种以某种方式被固定下来的益，就像一个苹果与一个或十万个梨一样互不相干。② 如何能判断谁更优越？

如果解决利益冲突的标准是边沁（Bentham）主张的功利主义最大幸福原则③，那么当对（普遍）“益”的维护——必要时只能以牺牲个人利益为代价——能确保提高普遍的福利时，个人利益就必须让步。④ 如果该标准是对一个无阶级、平等的社会秩序的共产主义观念而言，那么同等的集体利益就总是优于特殊的私人利益（如私有财产或个人的盈利）。如果标准涉及具体的社会意识形态，如德意志民主共和国的情况，那么个人在旅行自由上的利益就必须对“安稳的国边境”这一普遍利益让步，⑤ 后者根据德意志民主共和国刑法典第 213 条，被规定在“非法越境”这一刑罚构成要件中。如果标准是一个被打上宗教烙印的秩序，那么当个人期望的行为与普遍信仰的教义相冲突时，个人及其利益便总要屈从（如想要建立一段同性恋关系，或是想要以主流宗教团体规定以外的方式去安葬死者）。

这表明，如果不提出并且证立一个上位原则，那么（上述益与利益的）权衡就不能产生任何结果，最多只会产生任意的结果。⑥

此外还有争议的是，是否无须考虑针对一个行为规范违反的威胁性的法律后果（罚款、刑罚、损害赔偿），也能进行真正的“成本—收益”衡量？⑦ 而如果还要考虑对有关个人动用刑罚，那么一个行为禁令所导致的

---

① Vgl. M. Köhler, Prozessrechtsverhältnis und Ermittlungseingriffe, ZStW 107 (1995), S. 10 (15 ff.); J. Rath, Unverfügbare Voraussetzungen des Abwägens, StudZR 2007, S. 311 (313); K. Gierhake, Der Zusammenhang von Freiheit, Sicherheit und Strafe im Recht (2013), 162f.; L. Rösinger, Die Freiheit des Beschuldigten vom Zwang zur Selbstbelastung (2019), S. 56 ff..

② L. Rösinger, Der Rechtsgrund der Inanspruchnahme des Einen zugunsten des Anderen im sog. Aggressivnotstand, in: K. Papathanasiou/K. Schumann (Hrsg.), Kollektivierung als Herausforderung für das Strafrecht (2020, im Erscheinen), 其明确认识到了，并在紧急状态下放弃了这种“衡量”。

③ Vgl. J. Bentham, Eine Einführung in die Prinzipien der Moral und der Gesetzgebung (1789).

④ Vgl. BVerfG, Beschluss vom 26. 2. 2008 - 2 BvR 392/07).

⑤ Vgl. LG Berlin, Az: (527) 2 Js 26/90 Ks (10/92), Klaus Marxen/Gerhard Werle (Hrsg.), Strafjustiz und DDR-Unrecht/Dokumentation (2002), Bd. 2, Teilbd. 2, S. 501(504).

⑥ Vgl. B. Zabel, Die Ordnung des Strafrechts (2017), S. 331 ff..

⑦ 此概念意义已经揭示了一种功利主义——经济的思维，其与自由的法概念不相容。

"自由丧失"对他而言是否要严重得多?①

(三)隐藏的超实证的基本假设

如果现在要到弗罗因德或罗斯塔尔斯基那里去寻找一些被用来作为利益衡量标准的基本假设，那么人们就会发现一些（措辞的）转变，如"自由的基本秩序"②，"与宪法的协调一致"③，"对所有人最大自由的保障"④。这显然涉及对我们被确定为"自由的"宪政秩序的维护。人们完全可以赞同把它当作预先设定的目标，然而这不可避免地会产生些许问题：第一，此目标既不能通过秩序本身的存续，也不能通过一个衡量过程被证立。第二，需要阐明的是，如何能够从这个预定目标中得出衡量的标准，亦即，何种利益衡量标准能够从宪法自身，或者从"所有人最大自由"的原则中推导出来。第三，对"自由的基本秩序"之价值性的基本假设，如何能够回避对行为规范的合法内容，尤其是对其赖以建立的法益概念进行实质性论述，这是不清楚的。弗罗因德认为，"（将某物）承认为法益的唯一决定性因素，是从（成文或不成文的）法秩序中推导出的实证性判断"⑤。这意味着，在现行有效的德国法律体系中，尽管恰好是我们基本法中的自由秩序在支撑着一切，但"什么是法益"这一事实并不能由它证立，而是要作为"实证性判断"被发现，或者说，要从当下有效的规范和社会信念中"被读出"。这也暗示着，根本性的标准不是唯一的，只要它在事实上能得到承认：该标准就是被纳入规范的时代精神。第四，法益概念和作为前提的自由基本秩序之间是何种关系，这没有被指明。

在此要指出的是，有一个概念自始至终地停留在待审视的"现代规范理论"之上，换言之，这个概念被强制地引入，或被不加解释地当作预设前提。然而它本身既无内容，对于理论的证立过程而言也无关紧要。这个

---

① Vgl. J. Kaspar, Verhältnismäßigkeit und Grundrechtsschutz im Präventionsstrafrecht (2014), 364 ff. 在这一点上做了恰当的论述。

② Timm (= Rostalski), Gesinnung und Straftat (2012), S. 66.

③ Timm (= Rostalski), Gesinnung und Straftat (2012), S. 66

④ Timm (= Rostalski), Gesinnung und Straftat (2012), S. 69.

⑤ MüKo^{3}-Freund, Vor § 13, Rn. 46.

概念就是自由。

在论证中，自由在数个完全不同的位置出现：[①] 第一，由行为规范所产生的行为调控（行为规范的目的是调整规范接收者的动机，使之实施法所期望的行为）[②] 被称作对自由的损害，同时在“成本—收益”的计算中被视作“成本”的一面加以考虑。第二，行为规范被证明为“自由共同体的组成部分”[③]。对这句话的解释要参照社会契约理论。行为规范以其持续发挥效力为前提，保障了和谐共存的状态，从而构建了由人组成的共同体。[④] 第三，当论证超出了行为规范而指向刑罚时，也会出现类似的观点，[⑤] 即刑罚作为对违反行为规范的反应而被证立。刑罚自身就包含着对行为人权利的侵犯。这种侵犯是正当的，因为它否定了行为人的协商行为，即行为人通过违反规范向社会表明，他怀疑规范的效力。[⑥] 行为人的这一行为体现了“对自由的滥用”[⑦]，根据社会契约理论，个人无权拥有这样的自由。法律上行为规范体系的作用是适当地平衡个体的自由领域。社会成员通过法律上行为规范的协议限制了个人自由，因此一个共同体以丧失自由为代价而得以建立。[⑧]

一方面，对于单个的法律接收者而言，行为规范会被理解为对自由的损害，如果没有行为规范，个人便能任意地行动；另一方面，行为规范又是一个自由共同体的组成部分，且法律上的行为规范体系有助于适当地平衡个体的自由领域。

这表明自由这一概念在此处以不同的方式被使用：一方面，如按照托马斯·霍布斯（Thomas Hobbes）的理解，自由是可以做和不做任何事的权限与能力。用他的话来说：“作为根据自己的意愿使用自己的能力以维护自己本性的自由……因此个人可以根据自己的判断和理性，采取任何在他

① Vgl. Garditz, Demokratizität des Strafrechts und Ultima Ratio-Grundsatz, JZ 2016, 641 (646).

② F. Rostalski, Der Tatbegriff im Strafrecht (2019), S. 19.

③ F. Rostalski, Der Tatbegriff im Strafrecht (2019), S. 18.

④ F. Rostalski, Der Tatbegriff im Strafrecht (2019), S. 19.

⑤ Vgl. F. Rostalski, Der Tatbegriff im Strafrecht (2019), S. 19-22.

⑥ Vgl. G. Jakobs, Bürgerstrafrecht und Feindstrafrecht (2003), S. 41; Individuum und Person, ZStW 117 (2005), S. 247 (261); G. Freund, Erfolgsdelikt und Unterlassen (1992), S. 89.

⑦ F. Rostalski, Der Tatbegriff im Strafrecht (2019), S. 20, 21.

⑧ F. Rostalski, Der Tatbegriff im Strafrecht (2019), S. 21.

看来为达成这一目的最适合的手段。人们将自由理解为……外部阻碍的缺席。”① 事实上，任何有约束力的规范都首先体现为对这种自由的阻碍。另一方面，（个体的）自由领域应该通过行为规范得到平衡。这以存在并列或对立的外在自由立场为前提。单个的“自由范围”应该被这样来安排，以致其结果是尽可能多的自由承载者享有尽可能大的自由空间。亦即，自由在这里被理解为外在的（基本）权利资格，它要由行为规范定义、划定界限和提供保障。② 金德霍伊泽尔（Kindhäuser）写道：“规范因此是根据宪法上的价值标准，为一个法益相关的自由冲突提供普遍性解决方案的结果。”③

这两种概念，即托马斯·霍布斯式的和宪法实证主义式的概念，都是简化了的自由概念：④ 托马斯·霍布斯的自由概念无法在一个普遍化的形式中被思考。⑤ 在托马斯·霍布斯看来，在自然状态中，个人的自由即他能毫无阻碍地追求他自我保全所需的利益，亦即在此范围内，他不受限制。然而这种“无限的可能性”或许不能被无矛盾地同等适用于所有人，因为在人类行动的现实中，最迟在他们触及同一目标时，冲突就会变得明显。只要人们是在有限的空间内面对有限的资源，冲突就不可避免。单单出于此种原因，处在自然状态中的自由就不可能是无限的、绝对的。自由的固有界限必须是他人的权利领域：一个自成一体的法理论的出发点不能是“无限的可能性”，甚至按照托马斯·霍布斯的说法，不能是对一切事物的无限权利，而必须是考虑了他人行动自由时的行动自由。

然而无论如何，如果自由不是建立在人类作为理性主体的基本属性之上，那么自由作为外在的基本权利资格也是不确定的。将基本权利（如生命权、身体完整权、行动自由权、信仰和良心自由权等）当作国家让渡给人们的既定自由空间，这并没有充分地理解自由。自由应是基本的、与生俱来的人类自由权利的具体化：“根据绝对的普遍法则，独立/自我决定外

① Th. Hobbes, Leviathan (1651), 14. Kapitel, S. 99.

② 这里再次出现的问题是，行为规范单个的内容，无非被超实证地确定。

③ U. Kindhäuser, Gefährdung als Straftat (1989), S. 150.

④ 在这里只能略做批判。

⑤ 下述内容参见 K. Gierhake, Der Zusammenhang von Freiheit, Sicherheit und Strafe (2013), S. 69（附有更多的论证）。此外，基本的批评参见 M. Köhler, Recht und Gerechtigkeit (2017), S. 703–705(250 ff.)。

部行动的权利是作为理性存在的人类所独有的。"[①] 在基本权利中被详细阐明以及被实证化的，正是这种原始的权利。[②]

如果人们真的想要提出论据来支撑一个自由秩序及与之相符的刑法，那么便不能指望历史上偶然的、可变的、事实上的信念，或是现有的、大量的代表性思想，而是必须阐明一个自由制度的优越性，即它不可被取代的原因。谁将行为规范概念置于一个自由的法与国家传统中，谁就必须使得它在内容上也服务于自由。另外，对（法律上）自由概念的澄清、对由此产生的法律制度及在此背景下合乎逻辑地推导出的不法及刑罚概念的修正，都是必需的。[③] 相比之下，在托马斯·霍布斯之后提出的自由概念，以及对（自由）基本权利简单的宪法实证主义式的设想，可能是不充分的。[④] 此外，两者处在相互之间完全不可调和甚至自相矛盾的形式当中。[⑤]

五、"功能性—规范性"方法及自由理论的要求——米夏埃尔·帕夫利克提出的不法概念

帕夫利克的不法概念，可以被视为迈向基本的自由路径的中间步骤。一方面，他奉行功能性思维；[⑥] 另一方面，他认为一种"在自由理论上可以接受的正当性"是不可或缺的。[⑦]

他的论述始于如下内容："如果行为人的表态是否定的（对于他所承担的刑法义务——作者注），则存在刑法相关的不法……更确切地说：刑事不法在于，行为人以一种反规范来和现行有效的刑法规范秩序相对抗，并且通过他的行为可以看出，他承认这种反规范要优先于法规范。因此，

---

① M. Kohler, Recht und Gerechtigkeit (2017), S. 225.

② Vgl. R. Zaczyk, Das Unrecht der versuchten Tat (1989), S. 165; B. Noltenius, Grenzenloser Spielraum des Gesetzgebers im Strafrecht?, S. 17, 18.

③ 关于这一纲领所追寻的方法，参见本文"四"部分。

④ 类似的参见 R. Zaczyk, Kritische Bemerkungen zum Begriff der Verhaltensnorm, GA 2014, S. 73 (80-83)。

⑤ 无论如何，托马斯·霍布斯的自由概念都没能推导出一个国家形式，在其中，自由基本权利作为独立公民的权利资格有其地位。这一思想在之后的启蒙思想家（洛克、卢梭和康德）那里才得以发展。

⑥ Vgl. M. Pawlik, Normbestätigung und Identitätsbalance (2017), S. 29 ff..

⑦ Vgl. M. Pawlik, Das Unrecht des Bürgers (2012), S. 92, Fn. 480.

根据这种（对刑事不法的）构想，行为人的权力表达、对陌生意志所施加的强制要被理解为一种规范纲领的实施，该纲领可以被合理地解释为对现行有效的、对于行为人而言同样具有权威性的规范秩序的反叛。行为人行为的意义添加就在于对这种规范的自我拔高，更准确地说，在于自以为是，这也就证立了他不仅对民事损害赔偿负有可能的义务，还要在刑法上承担责任。"①

从上述内容可以清楚地看到，在帕夫利克看来，刑事不法的核心在于行为人通过他的行为否定了现行有效的刑法。因此，行为之所以具有刑法上的意义，首先在于能够从中推断出行为人对现行有效的法秩序的反对。决定性的因素不是对他人的意义当中的行为现实（如身体受伤、所有权受限或者财产受损），而是行为作为一个规范纲领表达的意义内涵，这个规范纲领是针对现行有效之规范秩序的。

对于这种理解（刑事不法是对现行有效的法秩序的反对）而言，至关重要的是由帕夫利克本人进一步论述，并将之作为基础的实效概念。效力和实效要在此范围内被区分，即一个法规范的效力是"牢不可破的和不可侵犯的"，而法规范的实效则依赖于，它"被它所适用的人承认其约束力，即它确实被证明是一个决定和规制人类行为的规范"②。

在这方面，帕夫利克和雅各布斯的方法乍一看很相像。③ 对于犯罪是否会否定"现行有效的"法这个问题，他们都将其与事实上对规范的遵守这一意义上的规范现实性相联系。④ 帕夫利克表述为，法秩序必须具有"现实塑造力"。⑤ 在雅各布斯那里明显可以看到一条清晰的位于汉斯·凯尔森学说传统之内的思考脉络，⑥ 而对于相同的基本论述，帕夫利克则援引了后期黑格尔主义学者海尔施纳（Hälschner）的话。海尔施纳写道：

① M. Pawlik, Normbestätigung und Identitätsbalance (2017), S. 29, 30.

② M. Pawlik, Normbestätigung und Identitätsbalance (2017), S. 38.

③ 将目光投向由此产生的刑罚理论，人们也可以在帕夫利克那里看到由雅各布斯发展起来的基本要素。在雅各布斯看来，"刑罚是对犯罪的回答，而犯罪被理解为对规范实效的否定，即对社会形态的否定"。参见 G. Jakobs, Strafrechtliche Zurechnung und die Bedingungen von Normgeltung, APSP Beiheft 74 (2000), S. 57, 59.（作者强调了这一点）。

④ G. Jakobs, Untaten des Staates - Unrecht im Staat, GA 1994, S. 1 (5).

⑤ Vgl. Pawlik, Das Unrecht des Bürgers (2012), S. 104.

⑥ Vgl. Hans Kelsen, Reine Rechtslehre, 2. Aufl. (1960), S. 219, 220。

“只有在其有限的、具体的‘定在’中，在它所规定的社会生活条件下，法才能完全被犯罪所触及。并且犯罪是一种法权侵害，因为其是以具体的权利、具体的法律利益为对象的。”①

这在一个重要的方面改变了论证的方向。因为由此可以清楚地看到，帕夫利克在这里为一种克服实证主义的实质性基本论述打开了一扇门。如果人们认真对待黑格尔，② 那么这种基本论述只能存在于一个为法权拟定的、唯心论的自由概念中。③

在黑格尔看来，法的现实性是由法则和制度形成的普遍性，单个的主体生活在其中。一方面，此现实性必须是被实证化、被公布的理性，个人可以“看到”现实性，且现实性与他自己的理性相一致；④ 另一方面，现实性也意味着，主体的生活过程要在现实性与历史性形成的社会形式、法则和传统的具体联系中被考虑。⑤ 这不仅仅是指事实上有效的实证法上的规范秩序（行为人可以通过实施犯罪来反抗），而是指一个内容广博的法概念，根据黑格尔的思想，理性和现实性在这一概念中得到了统一。⑥ 当海尔施纳称，“只有在其有限的、具体的‘定在’中，在它所规定的社会生活条件下”，法才能完全被犯罪所触及时，他暗示这里涉及法的核心——理性、自由，它们形成于一个具体的秩序中。“法律上的利益”在其中通过实证得到普遍的承认，且其本身可以被犯罪所侵害。在某种程度上，犯罪者针对的是具体化了的普遍性，并且由此否定了理性的秩序。

如果人们按照这种思路来阅读帕夫利克的表述，那么看起来他似乎打算将黑格尔法哲学的自由核心融入他的方法中。与此相适应的是，他希望将被维护的法律状态明确理解为自由状态。⑦ 这将使他走上一条与功能性思维模式相分离的道路：作为法之基础和目标的自由不能被功能性地理解

① H. Hälschner, Das gemeine deutsche Strafrecht, 1. Band (1881), S. 561.

② 正如帕夫利克也在努力做的那样。

③ Vgl. G. W. F. Hegel, Grundlinien der Philosophie des Rechts, Werkausgabe in zwanzig Bänden (auf der Grundlage der Werke von 1832-1845 neu ed. Ausg. von Eva Moldenhauer und Karl Markus Michael), Band 7 (GPhR), § 4.

④ Vgl. St. Stübinger, Das “idealisierte” Strafrecht (2008), S. 247-249.

⑤ Vgl. K. Gierhake, Die Bedeutung der Moralität für Hegels Strafbegründung, ZRPh(2020).

⑥ G. W. F. Hegel, Grundlinien der Philosophie des Rechts, § 1.

⑦ M. Pawlik, Normbestätigung und Identitätsbalance (2017), S. 40.

(例如，不能再将其与对社会同一性的维护挂钩)；相反，自由—自律性应该成为法（尤其是刑法）的基本概念。①

帕夫利克决定走向这一步，理由如下：② 在“自由思想和公民身份”的标题下，他首先断言，自我决定的愿景与现代社会结构不可分割地联系在一起，这一社会结构是在17世纪至19世纪逐渐形成的。通过借助尼古拉斯·卢曼（Niklas Luhmann）的学说，将目光投向“功能分化的社会”，帕夫利克得出了这一见解并坚称：在这样的系统中，主体必须根据系统的不同而扮演不同的角色，从而完成一项“要求极高的协调与整合任务”；这意味着，他们必须以一种“前现代的完全不可思议的方式”，将自己作为自己生活的主体来理解。用卢曼的话来讲，一个这样的主体“只可能在自由的领域内实现自身，否则他就既不独立也不独特”③。

这是一条值得注意的通往自由之基本概念的进路，而自由概念又被作为正当性的基础。帕夫利克并未将自由（自律性、理性）证明为人类的基本决定，也并未由此发展出与这一决定相适应的法概念——正如康德、费希特和黑格尔的纲领那样，将人类的基本决定当作一个自由的法概念的主角。④ 在上述思路的重要节点上，他的进路完全起不到证成的作用。帕夫利克对卢曼的提及只能被理解为，他共享了卢曼社会学的观察者进路。这种观察者进路希望他在对“社会的法”进行思考时“严格避免规范性含义”，他的陈述应该“完全（停留）在社会学可以将什么当作事实来确定的层面上”，而“思想世界、价值的特殊层面、规范或者‘应当’”这种非经验性的参照应被避免。⑤ 在卢曼看来——将“超法规的法”当作位于实行的法秩序之上的特殊的有效性等级，从中能够检验，法到底是不是法——这一设想并不适用于社会学家。在法律系统中可能被视作“超法规

① Vgl. E. A. Wolf, Das neuere Verständnis von Generalpravention und seine Tauglichkeit für eine Antwort auf Kriminalitat, ZStW 97 (1985), 786 ff.; Die Abgrenzung von Kriminalunrecht zu anderen Unrechtsformen, in: W. Hassemer (Hrsg.), Strafrechtspolitik/Bedingungen der Strafrechtsreform (1987), S. 137 ff..

② Vgl. Pawlik, Das Unrecht des Bürgers (2012), S. 99 ff..

③ Vgl. Pawlik, Das Unrecht des Bürgers (2012), S. 101, Fn. 549 (Luhmann, Gesellschaftsstruktur und Semantik, Bd. 3 (1989), S. 214)。

④ Vgl. Michael Köhler, Recht und Gerechtigkeit (2017).

⑤ N. Luhmann, Das Recht der Gesellschaft (6. Aufl. 2013, 1. Aufl. 1995), S. 31.

的法”的那些东西，“出现在宪法的实证规范上，并且若没有这些规范，它们就不再能被认为是法”。有效性的概念不应从规范的角度来理解，任何“向应然价值分配的‘更高层面’的求助”都被切断了，“当法借助于一个有效性符号被视作有效时，它就是有效的；当不被视作有效时，它就是无效的”。

根据这种理解，“自由”可以被确定为一个事实上已存的，有深刻影响的社会指导概念——只要涉及的是一个把自由当成原则，且在困难的条件下也同样坚持这一原则的社会。那么在某种意义上说，自由可以作为法律行动和社会行动的指导动机，并作为期望，在既存的信念中被找到。在已拥有德国基本法并基本与之和谐相处的社会，情况看起来似乎是这样：基本权利和人权，以及对人类尊严的理解，即每个人作为“有能力过上自由负责的生活的主体，都应该得到尊重”①，这些内容被广泛认可和内化，并指导着行动②。

从这里，帕夫利克就能得出对宪法和刑法基本概念之理解意义深远的结论：法，尤其是刑法，其主要任务是保障每个人都应能按照自己的理性自主生活。刑法可以使得“显然处于严格的交互条件下的个人，摆脱不能动弹的恐惧和压抑的他者决定，自由地塑造自己的‘定在’”。要求自我决定的公民不仅具有在法律面前负责的私人之角色，还具有对法负责的国家公民之角色。③ 法律上的自由概念同样与一个民主理论的意义相连：公民作为政治参与者，可以自由地通过民主程序共同创设法律（包括刑法）。被创设的法没有超实证的（法益上的）联系，也没有那些由“刑罚理论上的哲人”所构想的联系；这只是一种“对公民的自由值得重视的表达”。④ 公民因此同时也是约束他的规范的共同创造者（这是一个基本的想法），只要他遵守现行有效的法律，这些规范就为他提供了在日常生活中自由行动的保障。这就是为什么他同样有义务，在他生活的过程中尊重规范的有

① Vgl. Pawlik, Das Unrecht des Bürgers (2012), S. 101.

② 然而，人们可以看到，即使在一个自认为安稳地建立在自由、法治国和基本法之上的法共同体中，当危机来临时，这种幸运的情形也很难得。

③ 公民角色的特征是为自己的自由之实际条件的存续承担共同责任（Person, Subjekt, Bürger (2004), S. 82）。

④ Pawlik, Das Unrecht des Bürgers (2012), S. 103, 104.

效性；一个自由的状态便依赖于此，即每个公民都共同协作来维持它。①

现在就以一个前后一致的步骤得出了如下对刑事不法的定义："对自由状态的攻击因此表现为，行为人违反刑法上的行为秩序，使他违背了他作为法共同体之代表者的角色。他损害了他共同协作以维持现存法状态的义务。"②

通过这些结论，帕夫利克将自己置于自由的法传统当中。他在论证的关键位置引用了康德和黑格尔的观点，并采用了他们的术语（"自由的定在秩序""法作为法的损害"），这并非偶然。③ 另外，帕夫利克似乎倾向于一种民主理论的思潮，这种思潮虽然总是不明确地以自由为前提，但同时又在每一个形而上学的论证方法面前退避三舍。④ 然而，承认自由是法的基础，并由此将之作为在民主制度上合法的宪政国家的根基，⑤ 同时却拒绝将自由当作已创设之法的有效性标准，这不可能是无矛盾的。即使（几乎自我安慰式地）提及对立法者的宪法约束，也不能改变什么。⑥ 因为如果正确地理解宪法，它无非就是人类自由的实证化表达。⑦

上述矛盾表现在，帕夫利克在关键的地方撤回了他自由理论的正当性要求：关于刑法上构成要件的正当性，"对它们（构成要件）的损害要被视为行为人在其公民角色中可归属的不法"，帕夫利克却只是说，"它们必须是具有显著分量的被固定下来的不法"。⑧ 帕夫利克同样不希望他的思考被理解为对发展一个实质的犯罪概念作出的贡献：他在刑罚理论上的思考涉及另一个被当作"宪法上重要任务"的问题，即进一步确定可容许的犯罪化的边界。为了支撑他的观点，帕夫利克在著述脚注中几乎只列举了他认为或许与在这里被详细审视的规范即功能性犯罪概念有联系的权威人士。

---

① 帕夫利克也将此描述为"享受自由与履行忠诚义务之间不可分解的关联"（Person, Subjekt, Bürger (2004), S. 76）。

② Pawlik, Das Unrecht des Bürgers (2012), S. 107.

③ Vgl. Pawlik, Person, Subjekt, Bürger (2004), S. 87.

④ Vgl. K. F. Gärditz, Strafbegründung und Demokratieprinzip, Der Staat 49 (2020), S. 331 ff..

⑤ Vgl. B. Noltenius, Die Europäische Idee der Freiheit und die Etablierung eines Europäischen Strafrechts (2017), S. 286 ff..

⑥ Vgl. Pawlik, Das Unrecht des Bürgers (2012), S. 103, 104.

⑦ 通过援引宪法的合比例性原则不能回答正当性问题，这已在本文"四（二）"部分证明了。

⑧ Pawlik, Das Unrecht des Bürgers (2012), S. 108.

然而，正如已经表明的那样，无论如何，帕夫利克的立场都与一个从自由概念中发展起来的，绝对致力于自由概念，并在此范围内前后一致的自由的犯罪学说有着质的不同。

六、基础的自由的犯罪概念

一个前后一贯的、自由的犯罪概念，在功能性思维方式的帮助下不能得到有效的发展。① 在“为维护系统所作出的成效”这一视角下，② 无论是刑罚还是犯罪行为概念，都不能被证明为正当抑或非正当，而只能被表明为功能性的或存在功能障碍的。因此，重要的是从本身的根据出发来推动思维进程，而非退回到目的当中。这一论证背景已多次被全面地提及，③ 在这里只进行简要的回顾。

这个被考虑的根据就是自由概念。自由必须在一个广泛的意义上被理解为自我决定的能力。④ 因此，它在法权的层面即在人际关系中，必然会使得每个共同主体的独立性和自我目的性都得到承认。⑤

法主体在这个意义上是自由的，即他能够根据自己的理性能力，正确地（当然也可能是错误地）决定自己的思想和行动。单个的理性主体每天都在自我决定的行为中获得他的自由（他知道自己是行为的原因，并因此

① 对此，参见本文“一”部分。

② N. Luhmann in: H. Ritter (Hrsg.), Historisches Wörterbuch der Philosophie.

③ Vgl. G. W. F. Hegel, Grundlinien der Philosophie des Rechts, Werkausgabe in zwanzig Bänden (auf der Grundlage der Werke von 1832-1845 neu ed. Ausg. von Eva Moldenhauer und Karl Markus Michel), Band 7.

④ Immanuel Kant 通过自律性的概念提出，人类作为道德的存在，能够合义务地行动，认清义务的根据，从而自己确立义务并据此规定自己：每个理性存在者的意志都是一个普遍的立法上的意志。(理性存在者的) 意志不仅要被视为受制于法律，还要被视为“如此受制，即他也作为自我立法者，并为此首先服从于（对此他可以将自己视为创作者的）法律”。Vgl. Immanuel Kant, Grundlegung der Metaphysik der Sitten, AA IV, 431.

⑤ “每个理性存在者……都作为目的本身而存在，而不仅仅是作为为这个或那个意志而被任意使用的手段。”他必须“在任何时候都被同时视作指向他自身，以及指向其他理性存在者的全部行动的目的”。“人被称作理性存在者，是因为他们的本性已将他们作为目的本身，即作为不能仅仅被当作工具来使用的东西而凸显了出来。因此他限制了所有的任意（并且是一个受到尊重的对象）”。Vgl. Immanuel Kant, Grundlegung der Metaphysik der Sitten, AA IV, 428. 在此可以清楚地看到，这里的自由概念与本文“四（三）”部分所提及的自由设想，有着质的不同。它不是一个（利益）衡量的对象，也不局限于必须是多种“价值”中的一个，而是德国基本法中自由立场的基本根据。人的自我目的性借助尊严这一概念，被置于基本法的最开头，这并非没有道理。

也将自己理解为对行为负责的主体)；① 同时他也明白，他的相对方也在同样地行事。因此，他体验到自己被纳入了与他人的法律关系中。这种关系要求并且确保了他与他人之间的相互尊重。② 只有那些按照自由原则，通过对外在自由领域有约束力的分配并通过对这些自由空间的支配可能性的规制和保障来促成和实现共同生活的准则，才是法律。③

刑法中规定了法共同体如何通过负有责任的行为人对给法关系造成的根本侵害作出反应——该法关系在法律中被具体化，且具有普遍效力。刑事不法被理解为成年法主体对法（自由的定在秩序）的反对。这意味着违法的对象是在具体的法状态中所获得的法关系之形态。④ 犯罪人通过他的行为否认了与相对方的承认关系，并否认了自由原则本身被普遍确立起来的有效性；同时，他将自己的理性置于矛盾当中，即自由的生活只有在一种相互之间有保障的、普遍的自由秩序中才能实现，而他用自己的行为破坏了这种秩序。⑤

因此对法正确的理解是，它并非调控行为的系统，也不是任意的规范秩序，而是由国家的法律、（宪法上的）结构和制度所保障的自由的现实性。但这也同样意味着，只有当法事实上具有自由的含义时，用刑罚来对破坏法秩序的行为作出反应才是正当的。因此，如果以一种自由的定在秩序为依据——其由法保障，且由刑罚在法受到根本性破坏之后重建——那么能承载这种论证负担的便不再是刑罚的“目的”，不再是目的视角下犯罪行为概念的归类，相反，首先是法自身以自由为追求的本性。⑥

---

① 与这种单个归责的理由相近的，参见 Katrin Gierhake, Überlegungen zu einzelnen Aspekten de kantischen Rechtslehre, RphZ 2/2019, S. 210 (216, 217)。

② Vgl. Rainer Zaczyk, Zur Einheit von Freiheit und Sozialität, in: Alfred Sollner u. a. (Hrsg.), Gedächtnisschrift Meinhard Heinze (2005), S. 1111 (1113 ff.); Anerkennung, in: Th. S. Hoffmann (Hrsg.), Das Recht als Form der ‚Gemeinschaft freier Wesen als solcher'/Fichtes Rechtsphilosophie in ihren aktuellen Bezügen (2014), S. 25 ff..

③ Vgl. Ernst Amadeus Wolff, Die Abgrenzung von Kriminalunrecht zu anderen Unrechtsreform.

④ 在一个民主国家中，具体形成和生效的法律关系是立法的产物，而立法起源于根据宪法团结在国家中的理性公民的自我决定过程。

⑤ 关于刑事不法的概念参见 Katrin Gierhake, Begründung des Völkerstrafrechts auf der Grundlage der Kantischen Rechtslehre (2005), S. 108-146。

⑥ 黑格尔认识到了这一点，并以某种方式（始终将理性与现实结合在一起思考）将其纳入他基于自由的法与国家哲学当中。

刑法是法律上形成的自由秩序的一部分，以成年法主体所共同建立的法（在国家中形成的法秩序）为前提。[①] 这里显示出，通过设置普遍的法以及建立分立的国家权力，在主体的自我决定和集体自我决定的程序之间存在思维上的必然关联。“民主”本身不是目的，而是一个民族以理性为指导，对自己的法律进行集体自决的一种实施形式。因此，指责这里提出的民主方法，甚至敌视它，是荒谬的。

因此，对于刑法的正当性而言重要的是，通过何种法律行为来确定由刑罚所抵御的不法，以及行为是否由于从根本上破坏了法关系而事实上成为犯罪或刑事不法。

（1）一部普遍的法律以一个自由的议会程序（根据真正的代表原则）为前提，在其中人民可以作为选民来行事。[②] 因此，这首先明确排除了将行政行为[③]作为由刑罚所保障的行为禁令的根据。

（2）形式性的法律同样可能具有法律错误，其会导致法律不能成为正当的刑事行为的根基。一个众所周知的例子就是不明确的立法（违反了基本法第 103 条第 2 款的具体宪法规范的立法）。

（3）上述指责同样适用于对于自由权利而言无法忍受的由刑罚所保障的行为禁令。根据这些禁令，那些没有对法律关系造成根本损害的行为方式也要受到惩罚[④]，如自我损害或自我危险化[⑤]、所谓的预备行为[⑥]、仅仅通过意图关联指向一个实际犯罪的日常生活行为[⑦]、没有损害他人法领域的行为方式[⑧]，以及甚至连抽象危险都没有，或是在个案被明确证明无危

---

① 关于在权力分立的结构中一个民族自我决定的思想，参见 Wolff, Die Abgrenzung von Kriminalunrecht zu anderen Unrechtsformen, S. 208; Katrin Gierhake, Begründung des Völkerstrafrechts auf der Grundlage der Kantischen Rechtslehre (2005), S. 76－88; Bettina Noltenius, Die Europäische Idee der Freiheit und die Etablierung eines Europäischen Strafrechts (2017), S. 133 ff..

② 正确的（简短）论述参见 Diethelm Klesczewski, Strafrecht BT (2016), § 1, Rn. 14。

③ 例如，各个联邦州所谓的疫情法令。

④ Vgl. Michael Kohler, Strafrecht AT (1997), S. 25－36.

⑤ Vgl. Michael Kohle, Freiheitliches Rechtsprinzip und Betäubungsmittelstrafrecht, ZStW 104 (1992), S. 3.

⑥ 参照例如德国刑法典第 129a 条和第 89a 条。

⑦ Günther Jakobs 正确地认识到了这一点，但其成果又随着对“敌人刑法”的创造而落空。Vgl. Günther Jakobs, Kriminalisierung im Vorfeld einer Rechtsgutsverletzung, ZStW 97 (1985), S. 751.

⑧ Vgl. M0. Kohler, NJW 1985, 2389.

险的行为[①]，等等。

现在，我们可以清楚地看到，对刑事不法和刑罚分别进行正当性评价（行为规范和制裁规范），与从刑罚目的中推导出犯罪行为的标准（功能的犯罪行为概念）一样，是几乎不可能的。这条路只能反过来论证：犯罪与刑罚在概念上必然是一体的，因为存在一个从逻辑上必然得出的、整体的法概念，犯罪概念是对这一法概念的否定，而刑罚概念是对这一否定的否定。刑罚的根据必须存在于（有责地实施的）犯罪之中，或者换一种表述：犯罪和刑罚在思维上必须相互牵连。只有当存在一个与上述标准相符的不法行为，即存在一个犯罪，它自身便含有消除它的必要性时，刑罚才是国家正当的反应工具。[②]

七、总结[③]

本文批判性地反思了目前在德国被讨论的犯罪行为概念。其中一个被批判的观点认为，行为的犯罪化必须独立于刑事制裁而被正当化。而作者认为，如果不考虑惩罚的理由，就不能发展出犯罪行为的概念。

① 在个案中排除了对法益之威胁的行为方式，缺乏应罚之不法的关键特征。Vgl. Diethelm Klesczewski, Strafrecht BT (2016), § 1, Rn. 39, § 12, Rn. 39.

② 这意味着行为的不法和制裁必须处在一种关联当中，即制裁建立在不法的基础之上。

③ 译者注：译者在翻译这段总结的过程中，对其内容产生了疑惑。因为在译者看来，作者并非想表达要从刑罚的理由中推导出犯罪行为概念，相反，作者是在批判这种思维。故译者在发给作者的邮件中总结了自己所理解的本文观点，并向作者求证。其中一段原文的大意为："刑法是法秩序的一部分，由此得出了两个结论：……另一方面，犯罪与刑罚在概念上必然是一体的，犯罪是对自由的否定，而刑罚则是对该否定的否定，此二者都是自由概念的体现。上述理论导向了对功能性犯罪行为概念的批判：这种功能性方法区分了犯罪与刑罚，并将后者视作前者的前提，试图从刑罚目的中推导出犯罪行为概念。但该方法的赞同者必须进一步去证明，何种目的以及为何这种目的值得用刑罚来维持。然而这种对目的及目的之上更高目的的追寻，是永无止境的。"作者肯定了译者的理解，并赞同译者以此种理解来翻译（作者邮件原文为："Ihren Ausführungen entnehme ich, dass Sie ganz richtig erfasst haben, worum es mir geht. Es ist insofern eine Freude für mich, wenn Sie den Text in dem Sinne übersetzen, wie Sie es in Ihrer Email angedeutet haben."）。故译者在保留文末总结的前提下，附上了这段邮件内容，以供读者取舍与批判。

犯罪被害人与量刑*

——从量刑的本质论与实体刑法的视角出发

[日] 城下裕二**
陈东旭***（译）

【摘　要】 本文从量刑的本质论与实体刑法的视角出发，对以被害人为中心的量刑情节的内涵、理论根据、司法适用等进行了研究。通过对实体法、判例以及量刑一般原理的考察，明确了被害人相关情节存在两种类型，即来源于被害人自身行为的情节与来源于行为人行为对被害人产生影响的情节。关于第一种类型，作者认为，其中一些情节在判断违法性及有责性的程度时就已经被考量。关于第二种类型，作者则采取了相对严格的立场，认为此类情节只有与特殊预防或法益侵害相关联时才能作为量刑情节。

【关键词】 量刑情节；被害人；特殊预防

一、问题的所在

一直以来，在量刑理论中所涉及的一般量刑情节，都理所当然地围绕

* 原文最早发表于刑法雑誌 52 巻 3 号（2013 年）422 頁以下，并收录于城下裕二教授的论文集『責任と刑罰の現在』（成文堂，2019 年）221-232 頁。本文的中文翻译和发表已获作者授权。

** 日本北海道大学大学院法学研究科特任教授，日本量刑问题研究领域的专家。

*** 西南政法大学量刑研究中心研究人员，自 2024 年 9 月起作为特别听讲生在日本北海道大学法学研究科学习。

刑罚适用对象展开，即以行为人的人身及主观情节，或者与行为人所实施的行为本身相关的情节为中心。在此意义上，行为人的年龄、性格、经历及环境，犯罪的动机、手段、结果等，都可以被认为是以行为人为主体的犯罪相关要素，即行为人相关情节。从判例上来看，被害人对行为人的行为表示宽恕，或者相反，被害人对行为人怀有强烈的处罚感情，这样的事实也会被认为是量刑的情节。这样所谓的被害感情，虽然是由行为人的行为所引起的，但仍属被害人的主观情节，其重点在于被害人如何认识和接受行为人的行为，因此可以将其认为是以被害人为主体的量刑情节。这样的一种情节，与行为人相关情节相对，可以被称作被害人相关情节。

当然，被害人的存在本身就是以行为人的存在为前提的，是以行为人的行为为契机而被作为考察对象的，因此，即使存在所谓的被害人相关情节，从广义上来讲，这些情节依然可以纳入行为人相关的情节。在此意义上，无法否认两者的区分具有一定的相对性。不过，对于此前以行为人视角为中心展开的量刑情节，如果以被害人为主体进行展开，何种情节、依据何种理由、可以在何种程度上被予以考量，仍需进一步探讨。[①]

二、前提的考察

在对个别问题进行探讨前，需要确认一些作为前提的概念与原则。

（一）被害人的内涵

这里所说的被害人，首先是指法益的主体，也就是说，在那些主要涉及个人法益的犯罪类型中，被构成要件该当行为所侵犯的法益主体。此外，与本来的法益主体并列，作为构成要件内容的手段或行为的客体也包含在此内涵中。例如，在抢劫罪中，在受到伤害的主体与财产的归属主体不相同的情况下，受到伤害的主体也可以被解释为被害人。

在此之外，是否有必要扩大实体刑法上的被害人概念，将被害人的家

① 有关本论文主题的综合性研究，横田信之「被害者と量刑」大阪刑事実務研究会編『量刑実務大系第2巻·犯情等に関する諸問題』（判例タイムズ，2011年）1頁以下参照。此外，对被害人在司法参与中对量刑的影响进行法社会学研究，因此备受关注的有，佐伯昌彦「犯罪被害者の司法参加と量刑」（東京大学出版会，2016年）。

属或遗属也纳入此概念中呢？确实，在刑事诉讼中，例如，被害人意见陈述制度（日本刑事诉讼法第292条之2）以及被害人参与制度（日本刑事诉讼法第316条之2），其主体还包括被害人的法定代理人，甚至（在被害人死亡或者身心存在重大障碍的情况下）其配偶、直系亲属以及兄弟姐妹。[①] 然而，这些制度的目的是在作为程序参与者的被害人存在特殊情况下，允许他人代为行使权利，这与法益概念并无直接的联系。也存在一种观点，认为在对死者的名誉损毁罪这类犯罪中，遗属就是法益的主体，[②] 然而，其正确与否尚且不论，将这样的特殊情况一般化本就是不合适的。[③] 因此，下文所讨论的被害人相关情节中的被害人，应当理解为“构成要件中所保护法益的主体”。

（二）被害人相关情节的类型化

到目前为止，判例所涉及的被害人相关情节，大体可以被分为两种类型。

第一，与行为人相关情节类似，来源于被害人自身行为的情节，其也可以作为量刑的因素。这样的类型与下文的第二种类型相比，能更为直接地说明以被害人为主体的量刑情节是存在的。

第二，并非来源于被害人的行为，而是从“行为人的行为对被害人产生的影响以及效果”这一角度出发所概括出的量刑情节。上文提到的“被害感情”就可以纳入这一类型。在传统量刑理论称之为“构成要件外结果”的各类情节之中，就涉及受害者所受到的影响这一问题。此外，行为人在事后所进行的被害恢复，也可以被归入这一类型。

（三）确定量刑情节范围的一般原理

在对被害人量刑情节进行检讨之前，需要对确定量刑情节范围的一般

① 关于现行法中被害人的具体应用及其含义，横田信之「被害者と量刑」大阪刑事実務研究会編『量刑実務大系第2巻・犯情等に関する諸問題』（判例タイムズ社，2011年）124頁の表「1」を参照。

② 例如，中森喜彦『刑法各論［第4版］』（有斐閣，2011年）87頁。

③ 作为批评扩大被害人概念的观点，松原芳博『被害者保護と「厳罰化」』法時75巻第2号（2003年）20頁参照。

原理予以明确。对于这个问题，简而言之，量刑情节的范围可以通过量刑基准的一般原理来确定。传统理论认为，责任主义与预防上的考量，是量刑基准的构成原理。因此，从量刑情节的法律性质来看，其可以分为两类：第一，与行为人有责性以及作为其前提的行为违法性相关的情节；第二，与一般预防和特殊预防相关的情节。① 不过，从认为通过给予与责任相称的刑罚即可实现一般预防的立场来看，似乎无须重复考虑与一般预防相关的情节。这一点先暂且不论，主要的问题在于，是否存在可以从以上两种视角之外予以论证的量刑情节。最近在日本，有学者有力地指出，与刑事政策的合目的性、刑罚的必要性以及对刑罚的敏感度相关的情节，尽管与责任或预防无直接关联，但也应该作为量刑上的考量因素。② 此外，从日本的司法实务来看，量刑情节通常可以分为两类：一类是与犯罪行为本身相关的情节“犯情”；另一类是主要与预防相关的“一般情状”。在此分类基础上，首先基于“犯情”来划定量刑的大致范围，然后再基于“一般情状”在此范围中进行调整，得出最终的宣告刑。③ 特别是在引入裁判员审判制度后，在判决书中明确体现这种判断过程的案例日益增多。④ 在所谓的“一般情状”中，尽管以一般预防和特殊预防的相关情节为中心，但通常也被认为包含了无法完全消解于上述两种类型的刑事政策因素。⑤ 因此，是否承认存在与责任及预防无关的量刑情节，如果承认，其具体范围如何划定，这些问题直接影响了被害人相关情节的确定范围。这一点会在后文检讨。

---

① 关于这点，城下裕二『量刑理論の現代的課題［増補版］』（成文堂，2009年）3頁以下参照。

② 井田良「量刑理論の体系化のための覚書」法研69卷2号（1996年）304頁以下。

③ 岡田雄一「量刑——裁判官の立場から」三井誠ほか編『新刑事手続Ⅱ』（悠々社，2002年）486頁。

④ 例如，横浜地方裁判所2010年11月16日判决（LEX/DB 25470446）、大阪地方裁判所2011年2月24日判决（LEX/DB 25442642）等。

⑤ 原田國「男裁判員裁判と量刑法」（成文堂，2011年）115、117頁。

三、个别的检讨

（一）来源于被害人自身行为的情节

在实体刑法上，被害人自身的行为可以作为阻却犯罪成立的事由，例如被害人承诺以及被害人自陷风险。并且，即使这类事由不足以阻却犯罪的成立，但由于其可以对犯罪的“程度”产生影响，因此在判例中也可以作为可考量的“量刑情节”。典型的例子如被害人的挑衅行为或者其日常言行可能诱发犯罪，一个比较新的判例是以是否成立防卫过当为争议焦点的最高裁判所2009年2月24日的第一审判决①。该判决否定了被告人的伤害行为成立正当防卫，将其认定为单纯的违法行为并判处被告十个月的惩役。不过，该判决将被害人的挑衅行为认定为对量刑有利的情节之一。按照通常的观点，这类情节影响了行为人动机的形成过程，因此是责任减轻情节；或者说其弱化了对法益保护的必要性，因此是违法性减轻情节。这类情节虽然一直以来被认为对行为人的可罚性评价产生了影响，但是其实质是以被害人作为行为主体的量刑情节。因此，司法实务和学说在对行为人相关情节进行违法与责任判断时，就已经考量了来源于受害人自身行为的情节。

不过，也有实务学者指出，在判例中，尤其是过失犯罪案件中，“被害方也存在过失”这一情节，并不能与挑衅行为一样作为违法性或责任减轻的事由。② 例如，在交通肇事致死的案件中，就可能出现作为行人的被害人也存在闯红灯的情况。在此类案件中，量刑相对较轻往往是因为行为人的过失本身并不严重；相反，在行为人存在重大过失的案件中，即便被害人存在过失，量刑也往往会根据行为人的过失程度而加重。换言之，被害人的过失更多被视为导致严重后果发生的原因，是一种“虚有其表的量

---

① 大阪地方裁判所2008年6月16日判决，最高裁判所刑事判例集63卷2号8頁参照。

② 坪井祐子「被害者・関係者・第三者の落ち度と量刑」大阪刑事実務研究会編『量刑実務大系第2卷・犯情等に関する諸問題』（判例タイムズ社，2011年）297頁以下。

刑情节”，其并不能接直接影响行为人行为可罚性评价。[①]

确实，在行为人实行行为之后，即使因为被害人的过失介入而导致损害扩大，在量刑上仍然可能以行为人原本的过失大小为主要的考虑因素。例如，在与上述论文中也提到的[②]夜间潜水训练事件（最高裁判所 1992 年 12 月 17 日决定）中，争议焦点在于被害人与第三人的介入行为是否会对因果关系的认定产生影响。其第一审判决[③]肯定了实行行为与结果之间的因果关系，判决被告成立业务上过失致死罪的同时，仅判处其 15 万日元的罚金。关于量刑理由中的有利情节，判决书指出，“本案件在被告人的过失之外，还存在指导助手以及被害人自身的过失，加之被告人发现被害人远离后就迅速返回了场地，因此不能否认被害人确实存在一定的不幸”。该判决表明，被害人的过失并未直接影响行为人过失程度的评价，而是行为人的过失本身就不严重（如行为人发现了被害人消失后立即返回原来的场地）。不过，对行为人来说，如果被害人的过失超过了单纯的“不幸”且“可归责于”行为人，则行为人的过失可能会被更严重地评价。此外，从以往围绕信赖原则的相关讨论来看，显而易见的是，至少在行为实行之时（并非行为实行之后），如果实行行为与被害人的过失发生竞合，被害人的过失是可能会对行为人的可预见可能性和回避可能性产生影响的。由此可见，“被害人的过失”并不总是“虚有其表的量刑情节”，根据具体情况，其也有可能成为影响行为人违法和责任评价的量刑情节。

（二）来源于行为人行为对被害人产生影响的情节

1. 被害恢复行为

行为人事后进行的被害恢复行为可以作为有利的量刑情节，这一点是

---

① 坪井祐子「被害者・関係者・第三者の落ち度と量刑」大阪刑事実務研究会編『量刑実務大系第 2 巻・犯情等に関する諸問題』（判例タイムズ社，2011 年）310 頁。例如，横浜地方裁判所 2002 年 8 月 30 日判决（LEX/DB 28085087），以业务上过失伤害、道路交通法违反为案由，指出“事后看本交通案件，不如说被害人无视红灯横穿公路才是主要的原因，被害人的疏忽更大，被告人的过失更轻”。

② 坪井祐子「被害者・関係者・第三者の落ち度と量刑」大阪刑事実務研究会編『量刑実務大系第 2 巻・犯情等に関する諸問題』（判例タイムズ社，2011 年）314 頁。

③ 大阪地方裁判所 1991 年 9 月 24 日判决，最高裁判所刑事判例集 46 卷 9 号 689 頁参照。

被普遍承认的。问题在于，其理论的依据何在？关于这一问题，已经有学者从被害恢复行为的法律性质角度出发进行了研究。① 观点一认为，通过被害恢复行为，行为人可归责的结果的违法性在事后得以减轻，或者因非难性减轻而导致责任的减轻。然而，如果坚持违法性和有责性在犯罪既遂时即已确定的原则，则难以采纳这一观点。要解决这一问题，就需要以下前提：犯罪成立与量刑之间的违法性、责任概念不同，或者两者之间的"既遂时间点"不同。但从现有观点来看，并无理由支持这一理解。这是因为，犯罪的成立与量刑不应该受制于不同的原理。不存在肯定其"成立"的同时却不明确其"程度"的犯罪。如果认为量刑也应该受到刑法的基本原则的指导，那么犯罪的成立与其程度（刑罚的轻重）是不可分割的，这一点具有极其重要的意义。可罚的违法性与可罚的责任等概念的提出，正是以这一认识为基础的。②

与观点一不同，观点二则认为，当被害恢复行为是基于行为人的反省而实施时，出于特殊预防方面的考量，该被害恢复行为可以作为量刑情节，这一观点几乎没有争议。不过，最近还另有一种观点，其主张被害恢复行为在刑事政策上具有重要的意义，因此应当作为量刑情节（刑事政策说）。这种观点与特殊预防说的区别在于，特殊预防说要求被害恢复行为必须是行为人自发进行的，而刑事政策说则认为并无必要考察行为人的动机与意图，即使是行为人出于减轻刑罚的目的而进行的被害恢复行为，也不妨碍其在刑事政策上的积极意义，因此依然可以作为有利的量刑情节。③不过，此处所提及的刑事政策的含义，其实并不明确。在此情况下的刑事政策恐怕是指通过量刑来实现这样的目的：为了鼓励保护被害人的行为，给予减轻刑罚这一激励。确实，保护被害人作为国家政策及社会政策，其重要性无须赘述，但从以往的批评来看，对被害人的援助应通过以心理、物理层面的关怀为中心的诸多措施来实现，这与对行为人的处罚是不同层

---

① 与此相关的详细讨论，在横田信之「被害者と量刑」大阪刑事実務研究会編『量刑実務大系第2巻・犯情等に関する諸問題』（判例タイムズ社，2011年）49頁以下有所介绍和分析。

② 采用可罚的违法性理论，并不必然与考察既遂后情节相关联。关于可罚的责任论，城下裕二『量刑理論の現代的課題［増補版］』（成文堂，2009年）121-122頁参照。

③ 井田良「量刑理論の体系化のための覚書」法研69卷2号（1996年）304頁。

面的问题。[①] 为了促进未来普遍性的被害恢复行为，而在个别量刑中将被害恢复行为作为减轻情节，这是一种极为间接、附带性的做法。因此，将此行为明确定位为刑事政策的一部分，其实质意义是否成立，需要进一步的审视和探讨。

退一步讲，在涉及有关刑事政策因素的量刑情节时，本就应慎重考虑其是否伴随着某种限定性逻辑。如果将刑事政策认为是犯罪防止（政策），那么其内涵便是一般预防与特殊预防，而在此之外的犯罪防止政策的具体内容，相关论者并未明确指出。如果认为确定、宣告以及执行刑罚本身就具有刑事政策功能（或效果），恐怕量刑时所考量的所有情节都是刑事政策因素；反之，要在此之外明确地排除一些情节却是困难的。

此外，从近来的学说来看，刑罚的目的在于恢复法律的平和，即恢复被害人、加害人以及社区三者之间的关系。从该立场出发，作为量刑依据的各种情节，必须是能够对这三者之间的关系修复产生影响的情节。[②] 据此观点，似乎只要存在被害恢复行为，无论行为人的动机或意图为何，都可能实现恢复法律的平和，因此应在量刑中给予较轻的刑罚。然而，如果行为人仅仅是为了减轻处罚而进行被害赔偿，是否能够认为其与被害人之间的关系得到了真正意义上的修复呢？要实现行为人与被害人乃至社区之间关系的恢复，必须以行为人对自身犯罪行为作出否定价值判断为前提，并且其恢复行为动机在特殊预防的意义上是值得减轻处罚的，例如基于规范意识进行赔偿。因此，即使从重视恢复法律平和的立场来看，单纯的被害恢复行为，若与特殊预防相脱离，也是无法作为减轻量刑情节的。

2. 被害感情

被害感情这一概念具有多种内涵，在此沿用日本已经进行过的分类：第一，被害人所遭受的精神损害；第二，被害人（及相关人）的处罚感情

---

① 奥村正雄「被害者支援の現状と問題点」宮澤浩一＝國松孝次編『講座被害者支援・第1巻・犯罪被害者支援の基礎』（東京法令出版，2000年）251頁，强调了经济上的援助、刑事程序上的保护、精神与实际的援助三位一体发展对被害人援助的重要性。

② 高橋則夫『刑法総論［第4版］』（成文堂，2018年）544-546頁，565-566頁。对此的综合性研究，吉田敏雄『法的平和の恢復』（成文堂，2005年）参照。

以及对科刑的意见。①

（1）关于被害人所遭受的精神损害，只要其能够还原为该当犯罪类型的保护法益，那就应当作为量刑中的考量因素，这一点应该没有异议。例如，在胁迫罪与强要罪中，被害人的恐惧状态，就是判断违法性程度的因素。此外，在伤害罪中，判例承认，被害人产生的创伤后压力心理障碍(PSTD)症状也包括在“伤害”结果之中。② 近来有学者有力地主张，“在量刑中，不应该重视个别被害感情的强度，而是应当以犯罪对被害人方面所造成的客观损害状况及影响为量刑的基础”即“被害感情的客观化”③。从与保护法益相关联的视角来看，这一观点是正当的。与此相对的，有一种学说认为，在生命健康犯罪中，被害人乃至于其遗属的感情和精神损害也应该作为次要法益而被保护。该立场认为，被害感情如果能类型化地附随于该当法益的侵害，并且能够在主客观上归责于行为人，就可以成为量刑的考量因素。④ 与此类似的观点也认为，即使是“构成要件外结果”，也是实质性的损害，也可以成为反映各构成要件要素恶劣程度的情节。⑤ 确实，在生命健康犯罪中，被害人或者其相关人员遭受精神上的痛苦和损害，在某种意义上是不可避免的。然而，犯罪构成要件的保护对象是否包括精神上的损害，却是另一个问题。在此，问题的关键在精神损害是否包含在该当犯罪类型固有的法益侵害之中，仅仅凭借“次要”法益或者“类型化的附随”这样的依据，并不足以肯定这种包含关系。倒不如说，这类观点更应该被理解为“并非该当犯罪类型固有的法益侵害，而是从此派生出的利益侵害”。然而，为什么可以将并不属于该当犯罪类型的固有法益的侵害作为科处刑罚的理由，这一点尚不明确。即便从“实质性损害”这

---

① 小池信太郎「コメント」大阪刑事実務研究会編『量刑実務大系第2巻・犯情等に関する諸問題』(判例タイムズ社，2011年) 127頁以下参照。

② 关于这一点，城下裕二『量刑理論の現代的課題［増補版］』(成文堂，2009年) 10頁。另外，最高裁判所2012年7月24日决定，最高裁判所刑事判例集66卷8号709頁指出，监禁致人伤害罪中的“伤害”包括PTSD症状。

③ 原田國男『量刑判断の実際［第3版］』(立花書房，2008年) 145頁。

④ 本庄武「危険運転致死傷罪の量刑」交通法科学研究会編『危険運転致死傷罪の総合的研究』(日本評論社，2005年) 205-206頁。

⑤ 伊藤寿「構成要件的結果以外の実質的被害の発生と量刑」大阪刑事実務研究会編『量刑実務大系第2巻・犯情等に関する諸問題』(判例タイムズ社、2011年) 247頁以下。

一观点出发，将其作为反映个别构成要件要素恶劣性的“间接性”情节，这一问题也无法因此而得到解决。

关于这一点，也有观点认为，随着被害人所遭受的实际损害越来越广为人知，当下的解释论应承认，不少犯罪构成要件已经将被害人在精神层面上的生活具体障碍纳入其保护范围。例如，在盗窃罪和诈骗罪中，也是可以考虑被害人所产生的屈辱感或不安全感的。① 然而，现实中的损害的实态与立法者在犯罪构成要件中赋予的保护对象并不总是一致的。这一观点实际上重新定义了部分财产犯罪为“侵犯感情的犯罪”，因此其不可避免地超出了原本的规范保护范围。

（2）被害人（及相关人）的处罚感情、其对科刑以及处遇的意见，是否可以作为量刑的考量因素？如果存在肯定的观点，其理由恐怕就是满足和安抚被害人的处罚情感。确实，一直以来存在一种观点，认为“安抚报复情感机能”是刑罚的功能或目的之一，② 将其解释为一般量刑基准的内容也并非不可能。然而，安抚个人内心的处罚感情等，属于受害者的私人利益，不应属于刑罚这一公共手段基于公共目的所追求的利益。即使对行为人的处罚在事实上可能安抚被害人的处罚情感，但这只是一种伴随一般预防或特殊预防的衍生效果，并非意味着刑罚最初就自觉地以此为独立目的。③ 此外，基于被害人参与制度而实施当事人意见陈述的最初两个案件之一，东京地方裁判所2009年2月20日作出判决（LEX/DB 25450448），判决基于（2013年刑法修正前的）交通肇事致死的事实，宣告判处被告人附带缓刑的监禁刑，并在量刑理由中指出，“促使被告人在社会中为受害人的冥福祈祷，同时努力缓解受害人遗属等人的被害感情，这对促进其改过自新来说是相当的措施”④。这可以解读为，安抚被害感情是一种伴随特殊预防的衍生效果。

---

① 小池信太郎「量刑における構成要件外結果の客観的範囲について」慶應ロー7号（2007年）72頁以下，79-80頁。

② 例如，西原春夫『刑法総論・下巻［改訂準備版］』（1993，成文堂）487頁，大谷實『刑法講義総論［新版第5版］』（2019年，成文堂）45-46頁。

③ 另外，佐伯仁志「犯罪被害者等基本計画について」罪と罰43巻2号（2006年）6-7頁参照。

④ 关于本判例的研究，城下裕二『責任と刑罰の現在』（2019，成文堂）284頁以下参照。

四、结语

综上所述，本文将与被害人相关的情节大致分为两种类型，并考察了各类型在量刑上可能具有的实体刑法意义。关于第一种来源于被害人自身行为的情节，可以确定其中一些情节在判断行为人行为的违法性及有责性的程度时就已经被考量。关于第二种来源于行为人行为对被害人产生影响的情节，其中的被害恢复，只有在与行为人特殊预防相关联时才应当被考量。而对于被害情感，只有在精神上的损害能够被解释为法益上的侵害时，才能作为量刑的情节。

特别是关于第二种类型，本文的立场相比于一般理解，或许对与被害人相关的情节采取了相对严格的限制性考量。不过，从实体刑法的视角出发，即使要在量刑中引入保护被害人的视点，也必须在与既有理论保持一致的范围内进行。这种立场与以下理念相通：对被害人的保护不应当局限于刑罚种类或刑罚轻重等微观层面。①

① 在此，为参考之便，简要考察一下英国的情况。英国（英格兰及威尔士）在 2001 年引入了被害人等的意见陈述制度（Victim Personal Statement），虽然其依据控诉院刑事部发布的刑事法庭实务指示（Criminal Practice Direction，CPD）而实施，但关于量刑相关的制度及其运用至今仍存在争议（关于普通法系国家相关讨论的总结可参见 Julian V. Roberts, *Crime Victims, Sentencing, and Release from Prison*, in: Joan Petersilia and Kevin R. Reitz (eds.), The Oxford Handbook of Sentencing and Corrections, 2012, p. 107）。从实体法的视角来看，CPD 允许基于证据，将犯罪对被害人造成的影响之陈述作为量刑考虑因素（CPD Ⅶ F. 3-b・e）。对此，一种肯定的观点认为，这种规定使得案件的特殊性或附随的被害能够反映在量刑中（Roberts，*ibid.* pp. 108-109）。而另一种有力的批评观点指出，由于被害人对犯罪的感受多样，这种量刑方式可能会因偶然因素而左右判断（Andrew Ashworth, *Sentencing and Criminal Justice*, 6thed., 2015, pp. 439-441）。另外，CPD 认为被害人对科刑的意见与犯罪对被害人造成的影响有所区别，二者并无相关性，因此原则上不将其作为量刑的考量（F. 3-e）。然而，判例也承认，在被害人家属并不希望施加严厉惩罚，并且如果被告人受到重罚反而会加深被害人一方痛苦的情况下，可以例外地对量刑进行一定程度的减轻［R v. Robinson (2003) 2Cr. App. R. (S) 515］。此外，损害赔偿命令（Compensation Order）本身是一种非拘禁刑，因此，接受此命令的事实与量刑情节无关。关于英国情况的日文文献，可参考奥村正雄「犯罪被害者と量刑—イギリスの意見陳述制度を中心に」井上正仁＝酒巻匡編『三井誠先生古稀祝賀論文集』（有斐閣，2012 年）883 頁以下，吉村真性「イギリスにおける被害者参加の位置づけに関する一考察」犯刑 20 号（2010 年）143 頁以下。

专题研究

互联网金融犯罪重刑治理的理论反思与路径调试*

全威巍** 陈贵鹏***

【摘　要】在实践中，对于互联网金融犯罪呈现出重刑治理态势，立法与司法上的重刑化程度进一步加深。互联网金融犯罪重刑治理模式不仅导致刑法自身功能偏移，而且对互联网金融高质量发展形成阻滞。过分拔高重刑作用催生互联网金融监管惰性、助长投资者投机心理，加剧互联网金融"寒蝉效应"。在保障民营经济背景下，应明确重刑治理的有限性，降低自由刑裁判强度，明确罚金刑裁判标准，提升缓刑适用比例，充分激活非刑手段治理效能，实现互联网金融犯罪刑事治理的轻缓化。

【关键词】互联网金融；重刑治理；非刑手段；刑罚轻缓化

党的二十届三中全会强调，要健全金融消费者保护和打击非法金融活动机制，构建产业资本和金融资本"防火墙"。互联网金融犯罪作为非法金融活动的重要形式，近年来呈愈演愈烈之势，刑事立法与刑事司法均呈现出重刑治理之势，但重刑治理理论根基何在，实践成效如何，均值得理

* 本文系重庆市社会科学规划项目"重庆互联网金融犯罪的治理困境及其对策研究"（项目编号：2023BS068）的阶段性研究成果，重庆社会科学院自主项目"重庆市数字金融犯罪治理对策研究"研究成果。

** 法学博士，重庆社会科学院助理研究员，研究方向为刑法学、犯罪学、网络法学。

*** 重庆市铜梁区纪委监委三级主任科员，研究方向为纪检监察法学、刑法学、犯罪学。

论界与实务界高度关注。受制于研究方法与研究视角的局限，当前学界缺乏对互联网金融犯罪重刑治理的实证研究，以致相关对策建议缺乏经验数据支撑。因此，本文拟通过实证研究方法，反思和检讨互联网金融犯罪重刑治理的弊端，为实现互联网金融犯罪刑罚轻缓化提供针对性对策建议，以期为互联网金融高质量发展提供刑事治理保障。

一、互联网金融犯罪重刑治理的实证考察

（一）立法层面的重刑化趋势

一是自由刑配置的加重化。事实上，我国金融犯罪刑事立法一直存在重刑化趋势。[①] 在刑事立法中，互联网金融犯罪主要涉及集资诈骗罪和非法吸收公众存款罪两个罪名。刑法修正案（十一）将非法吸收公众存款罪的法定最高刑由十年有期徒刑提高到十五年有期徒刑，将集资诈骗罪的刑罚结构由三档调整为两档，扩大了集资诈骗罪刑罚裁量的幅度。刑事立法对上述两个罪名刑罚作出的调整，事实上提高了互联网金融犯罪刑罚配置强度，这一修正不仅是对当前互联网金融犯罪严峻形势的立法回应，而且充分证明了互联网金融犯罪自由刑配置的加重态势。

二是罚金刑配置的无限化。为体现对互联网金融犯罪从严从重的惩治态度，刑法修正案（十一）还针对集资诈骗罪和非法吸收公众存款罪的罚金刑进行调整，将原先的限额罚金刑调整为无限额罚金刑。[②] 此种修改通过取消罚金限额，打破限额、倍比、百分比罚金限制，旨在加大互联网金融犯罪罚金刑裁判强度，通过扩大适用无限额罚金刑加大对互联网金融犯罪惩处力度的意图十分明显。

（二）司法层面的重刑化趋势

相关统计数据显示，人民法院始终坚持从严惩处互联网金融犯罪的基本态度，互联网金融非法集资犯罪案件平均重刑率为 19.99%，其中集资

---

① 参见刘宪权：《金融犯罪最新刑事立法论评》，载《法学》2021 年第 1 期。

② 即非法吸收公众存款罪和集资诈骗罪的罚金刑均由原来“最低二万元至最高五十万元”调整为无限额。

诈骗犯罪案件的重刑率为78.78%，远高于刑事案件平均重刑率。①

笔者利用中国裁判文书网，以“互联网金融”“刑事案件”“非法吸收公众存款罪”“集资诈骗罪”“刑事一审”作为搜索项进行检索，经过错误性筛选和重复性排除，得到有效判决书共计264份，其中非法吸收公众存款案判决书210份、集资诈骗案判决书54份。笔者以每一个被告人作为测量单位进行录入，共计649例裁判案例，其中非法吸收公众存款案541例，集资诈骗案108例。以上样本为2014—2023年互联网金融犯罪的全部样本。通过SPSS软件进行统计学分析，得出如下实证结论。

一是有期徒刑裁量趋于重刑。就非法吸收公众存款型互联网金融犯罪基本犯而言，2019年的有期徒刑量刑均值为19.5个月，2020年的有期徒刑量刑均值为24.4个月，2021年的有期徒刑量刑均值为25.15个月，2022年的有期徒刑量刑均值为27.4个月。实证研究结果表明，在以基本犯（第一档法定刑）定罪量刑的互联网金融犯罪案件中，非法吸收公众存款型互联网金融犯罪案件有期徒刑刑罚裁量力度呈现出逐步加重的态势。另外，在以基本犯定罪量刑的互联网金融犯罪案件中，在对互联网金融犯罪基本犯量刑评价时，普遍存在一种重刑化倾向，裁判者通常选择高于法定刑中线以上进行量刑选择。在非法吸收公众存款型互联网金融犯罪基本犯中，有期徒刑量刑均值为24.7个月，显著高于法定刑中线21个月。质言之，实然的互联网金融犯罪刑罚裁量结果已然凸显出从严惩处态度。

二是缓刑适用趋于严格。实证研究结果表明，在非法吸收公众存款型互联网金融犯罪中，缓刑适用率为22.3%，在诈骗型互联网金融犯罪中，缓刑适用率为11.1%，二者缓刑适用率均低于缓刑适用率平均水平。② 监禁率的高低同样反映出缓刑适用情况。相关统计数据表明，2015年至2017年，非法吸收公众存款案件的监禁刑率分别为71.20%、72.91%、78.36%，

① 参见《最高法发布人民法院依法惩治金融犯罪工作情况暨典型案例》，载最高人民法院网2022年9月2日，https://www.court.gov.cn/zixun/xiangqing/372751.html。

② 中国的缓刑率近年来逐步提升，从2002年的16.59%升至2020年的26.28%，其中三年以下有期徒刑和拘役判决中缓刑适用率达47.72%。参见胡昌明：《裁判中的法条虚置：以缓刑适用为例》，载《郑州大学学报（哲学社会科学版）》2024年第1期。

集资诈骗案件的监禁率分别为 93.44%、94.82%、93.66%。[①] 无论实证研究的结果还是官方数据都足以证明，在互联网金融犯罪中，缓刑适用存在严格化趋势。

三是禁止令、从业禁止适用较少。实证研究结果显示，在选取的互联网金融犯罪裁判案例中，刑事禁止令和刑事从业禁止存在适用较少的情况。裁判者过分注重运用自由刑、罚金刑等刑罚手段治理互联网金融犯罪，对禁止令、从业禁止等预防性手段适用较少，这同样是重刑化的表现。学界相关研究也印证了笔者的观点。有学者通过实证研究方法对 P2P 网贷平台“中介化”前后刑法适用的问题展开研究，研究结果显示，仅有 1 例案件法院适用了刑法第 37 条之一有关从业禁止的规定。[②]

二、互联网金融犯罪重刑治理的生成机理

很长一段时间内，我们对于刑事法律抱有较高的期望，存在夸大其社会治理的现实功能倾向，刑法一定程度上逐步偏离了其基本功能与作用场域。[③] 当前，刑法被视为犯罪治理的有效手段，重刑主义具备深厚的适用基础。

（一）受象征性刑法影响

受象征性刑法影响，刑事立法能否发挥犯罪治理的实际效果，已然不是立法者所需要考虑的首要问题。事实上，立法者寄希望于通过重刑手段向社会公众传达“刑事立法正在与犯罪行为作积极斗争”的信号。在这一过程中，重刑使用变成了一种策略，更是一种应急性手段，带有象征性意

① 参见《最高法发布人民法院依法惩治金融犯罪工作情况暨典型案例》，载最高人民法院网 2022 年 9 月 2 日，https://www.court.gov.cn/zixun/xiangqing/372751.html。

② 在该案例中，被告人叶某、林某在他人搭建的某 P2P 贷款网站分别担任运营总监及业务部主管，该平台以不低于年息 20%的利率吸收公众存款后放贷赚取利差，同时以借款人抵押物为标的招标继续融资，截至案发时共有 5300 余万元的款项无法返还。鉴于二人属于从犯且叶某具有自首情节，法院以非法吸收公众存款罪判处叶某有期徒刑三年，缓刑五年，并处罚金人民币 10 万元。同时禁止叶某在缓刑考验期限内从事金融类、互联网电子商务类职业。参见江苏省无锡市滨湖区人民法院（2015）锡滨刑二初字第 00194 号刑事判决书。

③ 参见陈伟：《刑事立法的政策导向与技术制衡》，载《中国法学》2013 年第 3 期。

义。近年来，互联网金融犯罪受害群体频繁出现的上访等事件，反映了其对于互联网金融犯罪治理成效的不满。立法者寄希望于利用重刑手段缓解社会内部压力。

（二）受预防性刑法影响

受预防性刑法的影响，刑罚的积极预防功能被持续放大。在刑事立法上，预防性刑法主张加重犯罪的法定刑来提升犯罪治理强度。然而，很多研究表明，在刑罚确定性和严厉性之间，提升刑罚的严厉性不仅不能有效治理犯罪，还可能导致严重的社会问题。从实际操作来看，过度强调刑罚的严厉性可能会消耗大量司法资源，而在理想状态下，高确定性加上适当的严厉性才是犯罪治理的有效手段。

三、互联网金融犯罪重刑治理的反思检讨

在互联网金融犯罪治理中，不宜过分拔高重刑手段对于犯罪治理的作用，过度迷信重刑治理将导致一系列问题。

（一）重刑治理催生互联网金融监管惰性

当前，互联网金融监管体系与监管能力尚不能完全适应日新月异的互联网金融产业。从实际调研情况来看，部分金融监管部门监管主动性不强，积极性不高，金融监管技术手段滞后，金融监管规则陈旧，金融监管与金融司法协同不够等问题一定程度存在。例如，调研发现，各金融监管部门之间存在各自优势发挥不足等现象，互联网金融业务全流程监管尚未完全建立，互联网金融犯罪线索存在发现不及时等情形。事前监管不严格、事中监管不到位、事后处置不得力等情况时有发生。

（二）重刑治理助长互联网金融投机心理

互联网金融本质上仍属于金融范畴，其衍生的风险更加复杂。我国互联网金融产业起步较晚，时间较短，野蛮增长态势明显，相关业务并不成熟，理性互联网金融消费文化尚未形成。当前，互联网金融投资需求十分旺盛，但互联网金融投机心理也异常强烈，互联网金融消费者大多缺乏风

险意识。

（三）重刑治理加剧互联网金融“寒蝉效应”

调研发现，由于互联网金融监管体系和规则建设滞后，在互联网金融逐步创新进程中出现了大量“浑水摸鱼”“庞氏骗局”等违法犯罪现象，同时，受经济下行等因素影响，不少互联网金融企业出现了资金链断裂和暂时不能兑付的情况。对于前者运用重刑手段及时回应并严厉打击确有必要，但对于后者运用重刑治理可能会误伤真正的金融创新企业，挫伤互联网金融企业的积极性和创造性，最终不利于互联网金融行业的发展。采取重刑治理策略，干预互联网金融发展，忽视或漠视互联网金融企业融资难融资贵等现实困境，不仅有违保障民营经济发展的时代精神，对互联网金融市场的负面影响更不可估量。

（四）重刑治理违反主客观相统一原则

互联网金融犯罪的实施离不开互联网金融投资者的积极参与和支持。在互联网金融投资“高回报”利诱之下，互联网金融投资者自甘风险参与互联网金融活动，从这一层面而言，互联网金融犯罪的产生与互联网金融投资者自身存在过错有关。事实上，根据实际调研情况来看，绝大多数互联网金融犯罪中的被害人均作为互联网金融投资人参与其中，其自甘风险故意实施相关行为，直接或间接导致互联网金融犯罪的产生。从刑法理论而言，若被害人知道或者应当知道实施某种行为是危险的并事实上使自己承担了这种危险，那么当危险发生时被害人就不能因此而获得赔偿，而应当充分考虑被害人自身存在一定过错这一客观情节，进而减轻对行为人社会危害性和人身危险性的刑法评价，在追究刑事责任时充分考虑这一情节对定罪和量刑的影响，不能对行为人施加更严厉的刑罚，否则就有违主客观相统一原则，具有客观归罪的嫌疑。

四、互联网金融犯罪重刑治理的路径调试

（一）确立重刑有限治理理念

刑法作为保护社会的最后一道防线，民众对其高期望和高依赖有着深厚的现实基础。事实上，刑法与犯罪相伴相随，立法者希望将犯罪治理的重任赋予重刑治理，以实现对犯罪的打击与预防，但现实情况却不尽如人意。客观地讲，重刑作为规范层面的策略选择，很多研究已经证明其无法对犯罪实现根本的治理效果。事实上，理性而科学的刑罚必然坚持限制重刑的适用，而频繁动用重刑对犯罪进行治理本身就违背现代刑法理念。犯罪治理具有整体性、系统性、综合性，重刑对于犯罪治理的作用是有限的，过分依赖重刑会导致重刑被滥用的风险。

犯罪的产生有着深厚的现实基础，重刑治理的“有限性和被动性”与犯罪产生的“无限性和主动性”之间存在天然且不可调和的矛盾，单纯依靠重刑治理互联网金融犯罪显然不科学。质言之，既不能盲目恪守“刑法万能论”的错误思维，也不能极端推崇“刑法无用论”的偏激做法，而应该充分认识重刑治理的有限性与局限性，改变传统的盲目拔高重刑、过分夸大重刑作用的片面思维。因此，在互联网金融犯罪治理过程中，要树立重刑有限治理理念，进一步限制刑罚权的无序扩张，科学配置和理性裁量互联网金融犯罪。

（二）降低自由刑裁判强度

在互联网金融犯罪量刑裁判中，要尽量降低自由刑裁判强度。

一方面，要科学确定量刑起点。实证研究表明，法官群体通常选择法定刑中线以上对互联网金融犯罪进行量刑，但事实上，按照刑罚理论，此种做法并不存在合理性。① 将犯罪的常态评价为罪行严重，必然会导致量

① 所谓犯罪的常态，是指某种犯罪最通常的情形或者绝大多数情形。犯罪的常态，只能根据刑法规定与统计资料予以确定。所谓根据刑法规定，主要是指根据罪状（犯罪构成）的规定；所谓根据统计资料，是指现实发生的某种具体案件中，绝大多数的罪行居于何种程度，必须有统计数据证明。这种绝大多数案件的罪行状况，就是犯罪的常态。

刑过重。事实上，法定刑的下限对应的是最轻的犯罪，法定刑的上限对应的是最重的犯罪。因此，由低到高的法定刑，对应的就是由轻到重的犯罪。但法定刑的中间刑所对应的是思维或者想象中的中等程度的犯罪，而不是常态犯罪。由于现实生活中频繁发生的常态犯罪，并不是中等程度的犯罪，而是对应于法定刑中间刑以下的位置，因此，法官应当根据犯罪的常态确定量刑起点。因为常态犯罪属于相对较轻的犯罪，所以与常态犯罪对应的量刑起点是法定刑中间刑偏下的刑罚乃至最低刑的刑罚。质言之，如果采用以既遂为模式的量刑起点，那么，与量刑起点对应的犯罪只能是该犯罪的常态情形；而常态犯罪并不是罪行程度居于中间程度的犯罪，而是比中间程度更轻的犯罪。所以，应当在法定刑的中间刑偏下的位置乃至接近最低刑的位置确定量刑起点。质言之，在互联网金融犯罪中，应当尽量在法定刑中间刑以下确定量刑起点，进而做到量刑轻缓。

另一方面，要审慎适用酌定从重处罚情节。从刑法理论而言，由于从重量刑情节包括法定从重处罚和酌定从重处罚，所以刑罚量的增加就包括依据法定从重处罚增加刑罚量和依据酌定从重处罚增加刑罚量。由于法定从重处罚情节是刑法明文规定的量刑情节，所以依据该情节增加的刑罚量于法有据；相反，由于酌定从重处罚情节不是刑法明文规定的量刑情节，所以依据该情节增加的刑罚量于法无据。既然使用酌定从重处罚情节加重刑事责任于法无据，那么此做法就违反罪刑法定主义，司法实践对此就应更加慎重。因此，在互联网金融犯罪量刑裁判中，应尽可能审慎适用酌定从重处罚量刑情节。

（三）明确罚金刑裁量标准

在互联网金融犯罪采用无限额罚金刑的立法背景下，司法机关应尽量明确罚金刑裁量标准，为正确适用罚金刑提供指引与依据。

一是要明晰互联网金融犯罪中无限额罚金刑的标准。在互联网金融犯罪中，无限额罚金刑的适用必须根据互联网金融犯罪的社会危害性和互联网金融犯罪行为人的人身危险性大小确定罚金刑数额。无限额罚金刑与其他种类的罚金刑并无本质区别，都应该兼顾社会危害性和人身危险性综合衡量。对于互联网金融犯罪而言，由于可能存在其他罚金刑方式无法预防或震慑互联网金融犯罪的情况，因而需要适用无限额罚金刑与互联网金融犯罪行为相适应。从这个意义上而言，互联网金融犯罪的性质应该定位于，在根据互联网金融犯罪行为社会危害性大小和互联网金融犯罪行为人人身危险性大小来确定罚金刑数额的前提下，在其他罚金刑方式无法准确实现对互联网金融犯罪的惩罚和预防时，可以超出其他罚金刑方式的最高数额确定罚金刑数额。因此，明晰互联网金融犯罪中无限额罚金刑的意义在于，在互联网金融犯罪中，无限额罚金刑的无上限规定是为了应对更为严重的互联网金融犯罪。从这个意义上而言，在互联网金融犯罪中，无限额罚金刑的适用不得违背罪责刑相适应原则，即使对于社会危害性更加严重的互联网金融犯罪，也只能在社会危害性和人身危险性相匹配的范围内确定罚金刑具体数额。然而，尽管无限额罚金刑为了适应更为严重的犯罪行为而存在，但在具体裁量时，并不代表只能判处高额罚金。当犯罪行为的社会危害性并不严重时，在规定有无限额罚金刑的罪名中，同样可以判处较低数额的罚金。

二是兼顾报应与预防双重目的。由于互联网金融犯罪行为的危害程度有所不同，在判处较低数额无限额罚金刑时，无限额罚金刑以较轻的刑罚方式存在，当判处较高数额无限额罚金刑时，无限额罚金刑以较重的刑罚方式存在。要改变传统刑事司法实践中，常常以高数额的无限额罚金刑解决预防互联网金融犯罪行为人再犯的问题，进一步明确无限额罚金刑适用的标准，限制无限额罚金刑的上限，尽量做到无限额罚金刑和报应与预防相一致。从这个意义上而言，无限额罚金刑应该同时兼顾报应与预防，二者同等重要，不能以单纯追求报应为目的，亦不能单纯追求预防为目的，忽视需在刑事责任的范围内判处刑罚。同时，在互联网金融犯罪中，罚金刑与自由刑二者的刑罚总量共同承担刑事责任，如果互联网金融犯罪行为人已经被判处较长的自由刑，便无须再判处数额过高的无限额罚金刑，否则势必会超出刑事责任范围而形成过重的刑罚。

（四）提高缓刑适用比例

当前，我国缓刑适用率整体偏低且缓刑适用不规范的现象大量存在。正如诸多学者所分析的那样，缓刑适用率整体偏低的重要原因在于重刑主义，重刑主义来源于朴素的想法：既然轻刑都难以实现一般预防，就只能依靠重刑。或者说，只有判处重刑，才有利于预防犯罪。[①] 然而，正如前文所述，重刑主义经不起推敲，重刑主义也不应该成为限制缓刑适用的主要理由。在保护民营经济的大环境下，缓刑适用率的畸低不仅无法与时代背景相契合，也会使得互联网金融犯罪的刑罚裁量背离刑罚轻缓化的目标。正如学者所言，在当前宽严相济的刑事政策指导下，在今后的刑事司法实践中，应当进一步扩大缓刑适用，时机成熟时，甚至可以考虑修改刑法中关于缓刑适用的规定，规定必须适用缓刑的情况。只有充分发挥刑事司法的过滤作用，刑事立法上的轻缓化才能得到进一步加强。[②] 因此，应当转变重刑治理观念，逐步提升互联网金融犯罪中的缓刑适用率，在刑事司法框架内，尽可能对社会危害性较小、人身危险性较低的互联网金融犯罪行为人适用缓刑，实现刑罚轻缓。

（五）激活非刑手段功能

对于互联网金融犯罪行为人，特别是网络 P2P 借贷业务的犯罪行为人，采取诸如职业禁止、吊销从业资格之类的资格刑手段，使其无法再从事金融行业的相关工作，即剥夺经济资格与再犯能力，往往能够起到更为有效的犯罪预防之作用。[③] 事实上，一味强调对互联网金融犯罪重刑治理，不仅无法从根源上消除犯罪滋生的土壤，而且会陷入越打越多、越多越打的恶性循环。刑法修正案（八）和刑法修正案（九）分别增加了禁止令和职业禁止制度，因此，在互联网金融犯罪案件办理过程中，应该充分激活上述制度，提高适用比例，以实现由单纯报应向报应与预防相结合的转型。此外，要注重非刑手段的运用，对于互联网金融犯罪情节轻微不需要判处刑罚的，司法机关可以根据案件的具体情况采用赔偿损失等非刑罚措施，最大限度地为受害人挽回损失，并对互联网金融犯罪行为人在刑事制裁上适当宽宥。

---

① 参见张明楷：《应当提高缓刑的适用率》，载《人民法院报》2015 年 6 月 3 日第 6 版。

② 参见江溯：《无需量刑指南：德国量刑制度的经验与启示》，载《法律科学（西北政法大学学报）》2015 年第 4 期。

③ 参见李晓明：《P2P 网络借贷的刑法控制》，载《法学》2015 年第 6 期。

帮助信息网络犯罪活动罪量刑影响因素实证研究

简玥淇*

【摘　要】 帮助信息网络犯罪活动罪是网络电信诈骗犯罪链条上的第一大罪名，然而这并不意味着对这一罪名的认识已经成熟，尤其是关于本罪的量刑问题有多方面尚待研究。本文通过对全国500份裁判文书进行实证研究，观察帮助信息网络犯罪活动罪自由刑、罚金刑及缓刑适用情况，分析影响本罪量刑的影响因素并对其重要性进行排序，发现司法实践中帮助信息网络犯罪活动罪存在自由刑功能受限、罚金刑量刑畸重以及缓刑考察因素单一的问题。应考虑从唤醒单处罚金刑的适用、完善罚金刑的量刑标准、规范缓刑适用条件等角度规范帮助信息网络犯罪活动罪的量刑适用，在犯罪预防上激活禁止令和职业禁止的预防功能。

【关键词】 帮助信息网络犯罪活动罪；量刑影响因素；实证研究

一、问题的提出

在互联网日益发展、信息国际化的背景下，刑事司法实践正面临着犯罪模式从线下转移到线上的冲击和挑战。一方面，网络犯罪日益猖獗，据2022年最高人民法院发布的《涉信息网络犯罪特点和趋势司法大数据专题

* 澳门科技大学法学院刑法学专业硕士研究生。

报告》显示，涉信息网络犯罪案件数量呈逐年上升趋势;[①] 另一方面，犯罪结构变化明显，呈轻罪化趋势，严重暴力犯罪发案减少，判处有期徒刑三年以上的案件，从1999年的45.4%降至2023年前三季度的17.2%。[②]为进一步加强网络犯罪立法的科学性、体系性，刑法修正案（九）增设帮助信息网络犯罪活动罪（以下简称帮信罪）。同时，2021年，帮信罪案件数量在全国已经跃升到起诉案件总量的第三位。[③]

然而，案件数量的增加并不意味着对这一罪名的认识已经成熟，帮信罪已然成为近年来最具争议的罪名之一。首先，在罪名定性上，主要有帮助犯的量刑规则[④]、积量构罪[⑤]、帮助行为正犯化[⑥]的观点。各观点的分歧源于对共同犯罪成立条件认识的差异。帮助行为正犯化、积量构罪的观点主要基于传统的共同犯罪理论，认为帮信罪不能基于传统共同犯罪中以共同故意为前提的模式，因此独立成罪。帮助犯的量刑规则立足于以阶层论为基础的共同犯罪理论，主张帮信罪仍然是帮助犯，以正犯实施不法为前提。其次，在构成要件中，主观“明知”认定上存在“明知”应当限定为“明确知道”被帮助者的行为[⑦]和扩张为“应当知道被帮助者具有实施犯罪的可能性”[⑧] 的对立观点。后者为通说见解，然而推定是以客观事实为依据的，《最高人民法院、最高人民检察院关于办理非法利用信息网络、帮助信息网络犯罪活动等刑事案件适用法律若干问题的解释》（以下简称

① 参见《涉信息网络犯罪特点和趋势司法大数据专题报告》，载最高人民法院网2022年8月1日，https://www.court.gov.cn/fabu-xiangqing-368121.html。

② 参见《最高检发布今年前三季度全国检察机关主要办案数据》，载最高人民检察院网 https://www.spp.gov.cn/xwfbh/wsfbt/202310/t20231025_631714.shtml#1。

③ 参见《2021年全国检察机关主要办案数据》，载最高人民检察院网2022年3月8日，https://www.spp.gov.cn/spp/xwfbh/wsfbt/202203/t20220308_547904.shtml#2。

④ 参见张明楷：《论帮助信息网络犯罪活动罪》，载《政治与法律》2016年第2期；黎宏：《论“帮助信息网络犯罪活动罪”的性质及其适用》，载《法律适用》2017年第21期。

⑤ 参见皮勇：《论新型网络犯罪立法及其适用》，载《中国社会科学》2018年第10期。

⑥ 参见刘艳红：《网络犯罪帮助行为正犯化之批判》，载《法商研究》2016年第3期；陈兴良：《共犯行为的正犯化：以帮助信息网络犯罪活动罪为视角》，载《比较法研究》2022年第2期。

⑦ 参见喻海松：《网络犯罪的立法扩张与司法适用》，载《法律适用》2016年第9期；孙运梁：《帮助信息网络犯罪活动罪的核心问题研究》，载《政法论坛》2019年第2期；刘艳红：《帮助信息网络犯罪活动罪的司法扩张趋势与实质限缩》，载《中国法律评论》2023年第3期。

⑧ 冀洋：《帮助信息网络犯罪活动罪的证明简化及其限制》，载《法学评论》2022年第4期；刘宪权、房慧颖：《帮助信息网络犯罪活动罪的认定疑难》，载《人民检察》2017年第19期。

《解释》）中“明知”亦含有推定的意味①；客观上“情节严重”的认定，在提供较为明确的标准，同时保留人民法院自由裁量的可能性②。关于刑法第 287 条之二第 3 款的理解，存在着想象竞合③和法条竞合④的争议，同时还有学者倡导应为大竞合论⑤。最后，对于帮信罪的研究多是基于本罪的建构进行理论阐述，纵然有学者对帮信罪进行实证分析，也只是对本罪适用现状进行描述性分析借以探讨本罪的行为定性、主观明知、客观行为方式等典型问题。⑥ 但实践中帮信罪量刑问题鲜少有人关注，即使有人关注，⑦ 亦未关注本罪的量刑影响因素重要性的问题。同时，当事人的性别、年龄、文化程度、职业等社会结构因素对量刑的轻重亦产生影响。⑧

“量刑并不是抽象法律规范在具体案件中的简单对号入座，而是把抽象的法律规范与具体的案情相结合，并形成量刑判决的动态过程。”⑨ 帮信

---

① 参见《解释》第 11 条规定：“为他人实施犯罪提供技术支持或者帮助，具有下列情形之一的，可以认定行为人明知他人利用信息网络实施犯罪，但是有相反证据的除外：（一）经监管部门告知后仍然实施有关行为的；（二）接到举报后不履行法定管理职责的；（三）交易价格或者方式明显异常的；（四）提供专门用于违法犯罪的程序、工具或者其他技术支持、帮助的；（五）频繁采用隐蔽上网、加密通信、销毁数据等措施或者使用虚假身份，逃避监管或者规避调查的；（六）为他人逃避监管或者规避调查提供技术支持、帮助的；（七）其他足以认定行为人明知的情形。”

② 参见张铁军：《帮助信息网络犯罪活动罪的若干司法适用难题疏解》，载《中国刑事法杂志》2017 年第 6 期。

③ 参见黄忠军、张占营：《帮助信息网络犯罪活动罪的规范解析与司法适用》，载《人民检察》2021 年第 23 期。

④ 参见江溯：《帮助信息网络犯罪活动罪的解释方向》，载《中国刑事法杂志》2020 年第 5 期。

⑤ 参见陈洪兵：《不必严格区分法条竞合与想象竞合——大竞合论之提倡》，载《清华法学》2012 年第 6 期；陈洪兵：《帮助信息网络犯罪活动罪的限缩解释适用》，载《辽宁大学学报（哲学社会科学版）》2018 年第 1 期。

⑥ 参见周振杰、赵春阳：《帮助信息网络犯罪活动罪实证研究——以 1081 份判决书为样本》，载《法律适用》2020 年第 6 期；林晓萌：《从规范扩张到实践跟进：帮助信息网络犯罪活动罪的司法运行样态分析——基于 169 份生效裁判文书的实证分析》，载《江西警察学院学报》2021 年第 6 期；周明：《“热”与“冷”：帮助信息网络犯罪活动罪的司法适用图景——基于 72 份刑事裁判文书的实证分析》，载《法律适用》2019 年第 15 期。

⑦ 参见金天爱、刘艳红：《帮助信息网络犯罪活动罪的量刑研究——基于 1163 份裁判文书的实证分析》，载《河南财经政法大学学报》2023 年第 6 期；李梦遥：《帮助信息网络犯罪活动罪量刑特征及影响因素实证研究——以某省 225 份判决书为样本》，载《湖北工业职业技术学院学报》2023 年第 3 期。

⑧ 参见胡昌明：《被告人身份差异对量刑的影响：基于 1060 份刑事判决的实证分析》，载《清华法学》2018 年第 4 期。

⑨ 石经海：《“量刑规范化”解读》，载《现代法学》2009 年第 3 期。

罪作为轻罪，其犯罪手段的破坏性远不及暴力犯罪严重，行为人多因法律意识淡薄而走上犯罪之路，再犯可能性较小，在量刑时应秉持刑罚轻缓化的理念。因此，有必要对帮信罪量刑情况进行实证研究。本文观察帮信罪在全国范围内的量刑适用情况，分析本罪的量刑影响因素并进行排序，探讨本罪量刑规范化问题。

二、样本来源与研究方法

（一）样本来源

本罪在2020年之前适用较少，在《解释》施行后，相关案件数量激增，迎来罪名适用高峰。在中国裁判文书网上，以案由为“帮助信息网络犯罪活动罪”、文书类型“裁判文书”、案件类型“刑事案件”、审理程序“一审”作为检索条件，截至2024年2月1日，共查询判决书44140份，进而对判决书采用分层抽样的办法，[①] 根据第七次全国人口普查数据中31个省、市、自治区的人口数量比例，计算出应抽取的判决书数量，随机选取下载500份判决书，共涉及507名被告人。

（二）变量设置

根据帮信罪的刑法规定、《解释》第12条规定的七种“情节严重”的具体情形，结合《最高人民法院、最高人民检察院关于常见犯罪的量刑指

① “分层”是指分省份，以500份判决书为总数，根据31个省、市、自治区的人口数量比例，决定抽样比例和抽样数目。从第七次全国人口普查数据中可知，北京21893095人、天津13866009人、河北74610235人、山西34915616人、内蒙古24049155人、辽宁42591407人、吉林24073453人、黑龙江31850088人、上海24870895人、江苏84748016人、浙江64567588人、安徽61027171人、福建41540086人、江西45188635人、山东101527453人、河南99365519人、湖北57752557人、湖南66444864人、广东126012510人、广西50126804人、海南10081232人、重庆32054159人、四川83674866人、贵州38562148人、云南47209277人、西藏3648100人、陕西39528999人、甘肃25019831人、青海5923957人、宁夏7202654人、新疆25852345人。得到各省份抽取的具体判决数为：北京8份、天津5份、河北26份、山西12份、内蒙古8份、辽宁15份、吉林9份、黑龙江11份、上海9份、江苏30份、浙江23份、安徽22份、福建15份、江西16份、山东36份、河南35份、湖北20份、湖南23份、广东45份、广西18份、海南4份、重庆11份、四川30份、贵州14份、云南17份、西藏1份、陕西14份、甘肃9份、青海2份、宁夏3份、新疆9份，共计500份。

导意见（试行）》、《最高人民法院、最高人民检察院、公安部关于办理电信网络诈骗等刑事案件适用法律若干问题的意见（二）》[以下简称《意见（二）》]、2020年《最高人民法院刑事审判第三庭、最高人民检察院第四检察厅、公安部刑事侦查局关于“断卡”行动中有关法律适用问题的会议纪要》(以下简称2020年《会议纪要》) 的相关规定，并通过对判决书的归纳，总结出对帮信罪定罪量刑可能具有相关性的因素，包括被告人身份信息、犯罪构成事实、量刑情节与量刑结果四部分，① 最终设定24个变量。被告人身份信息包括：性别、文化程度、职业；犯罪构成事实包括：客观行为类型、支付结算金额、已查明涉犯罪金额；量刑情节包括：违法所得、自首、坦白、立功、认罪认罚、累犯、前科、退赃、退赔、谅解、预缴罚金、当庭认罪、行政劣迹、刚满18周岁；量刑结果包括：有期徒刑天数、拘役刑天数、罚金数额、缓刑情况。另外，当庭认罪（2人）、犯罪时为刚满18周岁（3人）、有行政劣迹（1人）、立功（3人）等量刑情节由于出现频率较低被剔除，最终确定为20个变量。

（三）数据分析方法

将自变量设置为支付结算金额、已查明涉犯罪金额、违法所得、是否自首、是否坦白、是否立功、是否认罪认罚、是否累犯、是否有前科、是否退赃、是否退赔、是否获得谅解、是否预缴罚金。同时，以有期徒刑天数、拘役刑天数、罚金数额、缓刑情况作为因变量。

本文主要运用SPSS统计分析软件，综合采用描述性分析、Pearson相关性分析、多元线性回归分析和二元Logistic回归分析等方法对500份判决书进行研究。描述性分析主要用于观察帮信罪在全国的总体适用概览以及自由刑、罚金刑和缓刑基本适用现状；Pearson相关性分析用于确定自由刑、罚金刑、缓刑的具体影响因素；由于有期徒刑天数、拘役天数、罚金刑数额是多个自变量与一个连续因变量之间的关系，因此采用多元线性回归分析，用于比较影响因素对自由刑、罚金刑的影响大小；缓刑情况是二元分类变量，因此采用二元Logistic回归模型，通过计算出标准化回归系

① 参见田旭：《醉酒型危险驾驶罪量刑实证研究》，载《河北法学》2023年第6期。

数分析影响缓刑判决因素的重要性。

三、帮信罪量刑影响因素实证分析

（一）帮信罪总体适用概览

1. 帮信罪犯罪主体基本情况

从图1性别特征上看，样本中，帮信罪犯罪主体中男性有458人、约占90.3%，女性为33人、约占6.5%。另外，有16人性别不详，约占3.2%。可见，本罪男性犯罪主体占据绝大多数，帮信罪男女犯罪比例与整体犯罪性别比例一致。

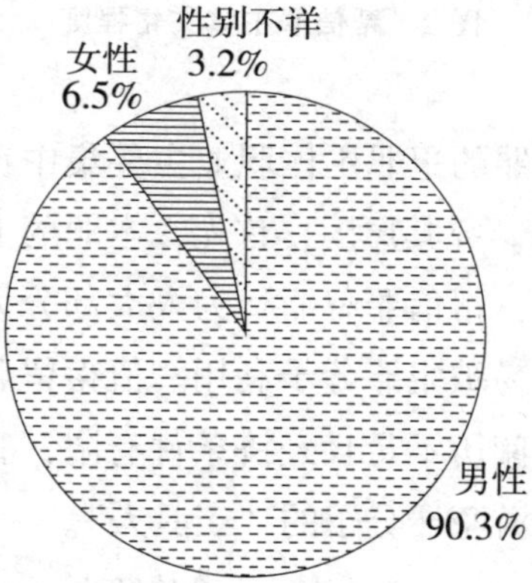

图1　帮信罪主体性别特征

由图2可知，在样本中，被告人最高文化程度为大学，有12人，大专及大专在读有37人，高中文化程度有43人，中专文化程度有58人，相对较高文化程度约占29.6%。本罪的犯罪主体文化程度为初中的人数最多，初中及初中肄业有224人，小学及小学肄业有68人，相对较低文化程度约占57.6%。其中，有65人文化程度不详，约占12.8%。总而言之，帮信罪的行为人文化程度普遍不高，法律意识淡薄，导致大部分行为人对本罪的认知不强。

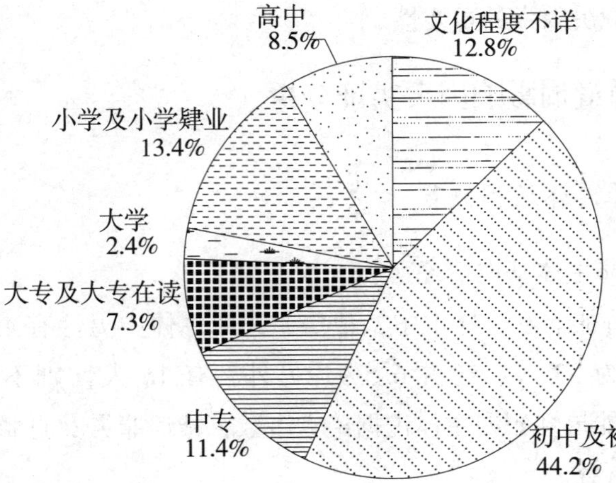

图 2 帮信罪主体文化程度

如图 3 所示，帮信罪的犯罪主体职业主要集中在无业、学生和务工三个职业群体，约占 67%。究其原因，首先，本罪的上游犯罪有低投入、高回报的犯罪性质。其次，帮信罪犯罪行为人大部分无固定收入，在获得经济利益的便捷途径下极易被犯罪分子利用。值得留意的是，现实生活中学生群体年纪尚小，社会阅历不足且经济条件有限，容易经不起诱惑，抱有侥幸心理，从而成为上游犯罪分子的“工具人”。

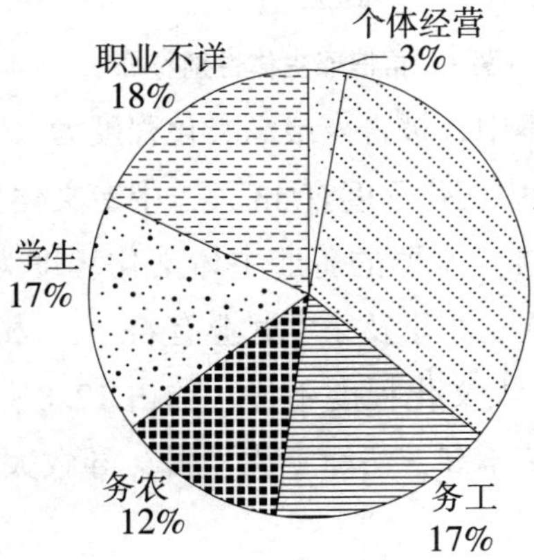

图 3 帮信罪主体职业特征

2. 帮信罪客观行为类型概况

如图 4 所示，通过对案例统计发现，帮信罪客观行为方式较为固定。有 497 名被告人客观行为方式是提供支付结算帮助，占 98. 0%。提供技术支持的有 7 人，提供广告推广的有 3 人，分别占 1. 4%、0. 6%。而本罪最常见的行为模式是贩卖“两卡”，即将个人的银行卡或手机卡等，以每个不等的价格出售或出租给电信网络诈骗犯罪团伙。

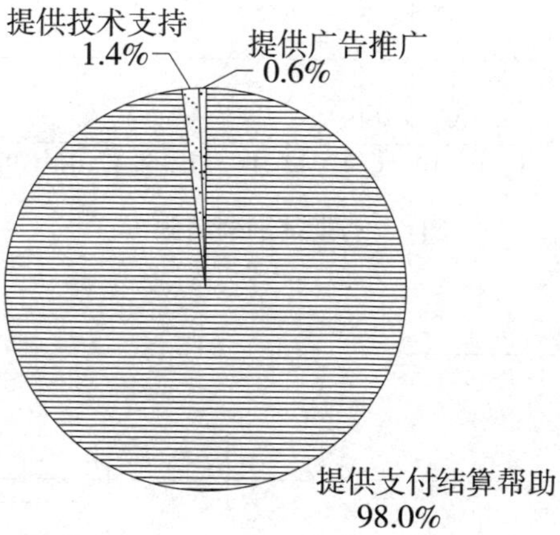

图 4　帮信罪客观行为类型

（二）帮信罪自由刑量刑影响因素实证分析

1. 帮信罪自由刑适用基本情况

经统计，共有 407 名被告人被判处有期徒刑（占比 80. 3%），有 97 名被告人被判处拘役（占比 19. 1%），另外有 3 名被告人被判单处罚金。如图 5 所示，被判处有期徒刑的刑期均值为 8. 8 个月，中值为 8 个月，众数为 6 个月，最高有期徒刑为 25 个月，最低有期徒刑为 2 个月。被判处有期徒刑的刑期主要集中区间为 6 个月至 12 个月（占比 88. 8%）。

如图 6 所示，在被判处拘役的 97 名被告人中，拘役刑期的均值、众数、中值均为 4 个月，最高拘役刑为 6 个月，最低拘役刑为 1 个月。被判处拘役的刑期主要集中在 3 个月至 5 个月（占比 81. 4%）。

帮信罪法定刑为 3 年以下有期徒刑。在世界范围内及我国，刑罚裁量

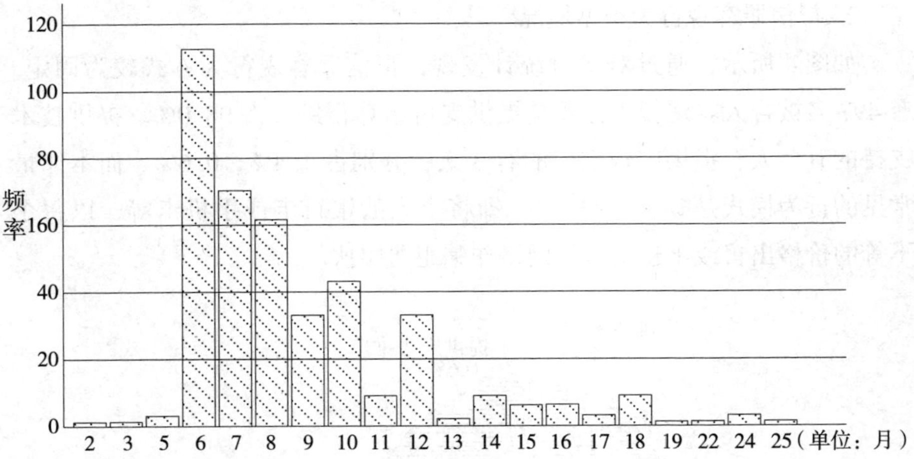

图5　有期徒刑刑期分布

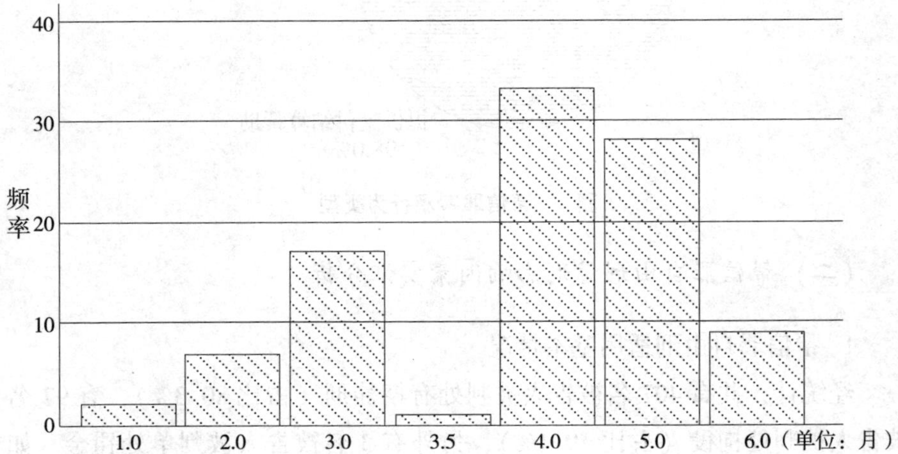

图6　拘役刑期分布

的普遍水平均位于法定刑三分之一线上下。[①] 从整体上看，帮信罪自由刑量刑均值为7.9个月，低于法定刑中线，且低于法定刑幅度的三分之一线。由此可见，帮信罪自由刑刑期较为集中且自由刑的量刑趋轻。

① 参见白建军：《论刑法教义学与实证研究》，载《法学研究》2021年第3期。

2. 帮信罪自由刑影响因素与量刑关系

在判定如上量刑影响因素是否皆对帮信罪自由刑的量刑有影响时采用 Pearson 相关性分析法,① 衡量两个变量之间的相关程度。从表 1 可知，坦白［r（504）=−0. 085，p=0. 057］、认罪认罚［r（504）=−0. 074，p=0. 099］及预缴罚金［r（504）=−0. 072，p=0. 104］作为悔罪态度的衡量因素之一，与自由刑量刑间不具有统计学意义的相关性，即是否坦白、认罪认罚与预缴罚金不影响自由刑量刑。其余变量均在 5%的显著性水平下显著，即对自由刑量刑有影响。其中，支付结算金额［r（385）=0. 243，p<0. 01］、已查明犯罪金额［r（459）=0. 273，p<0. 01］、违法所得［r（359）=0. 032，p=0. 042］、累犯［r（504）=0. 107，p=0. 016］、前科［r（504）=0. 1，p=0. 025］与自由刑量刑之间为正相关关系，即支付结算金额、已查明犯罪金额、违法所得数额越大自由刑量刑越重，存在累犯、前科情节的自由刑量刑更重。自首［r（504）=−0. 149，p<0. 01］、退赃［r（504）=−0. 193，p<0. 01］、退赔［r（504）=−0. 109，p=0. 014］、谅解［r（504）=−0. 341，p=0. 038］与自由刑量刑之间为负相关关系，即具备如上情节的自由刑量刑更轻。

表 1　自由刑刑期 Pearson 相关系数

	1	2	3	4	5	6	7	8	9	10	11	12
1. 支付结算金额	—											
2. 已查明犯罪金额	0. 411*	—										
3. 违法所得	0. 028	0. 007	—									
4. 自首	0. 006	−0. 008	−0. 065	—								
5. 坦白	−0. 055	−0. 169**	0. 021	0. 115**	—							
6. 认罪认罚	0. 026	−0. 016	0. 012	0. 063	0. 599**	—						
7. 累犯	−0. 041	−0. 007	−0. 017	0. 039	−0. 090*	−0. 150**	—					

① Pearson 相关系数是一种用于衡量两个变量之间线性相关程度的统计量，可以帮助研究者了解两个变量之间的关系，取值范围在−1 至 1 之间，其中−1 表示完全负相关，0 表示无相关，1 表示完全正相关。P 值（显著性）为样本观察极端结果出现的概率，P 值越小，表明结果越显著。当 P 值（显著性）小于 0. 05 时，说明自变量对因变量有显著影响，反之则无。

（续表）

	1	2	3	4	5	6	7	8	9	10	11	12
8. 前科	-0.053	-0.035	-0.022	0.043	-0.019	-0.053	0.003	—				
9. 退赃	0.03	-0.031	0.043	0.067	0.072	0.05	-0.083	-0.045	—			
10. 退赔	-0.01	-0.031	-0.022	0.062	-0.006	-0.055	-0.048	0.024	0.126**	—		
11. 谅解	0.012	-0.045	-0.029	0.045	0.009	-0.024	-0.062	0.03	0.071	0.755**	—	
12. 预缴罚金	0.076	0.021	0.08	0.079	0.005	0.024	-0.061	-0.054	0.370**	0.098*	0.084	—
13. 自由刑刑期	0.243**	0.273**	0.32*	-0.149**	-0.085	-0.074	0.107*	0.100*	-0.193**	-0.109*	-0.341*	-0.072

* $p<0.05$ ** $p<0.01$ *** $p<0.001$

3. 帮信罪自由刑影响因素的重要性排序

对自由刑刑期进行多元线性回归，① 模型调整后的决定系数 R^2 为 0.235，表明模型中的因素只能解释案件之间 23.5%的量刑差异，还存在其他重要因素影响判决。影响因素对量刑影响大小的参数是通过比较标准化回归系数 Beta 的绝对值大小得出的。② 从表 2 可知，自由刑量刑影响因素的影响大小排序为：已查明犯罪金额、支付结算金额、退赃、累犯、自首、前科、退赔、谅解、违法所得。

表 2　自由刑刑期多元线性回归

	B	标准化系数 Beta	t	R^2	调整后的 R^2
支付结算金额	0.001	0.213	3.364		
已查明犯罪金额	0.005	0.297	3.441		
违法所得	0.107	0.028	0.475		
自首	-0.889	-0.136	-2.369		
累犯	2.536	0.141	2.331	0.273	0.235
前科	-1.645	-0.115	-2.002		

① 多元线性回归分析，用于分析探讨一个因变量与多个自变量之间的线性关系，可以用于比较不同自变量对因变量的作用大小。

② 标准化回归系数，是在对自变量和因变量同时进行标准化处理后得到的回归系数，数据经过标准化处理后，不同变量之间具有了可比性，因此可以用标准化回归系数来比较不同自变量对因变量的作用大小。

（续表）

	B	标准化系数 Beta	t	R^2	调整后的 R^2
退赃	-1.084	-0.166	-2.715		
退赔	-0.893	-0.102	-0.988		
谅解	1.029	0.101	0.988		

前科作为我国法律规定的从重处罚情节，在分析结果中，其标准化回归系数值为负数，对自由刑的量刑产生了负影响，即有前科情节的自由刑量刑更轻，该结果既与理论预期相反，亦不符合我国量刑规范。出现这种统计结果的原因一方面可能在于有效样本数量少①，另一方面可能在于本罪为轻罪，相较于其他犯罪，行为社会危害性低，前科从严幅度小②。已查明犯罪金额、支付结算金额二者皆为帮信罪入刑的重要指标，对帮信罪自由刑刑期影响较大，但违法所得对帮信罪自由刑量刑影响最小。犯罪后的认罪态度、悔罪态度、赔偿态度对帮信罪自由刑量刑具有重要影响。

（三）帮信罪罚金刑量刑影响因素实证分析

1. 帮信罪罚金刑适用基本情况

经统计，全部被告人均有罚金刑。如图 7 所示，在罚金数额上，均值为 6117.51 元，中值、众数皆为 5000 元，最小值为 1000 元，最大值为 100000 元。其中，被判处罚金数额 1000 元至 5000 元的有 214 名被告人，占比 42.2%；5000 元至 10000 元的有 191 名被告人，占比 37.7%；10000 元以上的有 102 名被告人，占比 20.1%。从整体上看，罚金刑基本被并处适用，③ 罚金数额除个别案件外，整体差值小，较为稳定。在适用罚金刑时数额主要在 10000 元以下，占比 79.3%。

① 具有前科情节的样本数量为 44 份。

② 参见劳佳琦：《累犯从严量刑适用实证研究》，载《中国法学》2016 年第 1 期。

③ 样本中只有 3 名被告人为单处罚金刑。

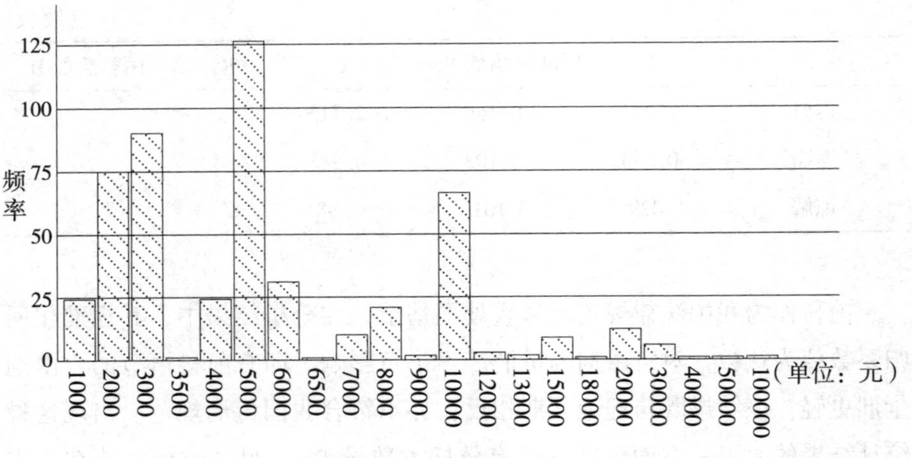

图 7　罚金刑数额分布

2. 帮信罪罚金刑影响因素与量刑的关系

依上文步骤进行分析，罚金刑数额由犯罪情节与行为人经济情况所决定。如表 3 所示，根据 Pearson 相关性分析，罚金数额与支付结算金额［r（385）＝0.09，p＝0.075］、自首［r（507）＝−0.042，p＝0.344］、坦白［r（507）＝0.05，p＝0.262］、认罪认罚［r（507）＝0.022，p＝0.615］、累犯［r（507）＝−0.02，p＝0.645］、前科［r（507）＝−0.032，p＝0.473］、退赃［r（507）＝−0.003，p＝0.945］不具有统计学意义上的相关性。同时，退赔［r（507）＝−0.106，p＝0.017］、谅解［r（507）＝−0.073，p＝0.049］、预缴罚金［r（507）＝−0.027，p＝0.046］相关系数为负数，说明上述影响因素与罚金刑量刑之间为负相关，具有如上量刑情节的案件罚金刑更轻；与已查明犯罪金额退赔［r（459）＝0.119，p＝0.011］及违法所得［r（359）＝0.082，p＝0.031］呈正相关，表示已查明犯罪金额及违法所得数额越大则罚金刑量刑越重。

表 3　罚金刑数额 Pearson 相关系数

	1	2	3	4	5	6	7	8	9	10	11	12
1. 支付结算金额	—											
2. 已查明犯罪金额	0.411*	—										
3. 违法所得	0.028	0.007	—									
4. 自首	0.006	−0.008	−0.065	—								
5. 坦白	−0.055	−0.169**	0.021	0.115**	—							
6. 认罪认罚	0.026	−0.016	0.012	0.063	0.599**	—						
7. 累犯	−0.041	−0.007	−0.017	0.039	−0.090*	−0.150**	—					
8. 前科	−0.053	−0.035	−0.022	0.043	−0.019	−0.053	0.003	—				
9. 退赃	0.03	−0.031	0.043	0.067	0.072	0.05	−0.083	−0.045	—			
10. 退赔	0.01	−0.031	−0.022	0.062	−0.006	−0.055	−0.048	0.024	0.126**	—		
11. 谅解	0.012	−0.045	−0.029	0.045	0.009	−0.024	−0.062	0.03	0.071	0.755**	—	
12. 预缴罚金	0.076	0.021	0.08	0.079	0.005	0.024	−0.061	−0.054	0.370**	0.098*	0.084	—
13. 罚金刑数额	0.09	0.119*	0.082*	−0.042	0.05	0.022	−0.02	−0.032	−0.003	−106*	−0.073*	−0.027*

* $p<0.05$　** $p<0.01$　*** $p<0.001$

3. 帮信罪罚金刑影响因素的重要性排序

如表 4 所示，以罚金数额作为因变量进行多元线性回归，调整后的决定系数 R^2 为 0.251，表明模型中的因素只能解释不同案件之间 25.1%的量刑差异，还存在其他重要因素影响罚金刑量刑。通过比较标准化回归系数 Beta 绝对值大小，罚金刑量刑影响因素的重要性排序为：退赔、预缴罚金、违法所得、谅解、已查明犯罪金额。

表 4　罚金刑数额多元线性回归

	B	标准化系数 Beta	t	R^2	调整后的 R^2
已查明犯罪金额	0.005	0.01	3.441		
违法所得	0.017	0.05	0.475		
退赔	−0.259	−0.276	−0.988	0.294	0.251
谅解	−0.038	−0.038	−0.178		
预缴罚金	−0.073	−0.112	−0.735		

在帮信罪中，违法所得数额、造成损失的大小即已查明犯罪金额是犯罪情节考虑的因素之一。罚金刑的确定是社会危害性与行为人缴纳罚金能力的综合考量结果。① 将退赔、预缴罚金作为代表行为人具备缴纳罚金能力的变量，将违法所得、已查明犯罪金额作为代表犯罪情节的变量，可以分析出，行为人缴纳罚金能力的重要性大于犯罪情节，说明罚金刑更多是受行为人缴纳罚金能力的影响。

（四）帮信罪缓刑影响因素实证分析

1. 帮信罪缓刑适用基本情况

如图 8 所示，经统计共有 157 名被告人适用缓刑，缓刑适用率为 31%。在缓刑适用的考验期中，均值为 11.65 个月，最小值为 2 个月，最大值为 36 个月，众数为 12 个月。由此可以得出，缓刑考验期主要在 12 个月，占比 57.1%。

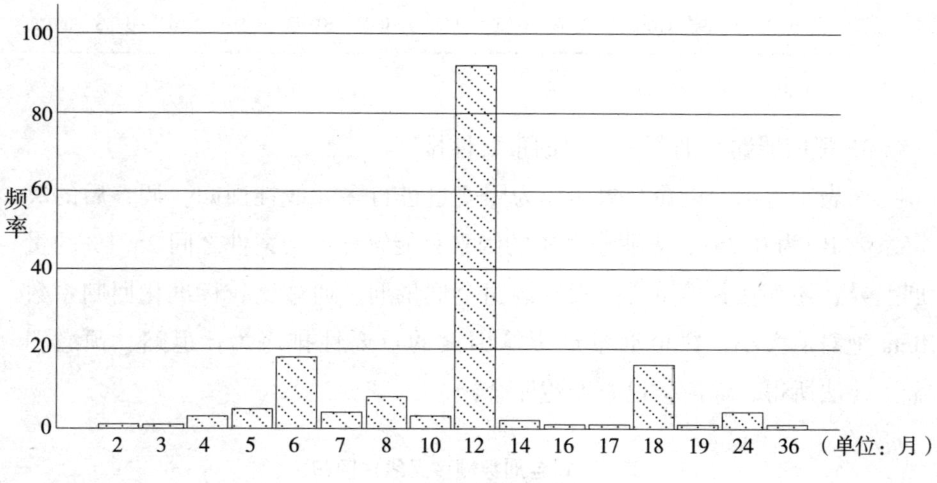

图 8 缓刑考验期分布

① 刑法第 52 条规定："判处罚金，应当根据犯罪情节决定罚金数额。"；《最高人民法院关于适用财产刑若干问题的规定》第 2 条规定："人民法院应当根据犯罪情节，如违法所得数额、造成损失的大小等，并综合考虑犯罪分子缴纳罚金的能力，依法判处罚金。"

帮信罪缓刑适用率高于我国平均缓刑适用率,① 总体而言，帮信罪缓刑适用率较高。在案件样本中，共有16个具体的缓刑考验期，可以看出人民法院的自由裁量范围较大。缓刑考验期的适用主要集中在12个月，与本罪自由刑量刑众数为6个月相符合。

2. 帮信罪缓刑影响因素与量刑的关系

行为人人身危险性及悔罪表现是适用缓刑的重要影响因素。如表5所示，通过Pearson相关性分析可以得出，缓刑的适用与支付结算金额［r（385）=-0.21，p=0.075］、已查明犯罪金额［r（459）=-0.129，p=0.082］、违法所得数额［r（359）=-0.269，p=0.312］、是否坦白［r（507）=0.06，p=0.176］、认罪认罚［r（507）=0.042，p=0.342］以及具有前科［r（507）=-0.068，p=0.126］不具有统计学意义上的相关性，即如上量刑情节对缓刑适用不具有影响。自首［r（507）=0.136，p<0.01］、退赃［r（507）=0.262，p<0.01］、退赔［r（507）=0.225，p<0.01］、谅解［r（507）=0.189，p<0.01］、预缴罚金［r（507）=0.312，p<0.01］与是否适用缓刑之间相关系数为正数，呈正相关，说明具有如上量刑情节的可适用缓刑。累犯［r（507）=-0.135，p<0.01］与是否适用缓刑之间相关系数为负数，呈负相关，说明具有累犯情节的一般不适用缓刑。

表5　缓刑考察因素Pearson相关系数

	1	2	3	4	5	6	7	8	9	10	11	12
1. 支付结算金额	—											
2. 已查明犯罪金额	0.411*	—										
3. 违法所得	0.028	0.007	—									
4. 自首	0.006	-0.008	-0.065	—								
5. 坦白	-0.055	-0.169**	0.021	0.115**	—							

① 参见《2022年人民法院司法统计公报》，载最高人民法院网，http：//gongbao.court.gov.cn/Details/20587eaef248beb61ed6596018865c.html。其中，缓刑人数399042，生效判决人数1431585。

(续表)

	1	2	3	4	5	6	7	8	9	10	11	12
6. 认罪认罚	0.026	−0.016	0.012	0.063	0.599**	—						
7. 累犯	−0.041	−0.007	−0.017	0.039	−0.090*	−0.150**	—					
8. 前科	−0.053	−0.035	−0.022	0.043	−0.019	−0.053	0.003	—				
9. 退赃	0.03	−0.031	0.043	0.067	0.072	0.05	−0.083	−0.045	—			
10. 退赔	0.01	−0.031	−0.022	0.062	−0.006	−0.055	−0.048	0.024	0.126**	—		
11. 谅解	0.012	−0.045	−0.029	0.045	0.009	−0.024	−0.062	0.03	0.071	0.755**	—	
12. 预缴罚金	0.076	0.021	0.08	0.079	0.005	0.024	−0.061	−0.054	0.370**	0.098*	0.084	—
13. 缓刑适用	−0.21	−0.129	−0.269	0.136**	0.06	0.042	−0.135**	−0.068	0.262**	0.225**	0.189**	0.312**

* $p<0.05$　** $p<0.01$　*** $p<0.001$

3. 帮信罪罚缓刑影响因素的重要性排序

对缓刑情况进行二元 Logistic 回归分析，① 得出模型中的 Cox & Snell R^2 值为0.176、Nagellkerke R^2 值 为0.248，模型拟合度一般，预测准确率为69.2%。由于 SPSS 分析软件的逻辑回归分析中不能直接计算标准化回归系数，所以只能通过手动计算，利用公式标准化回归系数=未标准化回归系数（B）×自变量标准差/1.8138。② 根据表6，通过计算标准化回归系数绝对值来比较影响因素对缓刑适用的影响大小，具体排序为：累犯、预缴罚金、退赃、退赔、自首、谅解。

表6　缓刑情况二元 Logistic 回归分析

	Cox & Snell R^2	Nagellkerke R^2	B	标准差	标准化回归系数
自首			−0.551	0.491	−0.149
累犯			20.117	0.195	2.163
退赃	0.176	0.248	−0.695	0.476	−0.182
退赔			−0.932	0.337	−0.173
谅解			−0.32	0.282	−0.0498
预缴罚金			−1.17	0.419	−0.27

① 二元 Logistic 回归主要用于因变量为二元分类变量（如是与否）的回归分析。

② 在 logistic 回归中随机变量分布函数的标准差为 $\pi/\sqrt{3}=1.8138$，故标准化回归系数公式为：标准化回归系数=未标准化回归系数×该自变量的标准差/1.8138。

缓刑更多是受行为人人身危险性的影响，而人身危险性是指犯罪人再次实施犯罪的可能性。[①] 从数据中可以得出，帮信罪缓刑的适用更多关注行为人犯罪后的悔罪表现与再犯罪的危险性即人身危险性。[②] 但值得注意的是，并非所有悔罪表现均对缓刑适用具有影响，例如，认罪认罚及坦白对缓刑适用不产生影响。

四、帮信罪量刑司法样态再解读

（一）自由刑功能受限

近年来，随着我国宽严相济刑事政策的贯彻实施以及顺应世界潮流的发展，我国刑法结构向“严而不厉”方向改革，短期自由刑的适用有一定的扩大趋势。[③] 根据对样本的分析可知，虽然帮信罪适用 1 年以下自由刑的占 91.31%，偏向于轻罪，但是整体上实刑率偏高，为 68.6%，换言之，帮信罪大量适用短期自由刑。帮信罪作为新增的轻罪，尤其是本罪典型的“工具人”贩卖两卡人员实际上多数不具备人身危险性，且统计结果显示，具有前科或累犯情节的只有 43 人，占 8.5%，同时行为人主观多是基于贪图蝇头小利之目的。[④] 该类行为人在清楚行为构成犯罪后认罪态度好。根据数据可知，帮信罪客观行为类型为支付结算的行为人认罪认罚或坦白、自首的占 98.6%。然而，帮信罪大量适用短期自由刑并不必然带来教育改造和预防犯罪的效果。其一，帮信罪普遍刑期短、严厉性弱，且部分被告人已先行羁押了较长时间，真正服刑时间短，难以对其进行有针对性的教育改造；其二，监狱中不同罪犯之间存在交流，存在增加罪犯再犯可能性的风险，且入狱必然给罪犯家庭生活及后续重返社会带来消极影响，不利于社会的稳定；其三，短期自由刑必然给政府带来较大的支出，同时帮信

① 参见王奎：《论人身危险性的评价因素》，载《政治与法律》2007 年第 3 期。

② 参见张明楷：《论预防刑的裁量》，载《现代法学》2015 年第 1 期。

③ 参见赵国玲、涂欣筠：《论短期自由刑的缓刑适用》，载《贵州省党校学报》2019 年第 1 期。

④ 参见《被起诉人数增加 21 倍！“帮信罪”为何成为电信网络诈骗犯罪链条上的第一大罪名？》，载最高人民检察院网，https：//www.spp.gov.cn/zdgz/202204/t20220414_554040.shtml。

罪短期自由刑罪犯过多也会给监狱机关带来管理上的压力。①

（二）罚金刑量刑畸重

罚金刑主要适用于基于贪财动机而违法获利的犯罪,② 刑法规定罚金刑数额的基础是行为人的违法所得等。刑法没有对帮信罪明确限定罚金数额，适用有下限标准没有上限标准的无限额罚金刑③，给予了法院更大的自由裁量权的同时也带来了帮信罪罚金刑量刑过重的问题。例如，在王某某帮信罪案④中，违法所得 100 元，判处罚金 5000 元，罚金数额是违法所得的 50 倍。从已查明违法所得的 359 个样本统计结果来看，违法所得在 1000 元以下的案件占 45. 9%，罚金刑数额均值为 5298. 86 元，是违法所得的 5 倍。通过北大法宝司法案例检索平台进行检索，共有 29 个案件以罚金过重作为上诉理由。可见，帮信罪罚金刑量刑偏重。另外，帮信罪罚金刑数额的确定优先考虑的是行为人缴纳罚金的能力，而非犯罪情节。然而，罪责刑相适应原则要求轻罪轻罚，重罪重罚。其中，是否真的考虑行为人缴纳罚金的能力令人深思。帮信罪绝大多数的行为人为无业人员及学生，该类人员基本上为无收入或收入较低人群，经济能力较差，特别是学生没有独立的经济能力，本身寄希望于“捡馅饼”才会借卖“两卡”走上犯罪道路。该类人群的退缴或罚金的缴纳实际上系其亲人代为缴付，这不仅没有起到预防犯罪的作用，更是有悖刑法中罪责自负原则，尤其在学生群体中并不会存在学者所述将对国家所负的公法义务转化为对他人负私法上的义务的情形。⑤ 值得注意的是，样本中仅有 3 名被告人被单处罚金，单处罚金适用率低，单处罚金刑的适用未被良好地激活。

---

① 参见周光权：《短期自由刑的适用控制与轻罪治理策略》，载《北京理工大学学报（社会科学版）》2024 年第 1 期。

② 参见《什么是罚金？罚金和罚款有何不同?》，载中国人大网，http：//www. npc. gov. cn/zgrdw/npc/flsyywd/flwd/2002-04/18/content_ 292797. htm。

③ 参见刘宪权：《〈刑法修正案（十一）〉中法定刑的调整与适用》，载《比较法研究》2021 年第 2 期。

④ 参见吉林省敦化市人民法院（2023）吉 2403 刑初 306 号刑事判决书。

⑤ 参见应秀良：《以罚金缴纳作为减刑条件的制度思考》，载《法律适用》2007 年第 1 期。

（三）缓刑考察因素单一

缓刑是对原自由刑的宽宥制度，其严厉程度远低于同等时间的实刑。[①] 缓刑制度最重要的问题不是缓刑适用率高低，而是如何适用的问题。首先，缓刑适用存在随意性。例如，在邵某某帮信罪案[②]中，邵某某出售 3 张银行卡，支付结算金额为 80 余万元，已查明涉犯罪金额为 23 万余元，有坦白、认罪认罚情节，无前科，判处有期徒刑六个月并宣告缓刑十二个月；而在张某某帮信罪案[③]中，张某某出售 3 张银行卡，支付结算金额为 32 万余元，已查明涉犯罪金额为 15 万余元，有自首、认罪认罚情节，无前科，判处有期徒刑六个月。相比前一个案件，后一个案件显然犯罪情节更轻且有自首情节，然而被判处实刑。可见，缓刑适用上存在随意性，法院的自由裁量权缺乏有效制约。[④] 其次，通过上文分析可知，帮信罪缓刑适用受犯罪人类型及犯罪后的悔罪表现的影响，与犯罪情节无关。根据数据显示，具备预缴罚金情节的有 92 人，占比 57.8%；退赃的有 85 人，占比 54%；退赔的有 38 人，占比 28%。在缓刑的适用上过度强调悔罪表现，是否预缴罚金成为适用缓刑的首要考察因素，退赃、退赔为次要考察因素，难免会给大众带来“以钱免刑”的误解。然而，缓刑是依据犯罪情节、悔罪表现和没有再犯罪的危险予以综合适用。因此，帮信罪缓刑考察因素单一有违量刑规则，有不理性量刑之嫌疑。

五、帮信罪量刑适正

（一）唤醒单处罚金刑的适用

短期自由刑虽然能够在短期内起到教育的作用，但其所带来的弊端亦不容忽视，其呈现出的过剩状态以及较高的交叉感染风险，显然不能满足

① 参见胡昌明：《被告人身份差异对量刑的影响：基于 1060 份刑事判决的实证分析》，载《清华法学》20018 年第 4 期。

② 参见江苏省苏州市虎丘区人民法院（2022）苏 0505 刑初 13 号刑事判决书。

③ 参见河北省临西县人民法院（2023）冀 0535 刑初 156 号刑事判决书。

④ 参见王伟：《缓刑制度的实践与思考》，载《河北法学》2006 年第 7 期。

被告人自身发展的需求。[①] 然而，长期以来，司法人员受“重主刑，轻附加刑”观念的影响，忽视了罚金刑对短期自由刑的有益补充和积极作用，认为单处罚金刑有违刑罚公平。应当明确，单处罚金刑与短期自由刑在适用上的替代关系，更符合宽严相济刑事政策的要求，该严则严、当宽即宽、罚当其罪。而且，当代罚金制度正是在短期自由刑的替代理念中兴起的。首先，单处罚金刑并非“以钱赎罪”，[②] 罚金刑数额的确定是结合行为人缴纳罚金的能力和犯罪情节综合考虑的结果。并且，帮信罪本身只有一档法定刑，行为人之间犯罪情节差异不大，单处罚金刑的适用不会导致量刑的不平等性。罚金刑与短期自由刑均属轻刑，单处罚金刑能使人身危险性较小的被告人在社会上通过劳动进行改造，不仅能使刑罚的成本降低，而且符合刑罚轻缓化的趋势。[③] 其次，我国澳门地区刑法典第 44 条亦规定了短期自由刑易科罚金制度，徒刑不超过六个月者，须以相等日数之罚金或以其他科处非剥夺自由刑罚代替。在一定范围内将短期自由刑改为单处罚金刑有利于避免和减少短期自由刑的消极作用，特别是罚金刑具有匿名刑的特征，避免行为人因入狱而留下污点，同时亦减少行为人回归社会的难度。最后，监狱等部门的运转主要依靠国家财力的支撑，过多的监禁刑意味着更大的财政负担。而单处罚金刑更能体现刑罚的效益性，既能节省开支又能缓解监狱资源紧张的状况。

（二）完善罚金刑量刑标准

“刑罚应符合犯罪的本性。”[④] 帮信罪适用罚金刑应遵循以犯罪情节为基础原则。对本罪犯罪情节的认定可以结合如下因素予以考量：其一，帮助行为对犯罪的作用，提供技术支持的帮助行为对犯罪的积极作用显然大于提供支付结算帮助，因此对不同客观行为的量刑标准应予以区分；其

---

① 参见郑帆：《短期自由刑易科罚金刑分析》，载《黑龙江省政法管理干部学院学报》2019 年第 1 期。

② 参见陈志军：《短期自由刑改革方式比较研究》，载《政法论坛（中国政法大学学报）》2003 年第 5 期。

③ 参见鲍永红：《易科制度比较与借鉴——大陆与港澳台刑罚比较研究》，载《山西省政法管理干部学院学报》2010 年第 1 期。

④ 参见［意］贝卡利亚：《论犯罪与刑罚》，黄风译，中国法制出版社 2002 年版，第 57 页。

二，应以已查明的犯罪金额为基础，该因素是最为直接证明行为人造成损失大小的客观有力证据；其三，应与自由刑保持协调一致，当罚金数额较大时自由刑可以适当从轻；其四，鉴于帮信罪行为人普遍经济条件偏差，确定罚金数额应当综合考量被告人自身缴纳罚金的能力，既要避免罚金刑“空判”的窘境，也要避免违背罪责自负原则的替缴现象。值得一提的是，罚金刑执行难是我国司法实践中的一大沉疴痼疾。要解决该难题，首先，应当采用合理的倍比罚金制度或限额罚金制，解决无限额罚金制不可预测的问题；其次，推动落实罚金刑分期缴纳制度，对确有困难申请分期缴纳的行为人，人民法院需全面调查并形成初步分期缴纳意见，提交合议庭进行合议确定。[①] 目前，随着认罪认罚制度的推进，预缴罚金的情形也越来越多，该做法的合法性亦受到了诸多质疑，但无论如何，预缴罚金一定程度上缓解了罚金刑执行难的问题。

（三）规范缓刑适用条件

量刑适当是刑事审判质量的一个重要要求，而量刑是否适当则取决于对量刑情节的适用。[②] 刑法第 72 条明确了缓刑适用的形式要件为被判处三年以下有期徒刑，实质要件要求行为人同时符合犯罪情节较轻、有悔罪表现、没有再犯危险性及宣告缓刑不会对社区有重大影响等条件。但实质要件的内涵比较抽象、笼统，没有具体标准，主要依靠人民法院的自由裁量，因此，应当对缓刑实质要件的内涵予以明确。首先，“犯罪情节”应是能表征行为人的人身危险性的犯罪情节，一般包括犯罪目的、犯罪手段、犯罪数额、初犯、偶犯等。[③] 在帮信罪中应结合三种犯罪类型、犯罪目的、支付结算金额、已查明犯罪金额、违法所得、是否有前科对犯罪情节予以认定。其次，“悔罪表现”是行为人犯罪后积极的悔过行为。对于预缴罚金是否能成为悔罪表现的因素之一，存在较大的争议。罚金不会因

① 参见齐孝东：《浅析罚金刑执行困境及解决对策》，载河南省滑县人民法院网，https：//jszx. court. gov. cn/main/ExecuteResearch/266851. jhtml。

② 参见张明楷：《刑罚裁量中关于量刑情节的运用》，载《民主与法制》2022 年第 15 期。

③ 参见包国为：《我国缓刑适用实质条件具体化的实践考察与路径新探》，载《山东社会科学》2021 年第 8 期。

被告人时间上预先缴纳抑或判决生效之后缴纳，而改变其作为刑罚惩罚犯罪的本质。因此，预缴罚金不应作为悔罪表现的因素，但对该行为不应全盘否定，毕竟积极缴纳罚金缓解了司法实践中罚金刑执行难的问题。最后，“没有再犯罪的危险”是犯罪情节与悔罪表现之外的情节，主要以行为人的年龄、职业、生活经历、家庭环境等，[①] 起到严密法网的作用。

六、结论

帮信罪的增设是在网络犯罪黑灰产业链滋生蔓延背景下作出的回应性立法，[②] 帮信罪成为整个电信网络诈骗犯罪链条上的第一大罪名，涉及犯罪链条中建立、发展、支付结算各个环节。同时，在网络犯罪取证困难的背景下，基于当前网络犯罪蔓延的态势，帮信罪作为兜底性罪名有其存在的必要性和合理性。[③] 然而，治罪不能以刑罚作为唯一遏制手段。禁止令、职业禁止作为预防犯罪的措施，是对犯罪未然状态的提前干预。《解释》第 17 条中亦有关于禁止令与职业禁止的适用规定，明确法院可以依据犯罪情况及预防行为人再犯罪的需要选择适用非刑罚处罚措施，然而，样本中只有一份判决适用了禁止令。绝大多数帮信罪主体为贩“两卡”人员，因此，除因生产、生活必需办理银行卡外，禁止行为人办理不必要的银行卡，可极大程度约束行为人再犯的可能。而对于提供技术支持的行为人，许多人本身即为从事互联网行业人员，设定职业禁止年限，能使其意识到帮助犯罪分子搭建违法平台会给自己未来职业带来严重打击从而约束自身行为。

“量刑正义是刑事正义的最终体现，只有体现了量刑公正、合理的刑事正义才是真正意义上的刑事正义。”[④] 对于行为人来说，其更在意的是被

---

① 参见王志祥：《〈刑法修正案（八）〉解读与评价》，中国人民公安大学出版社 2012 年版，第 211 页。

② 参见喻海松：《网络犯罪黑灰产业链的样态与规制》，载《国家检察官学院学报》2021 年第 1 期。

③ 参见喻海松：《帮助信息网络犯罪活动罪的司法限定与具体展开》，载《国家检察官学院学报》2022 年第 6 期。

④ 臧冬斌：《量刑的合理性与量刑方法的科学性》，中国人民公安大学出版社 2008 年版，前言第 1 页。

判处的刑罚而不是构成何种罪。量刑不均造成的刑罚畸轻畸重不仅损害法律的威严还会降低公民对于法律的可预期性。面对帮信罪量刑中显露出的自由刑功能受限、罚金刑量刑畸重以及缓刑考察因素单一的问题，应当通过唤醒单处罚金刑的适用以及完善罚金刑的量刑标准，规范缓刑适用条件进行量刑适正，追求帮信罪量刑规范化和量刑均衡的目标。最后，基于帮信罪的特殊预防激活禁止令和职业禁止的适用。

需要指出的是，本文在数据收集的深度和广度上仍有不足，特别是在对量刑情节的挖掘上未能涵盖所有因素，在具体应用上没有深度挖掘时间和空间上量刑差异的影响因素，部分数据与结论的关联性同样有待更深入的挖掘。

问题探讨

“同一宗毒品”案件司法处置疑虑与应对*

——基于案件分流量刑失衡之观察

陈小彪** 王雅汝***

【摘 要】由于毒品犯罪具有链条化属性，且对毒品犯罪全链条一次性打击也有客观难度，实践中司法机关对此类案件往往会采取另案或分案的分流方式。但是，案件分流未必利于毒品案件的审理，由于“同一宗毒品”案件共同犯罪与上下游犯罪界限模糊、共同犯罪内部认定不清，容易导致量刑失衡。因此，未来司法应当结合刑事程序法与刑事实体法进行修正，建立同案整体平衡机制，确保分流后前案对后案具有参考价值，以解决“同一宗毒品”案件分流后可能出现的量刑失衡风险。

【关键词】“同一宗毒品”案件；关联案件；分案处理；另案处理；链式共犯；量刑失衡

由于毒品犯罪自身特点，围绕同一犯罪主体或犯罪对象而产生的关联案件数量巨大。对于这种毒品关联案件，实务界和理论界笼统地称为“同一宗毒品”案件，《全国法院毒品案件审判工作会议纪要》也明确提及

* 本文系2023年度重庆市教委人文社会科学研究项目基地重点项目“总体国家安全观视域下禁毒国际合作机制创新研究”（23SKJD030）之阶段性成果。

** 法学博士，副教授，硕士生导师，西南政法大学刑事检察研究中心研究员，主要研究方向为中国刑法学。

*** 西南政法大学特殊群体权利保护与犯罪预防研究中心研究人员，主要研究方向为中国刑法学。

"同一宗毒品"案件。"同一宗毒品"案件的认定既涉及程序处理，更涉及实体裁量（毒品数量、主从犯关系等）。但何谓"同一宗毒品"案件，无论是理论还是实践并未明晰，且因诸多主客观原因，"同一宗毒品"案件未必能够"同一次处理"，往往会出现分案处理或者另案处理，对毒品案件进行分流。虽然案件分流在实务界和理论界都多有讨论，现有立法、司法解释与规范性文件也提供了一定的规范供给，但对于制度如何具体构建依然留白甚多，相应的理论讨论也不甚完善。首先，对于"同一宗毒品"案件如何分流、何时分流，现有法律并无明确规定，仅在司法解释中进行了说明，远未形成系统规范的相应诉讼流程；其次，对于如何认定"同一宗毒品"案件，是否仅限于毒品共同犯罪案件，是否等同于毒品关联案件，理论上亦多有争议；最后，实践中，由于规范和理论的缺位，针对"同一宗毒品"案件的分案或另案处理可能导致的同案犯的量刑失衡风险，如何防止失衡以实现个案公正，也是不得不直面的社会现实。因此，本文以西南地区（四川、重庆、云南、贵州）近五年的"同一宗毒品"案件分流处理为分析样本，通过系统梳理"同一宗毒品"案件的认定标准以及案件分流现状，分析"同一宗毒品"案件分流处理的量刑失衡风险，提出量刑失衡归正的建议，以实现"同一宗毒品"案件量刑均衡。

一、"同一宗毒品"案件分流处理的现状考察

对"同一宗毒品"案件分流处理的剖析，首先应当回归到"同一宗毒品"案件分流处理的规范以及实践现状，方能有效探寻毒品案件分流处理的特点以及司法隐忧。

（一）"同一宗毒品"案件分流处理之规范梳理

从现有规范来看，我国当前对于案件的分流按照诉讼主体以及诉讼阶段的不同分为两种方式：一种是由公安机关与检察机关主导的另案处理，另一种是在案件移送法院审理后法院主动适用或辩护律师提出的分案处理。

在最高人民检察院与公安部联合发布的《关于规范刑事案件"另案处理"适用的指导意见》（以下简称《指导意见》）中，另案处理适用的积

极条件与消极条件分别规定在第3条、第4条。[①] 从《指导意见》可以看出，另案处理的主体是人民检察院或公安机关，适用范围是共同犯罪案件或与案件有牵连关系的案件（以下简称牵连案件），符合《指导意见》中的积极条件，且不具有排除适用的消极条件。

分案处理的具体规定散见于《最高人民法院关于适用〈中华人民共和国刑事诉讼法〉的解释》（以下简称《刑诉法解释》）第220条、第296条、第404条、第467条、第551条[②]之中。分案处理与并案处理是一组概念，都是指针对共同犯罪案件或关联犯罪案件的处理方式。分案处理是指对一案起诉的共同犯罪或者关联犯罪案件分案审理，主体是人民法院，适

---

① 《指导意见》第3条规定："涉案的部分犯罪嫌疑人有下列情形之一的，可以适用'另案处理'：（一）依法需要移送管辖处理的；（二）系未成年人需要分案办理的；（三）在同案犯罪嫌疑人被提请批准逮捕或者移送审查起诉时在逃，无法到案的；（四）涉嫌其他犯罪，需要进一步侦查，不宜与同案犯罪嫌疑人一并提请批准逮捕或者移送审查起诉，或者其他犯罪更为严重，另案处理更为适宜的；（五）涉嫌犯罪的现有证据暂不符合提请批准逮捕或者移送审查起诉标准，需要继续侦查，而同案犯罪嫌疑人符合提请批准逮捕或者移送审查起诉标准的；（六）其他适用"另案处理"更为适宜的情形。"第4条规定："对于下列情形，不适用'另案处理'，但公安机关应当在提请批准逮捕书、起诉意见书中注明处理结果，并将有关法律文书复印件及相关说明材料随案移送人民检察院：（一）现有证据表明行为人在本案中的行为不构成犯罪或者情节显著轻微、危害不大，依法不应当或者不需要追究刑事责任，拟作或者已经作出行政处罚、终止侦查或者其他处理的；（二）行为人在本案中所涉犯罪行为，之前已被司法机关依法作不起诉决定、刑事判决等处理并生效的。"

② 《刑诉法解释》第220条规定："对一案起诉的共同犯罪或者关联犯罪案件，被告人人数众多、案情复杂，人民法院经审查认为，分案审理更有利于保障庭审质量和效率的，可以分案审理。分案审理不得影响当事人质证权等诉讼权利的行使。对分案起诉的共同犯罪或者关联犯罪案件，人民法院经审查认为，合并审理更有利于查明案件事实、保障诉讼权利、准确定罪量刑的，可以并案审理。"第296条规定："审理过程中，法庭认为有必要的，可以传唤同案被告人、分案审理的共同犯罪或者关联犯罪案件的被告人等到庭对质。"第404条规定："第二审人民法院认为第一审判决事实不清、证据不足的，可以在查清事实后改判，也可以裁定撤销原判，发回原审人民法院重新审判。有多名被告人的案件，部分被告人的犯罪事实不清、证据不足或者有新的犯罪事实需要追诉，且有关犯罪与其他同案被告人没有关联的，第二审人民法院根据案件情况，可以对该部分被告人分案处理，将该部分被告人发回原审人民法院重新审判。原审人民法院重新作出判决后，被告人上诉或者人民检察院抗诉，其他被告人的案件尚未作出第二审判决、裁定的，第二审人民法院可以并案审理。"第467条规定："对依照审判监督程序重新审判的案件，人民法院在依照第一审程序进行审判的过程中，发现原审被告人还有其他犯罪的，一般应当并案审理，但分案审理更为适宜的，可以分案审理。"第551条规定："对分案起诉至同一人民法院的未成年人与成年人共同犯罪案件，可以由同一个审判组织审理；不宜由同一个审判组织审理的，可以分别审理。未成年人与成年人共同犯罪案件，由不同人民法院或者不同审判组织分别审理的，有关人民法院或者审判组织应当互相了解共同犯罪被告人的审判情况，注意全案的量刑平衡。"

用于一审、二审、审判监督程序。除此之外，反有组织犯罪法第32条也规定了在有组织犯罪中的分案处理条件。①

“同一宗毒品”案件的分流处理，是指毒品共同犯罪案件、毒品关联或牵连案件，根据案件特点或司法机关需要，在不同的诉讼阶段另案处理或分案处理。2023年《全国法院毒品案件审判工作会议纪要》明确，毒品案件应当以并案审理为原则，以分案审理为例外，对分案起诉的可以合并审理；如果适用分案审理，则应当保障被告人的质证权等诉讼权利，并注重量刑平衡。

（二）“同一宗毒品”案件分流处理之实践特点

针对“同一宗毒品”案件分流处理，其两种分流方式的适用条件不一，呈现出的分流原因和特征也不一样，需要分别研究。笔者在法信平台的类案检索栏目使用高级检索，限制案件类型为“刑事”，案由为“毒品犯罪”②，审判年限为“近五年”，文书类型为“判决书”，审理法院为“重庆市、四川省、贵州省、云南省”，审理程序限定为“一审”与“二审”，分别以“分案处理”与“另案处理”为关键词，搜索范围为全文，检索出分案处理判决书2份与另案处理判决书2837份。③ 从分案处理以及另案处理这两种分流方式的实践现状来看，我国“同一宗毒品”案件具有以下特点。

第一，以合并审理为原则，分流处理为例外。从审理年份来看，另案处理的毒品案件数量呈逐年递减的趋势。另案处理判决书2019年为1238份，2020年为1116份，2021年为416份，2022年为29份，2023年为37份，2024年（截至2024年1月11日）为1份，这与我国毒品犯罪数量与

① 反有组织犯罪法第32条规定：“犯罪嫌疑人、被告人检举、揭发重大犯罪的其他共同犯罪人或者提供侦破重大案件的重要线索或者证据，同案处理可能导致其本人或者近亲属有人身危险的，可以分案处理。”

② 此处毒品犯罪为刑法“走私、贩卖、运输、制造毒品罪”一节下的所有毒品犯罪，包括走私、贩卖、运输、制造毒品罪，非法持有毒品罪，包庇毒品犯罪分子罪，窝藏、转移、隐瞒毒品、毒赃罪，非法生产、买卖、运输制毒物品、走私制毒物品罪，非法种植毒品原植物罪，非法买卖、运输、携带、持有毒品原植物种子、幼苗罪，引诱、教唆、欺骗他人吸毒罪，强迫他人吸毒罪，容留他人吸毒罪，非法提供麻醉药品、精神药品罪，妨害兴奋剂管理罪。

③ 检索截止日期为2024年2月3日，最后访问日期为2024年12月14日。

日俱增的趋势呈现相反态势。而分案处理的案例较少，可见法院在审判阶段适用分案处理的本来就属少数现象。在段某某、杨某某走私、贩卖、运输、制造毒品案（案例1）[①] 中，虽然在侦查阶段被公安机关另案处理，但在审查起诉阶段因当事人犯罪行为的牵连关系，仍被检察机关以一案合并起诉。可以看出，由于司法观念的转变以及相关文件的出台，“合并审理为原则、分流处理为例外”的办案观念已深入司法机关。

第二，以另案处理为原则，分案处理为例外。在分流处理的毒品案件中，也是以在侦查、审查起诉阶段的另案处理为主，在审判阶段的分案处理较少。从实践数据来看，毒品案件中涉及分案处理的案件总共只有2件，且案由皆为走私、贩卖、运输毒品罪，判决时间均为2019年。而另案处理案件有2837件，与分案处理相比，差距明显。可以看出，虽然公检法三机关都具有案件分流处理权力，但在实践中，仍然是以公安机关、检察机关在案件接收前端另案处理为主。

第三，分流处理的理由混乱。“同一宗毒品”案件分流处理的原因纷繁复杂，不具有统一的标准。分案处理理由相对明确，已知2个案例中，案例1是因为不构成共同犯罪，而为上下游买卖关系；在袁某某、杨某某、张某某运输毒品案（案例2）[②] 中，袁某某、杨某某与张某某之间构成共同犯罪，共同对运输毒品的犯罪事实负责，但其中一名犯罪嫌疑人为未成年人。而另案处理的理由较为模糊，未呈现出明确判断标准。除了极少数案件是因为涉案人员中包含未成年人（笔者共筛查出28份因未成年犯罪而另案处理的案件），按照刑事诉讼法规定必须另案处理以外，大多数另案处理的案件并未写明具体原因。样本案件中，涉及共同犯罪的案件为686件，而案件之间具有关联关系但并不构成共同犯罪的有2123件。但是，由于涉毒罪名之间的关联性较强，构成共同犯罪并非合并审理之必要条件，司法实践中也存在关联性较强，即使所涉罪名不一、不构成共同犯罪也可以合并审理的情况（如案例1）。在毒品案件中，另案处理并非完全是因为构成共同犯罪或人数众多，大多数是以检察机关或公安机关的现实

① 案例1案号：云南省芒市人民法院（2019）云3103刑初12号刑事判决书。
② 案例2案号：云南省临沧市中级人民法院（2019）云09刑初53号刑事判决书。

需要进行分流处理。在艾某某走私、贩卖、运输、制造毒品案（案例 3）[①]中，艾某某长期协助登某贩卖毒品，有人向登某购买毒品时，艾某某主要负责将毒品送给购毒者，艾某某与登某属于共同犯罪，且艾某某属从犯，但由于登某长期在逃，且为外籍人员，根据可罚性与可管辖性，公安机关与检察机关只能先行审查起诉已到案的艾某某。在董某某走私、贩卖、运输、制造毒品案（案例 4）[②] 中，董某某利用网络平台招募周某等三人从事运输毒品的违法活动，其与周某构成运输毒品罪的共同犯罪，董某某为主犯，周某为从犯，但周某于 2018 年 5 月 22 日被逮捕，董某某则于同年 7 月 17 日被逮捕，由于办案期限的要求，公安机关与检察机关往往会选择先移送到案时间早或案件事实与证据基本清晰的案件到下一诉讼阶段。但另案处理均由司法机关主观认定，各地并无统一的具体操作标准。

第四，案件分流方式纷繁复杂。从另案处理的分类来看，主要有两种分类方式，即根据审级进行分类与根据指控罪名进行分类。根据审级进行另案处理主要分为不同审级的另案处理（纵向分案）与同一审级的另案处理（横向分案、处理时间先后分案）。不同审级的另案处理是纵向分流，即案件中的行为人分流后分别属基层人民法院与中级人民法院管辖。同一审级的另案处理有两种：一种是横向分案，即向同一审级但不同管辖地区的司法机关进行分案；另一种则是由于处理时间不同导致的，虽然案件归属于同一审级的同一法院管辖，但分为两个案件审查起诉与判决。在姚某、周某、张某、王某走私、贩卖、运输、制造毒品案（案例 5）[③] 中，姚某与周某、张某就走私、贩卖、运输、制造毒品构成共同犯罪，姚某与周某起主犯作用，而王某被以窝藏包庇罪论处。但在案件的处理上，姚某被另案处理，周某、张某与王某共同处理，其审理时间分别为 2021 年 5 月 18 日与 4 月 16 日。而根据指控罪名进行另案处理，分为同一罪名的另案处理与不同罪名的另案处理。同一罪名的另案处理出现最多的是走私、贩

① 案例 3 案号：云南省瑞丽市人民法院（2019）云 3102 刑初 262 号刑事判决书。

② 案例 4 案号：云南省昆明市中级人民法院（2018）云 01 刑初 882 号刑事判决书与云南省昆明市中级人民法院（2019）云 01 刑初 177 号刑事判决书。

③ 案例 5 案号：四川省泸州市纳溪区人民法院（2021）川 0503 刑初 38 号刑事判决书与四川省泸州市纳溪区人民法院（2021）川 0503 刑初 10 号刑事判决书。

卖、运输、制造毒品罪，而不同罪名的另案处理一般出现在分别触犯走私、贩卖、运输、制造毒品罪与其关联罪名（容留他人吸毒罪，非法持有毒品罪，窝藏、转移、隐瞒毒品、毒赃罪）的行为人之间。

第五，分流处理的案件罪名集中在链条型毒品犯罪中。从涉及另案处理的涉案罪名来看，2837 份判决书中，走私、贩卖、运输、制造毒品罪 2343 份，非法持有毒品罪 132 份，容留他人吸毒罪 320 份，包庇毒品犯罪分子罪 6 份，窝藏、转移、隐瞒毒品、毒赃罪 7 份，非法生产、买卖、运输制毒物品、走私制毒物品罪 23 份，非法种植毒品原植物罪 3 份，非法买卖、运输、携带、持有毒品原植物种子、幼苗罪 2 份，引诱、教唆、欺骗他人吸毒罪 1 份（见图 1）。整体来看，在犯罪对象为毒品本身的案件中，由于走私、贩卖、运输、制造毒品罪具有从此地到彼地、从源头到终端的流通属性，涉及人员较多，分流处理的需要较大，因此其占比最高，为 83%；容留他人吸毒罪其次，占比 11%；窝藏、转移、隐瞒毒品、毒赃罪与包庇毒品犯罪分子罪更次，均占比约 0. 2%；非法持有毒品罪作为毒品犯罪中的兜底罪名，司法实践中一般能以他罪论处的都以他罪论处，本身以该罪论处的人数就不多，因此数量相对走私、贩卖、运输、制造毒品罪的数量大大削减，但同时其行为人一般处于毒品流通环节的末端，与走私、贩卖、运输、制造毒品罪的联系较其他毒品犯罪来说紧密程度更高，因此数量较少，占比为 5%。而非法生产、买卖、运输制毒物品、走私制毒物品罪作为毒品制作的源头，其与后续毒品流通存在上下游的关系，占比为 0. 8%；非法种植毒品原植物罪处于最源头，且多为过失或间接故意犯罪，因此占比最低，为 0. 1%。

第六，基层司法机关适用分流处理频率最高。从审理的法院层级来看，基层法院审理案件 2421 件，中级法院审理 411 件，高级法院审理 5 件。从审理的程序来看，一审案件 2788 件，而二审案件只有 49 件。也就是说，对案件的分流一般出现在基层一审判决中。

第七，分流处理的案件认罪认罚适用率相对较高。2837 件样本案例中，共有 1434 份判决书中适用了认罪认罚从宽制度，适用认罪认罚的比例为 50. 5%，略高于云贵川渝四省市近五年来所有毒品案件适用认罪认罚从

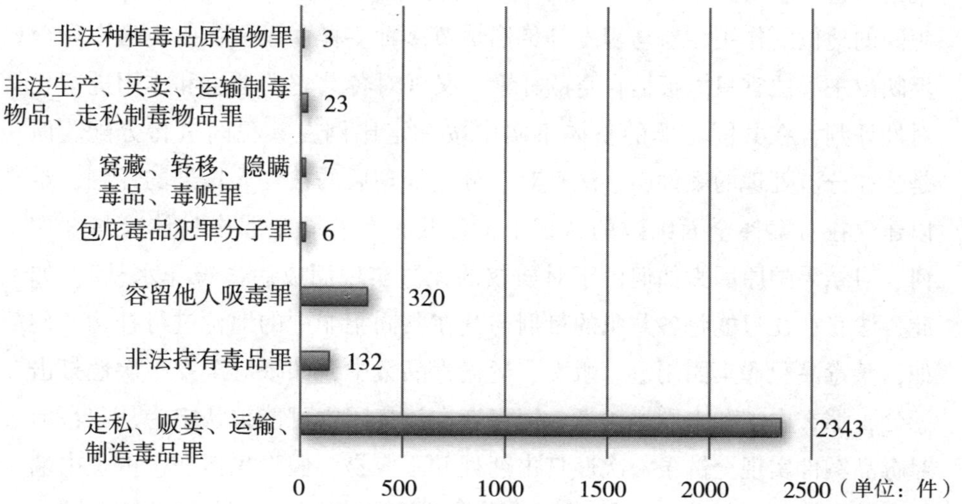

图 1　近五年西南地区毒品另案处理各罪名数量

宽制度 46.8%的比例。[①] 与此同时，适用其他依法从轻量刑情节的比例也非常高，其中，适用坦白的共 2039 件，立功的 436 件，自首的 292 件。也就是说，在另案处理案件中，坦白、立功甚至认罪认罚的比例都相对更高。

（三）“同一宗毒品”案件分流处理的量刑失衡风险

“同一宗毒品”案件的分流处理可以便利司法处置，但隐藏着量刑失衡风险。

第一，“同一宗毒品”犯罪参与者之间主刑裁量失衡。主刑失衡主要体现为“同一宗毒品”案件中各行为人在共同犯罪中的地位与刑罚（尤其是重刑）倒挂。法院量刑时，会根据各共犯在犯罪事实中的地位、作用、参与程度等客观情节，加之参与动机、犯罪意图、实施犯罪时的态度等主

① 数据来源于法信平台，http://gfhaif09ba5fb70664558hcow9qbp9xkb56uw5.fcxb.oca.swupl.edu.cn/index.aspx。近五年，四川省、云南省、贵州省、重庆市一审和二审毒品案件判决书共 37988 份，其中适用认罪认罚的有 18162 份，适用认罪认罚的毒品案件比例为 46.8%，最后访问日期为 2024 年 12 月 14 日。

观情节进行事实判断，进而划分出各共犯的主从地位和大小作用。[①] 但共犯间的地位、作用、参与程度等量刑情节多种多样，无法在成文法中完全反映出来，法官只能根据自身的朴素正义观对各共犯的地位和作用进行相对性评判，在共同犯罪的整体事实中按一定比例在共犯间进行分配。但是，在分流处理的案件中，法官对于分流处理后的被告人量刑的评判，难以建立在对案件全面细致的认识上，各共犯在共同犯罪中具体参与度如何、对结果的原因力如何由于对质权的无法实现而成为“镜花水月”。如此，法官往往只能将各共犯的量刑与其在共同犯罪中的地位进行挂钩。例如，某毒品犯罪集团制造、贩卖、运输毒品案中，如果对全案一次性打击惩处，那么中端和末端运输者、销售者在该集团中可能被认定为从犯；但对毒品案件实现全链条一次性打击惩处并不容易，假设先抓获、审理中端和末端运输者、销售者，因尚未查获中端和末端毒品犯罪分子的上游共犯，则中端和末端毒品犯罪分子可能因毒品数量巨大且在中端和末端共同犯罪中居于主犯地位而被判处重刑。然而，对于可能在全案中作用更大的某些上游共犯，即使这些共犯被认定为该犯罪集团中的其他主犯，但囿于刑事政策及司法实际操作规则，除该犯罪集团首要分子被判处死刑外，上游共犯中其他主犯极可能刑罚较轻。此类分流处理中，中端和末端毒品犯罪分子与上游共犯可能出现作用与刑罚倒挂现象，呈现出失衡状态。

第二，“同一宗毒品”犯罪参与者之间附加刑裁量失衡。毒品犯罪中的附加刑包括没收财产和罚金刑。附加刑的裁量标准同主刑一样，与各共犯在共同犯罪中的地位、参与度等相关。特别是罚金刑的基准与共同犯罪中整体涉案毒品总额、各共犯参与数额以及获利数额息息相关，其判断需要更加精准的证据认定。将本属“同一宗毒品”案件分流处理，极易导致事实与证据的割裂，相同事实与证据在不同审判程序中的认定结果不同，甚至认定相互冲突或被告人难以对其他共犯对质询问、难以摆脱其他共犯裁判的不利影响等。

① 参见武鑫：《共犯间量刑平衡的裁判逻辑与适用情形》，载《法律适用》2020年第15期。

二、“同一宗毒品”案件分流处理量刑失衡风险成因

毒品犯罪依赖毒品的流通，从毒品原植物的种植，到毒品的制作、运输、走私、贩卖、持有，都有相应的罪名，且各种犯罪之间的联系非常紧密，毒品犯罪的定罪基础之一就是毒品本身的纯度与质量，因而“同一宗毒品”案件分流处理极易产生相互推诿、认定不清难题。“同一宗毒品”案件分流处理带来量刑失衡风险的原因有两方面：一方面，当前诉讼法中案件分流处理的规范解释空间过大，分流标准混乱，程序保障不足，导致审判结果难以保持公正；另一方面，“同一宗毒品”案件的定罪基础不明，何为“同一宗毒品”案件，如何对“同一宗毒品”案件中的共犯进行归因与归责等问题均对“同一宗毒品”案件分流处理后公平量刑产生了干扰。

（一）“同一宗毒品”案件分流处理规范解释空间过大

回归到法律规范本身，不难看出当前“同一宗毒品”案件分流处理的规范解释空间过大。一方面，分流处理的适用标准混乱，容易导致司法机关在对毒品案件进行分流处理时无据可依，增加“策略性”分案的可能；另一方面，分流处理的保障程序不够完善，分流处理仅由司法机关决定，对质权的保障不足，且缺失当事人对分流处理产生异议后的程序回退机制。

1. “同一宗毒品”案件分流处理的适用标准混乱

“同一宗毒品”案件另案处理与分案处理的适用标准有所不同。根据当前法律规定，在侦查阶段以及审查起诉阶段，公安机关与检察机关适用另案处理的条件有六个，可以分为客观性另案处理标准以及主观性另案处理标准。

客观性另案处理是指因管辖需要、有未成年人以及嫌疑人无法到案而作出的另案处理。其中，因管辖而需要的是指由于涉案毒品重量等量刑情节的不同，导致部分行为人可能被判处有期徒刑，而另一部分行为人可能

被判处无期徒刑或死刑，需要将案件移送上级处理的；[①] 有未成年人而分案的是指共同犯罪案件中犯罪嫌疑人有未成年的，对未成年人与成年人进行另案处理，保护未成年人的合法权益；无法到案的是指在同案犯罪嫌疑人被提请批准逮捕或者移送审查起诉时在逃的。整体上来说，客观性另案处理的标准相对较为明确，基本可以按照案件的客观情况进行判断是否需要另案处理。

主观性另案处理则是指具体判断标准由司法机关主观掌握的三种情形：涉嫌其他犯罪，需要进一步侦查，不宜与同案犯罪嫌疑人一并提请批准逮捕或者移送审查起诉，或者其他犯罪更为严重，另案处理更为适宜的；涉嫌犯罪的现有证据暂不符合提请批准逮捕或者移送审查起诉标准，需要继续侦查，而同案犯罪嫌疑人符合提请批准逮捕或者移送审查起诉标准的；其他适用另案处理更为适宜的情形。其中，第一种适用情形表述中的“不宜与同案犯罪嫌疑人一并提请” “更为适宜”没有明确的标准，“更为严重”需要严重到何种程度不明确；第三种情形中何为“适用另案处理更为适宜”，具体标准完全由当地司法机关自行掌握，解释空间较大，主观性较强。而第二种的“证据暂不符合提请批准逮捕或者移送审查起诉标准”容易由客观不足导致的另案变为“策略性”另案。在实践中，有的公安机关往往将另案处理作为破解侦查过程中难题的工具，使其成为特殊的案件消化机制、掩盖秘密侦查的方法以及迎合绩效考核的手段，导致“另案轻理”“另案不理”等不良司法现象的出现。[②] 在审查起诉阶段，检察机关另案起诉的策略性主要体现在对于指控成功可能性的考量。有的检察机关面对有争议的案件，先试探性起诉部分案件，从而避免法院对争议的案件径直作出无罪判决；有的检察机关为了减轻或免除其在后案中的举证责任，会先将案件拆分，然后利用前案判决已认定的事实来证明后案的事实。此外，在认罪认罚共同犯罪案件中，有的检察机关利用另案瓦解共同犯罪同盟，对某一或某些共犯适用从宽政策，以获取证据，证明主犯；或者针对部分被追诉人认罪认罚的情形，选择先起诉认罪认罚案件，然后

---

① 刑事诉讼法第21条规定：“中级人民法院管辖下列第一审刑事案件：（一）危害国家安全、恐怖活动案件；（二）可能判处无期徒刑、死刑的案件。”

② 参见亢晶晶：《“职权主导型”刑事分案模式研究》，载《中外法学》2022年第4期。

再集中处理不认罪认罚案件，以便促使在后审理的被追诉人也积极认罪认罚，或使法官受到认罪认罚案件事实认定的影响，作出与前案一致的认定。

而在审判阶段，根据《刑诉法解释》的规定，分案审理必须符合三个条件。一是必须被告人人数众多。“人数众多”意味着被告人不能只有几个人，如果被告人只有几个人，则不能分案审理。从司法实践来看，一般被告人达到数十人时，并案审理会明显影响公正与效率价值的实现，[①] 因此，只有被告人达到数十人时，才能分案审理。二是必须案情复杂。案情复杂主要是指涉案犯罪事实较多，如果只涉及一两起犯罪事实，即使被告人人数众多，也不能分案审理。三是分案审理更有利于保障庭审质量和效率。虽然被告人人数众多、案情复杂，但如果并案审理并不影响庭审质量和效率，也不能分案审理。虽然法院的分案审理一般都是基于检察机关的分案起诉，但是在实践中也不乏法院基于审判便利而分案。例如，在涉众型案件中，对于同案犯供述不一的，法院为防止共同被告同时在场时被追诉人基于对自己所处状况的清晰判断而改变供述，影响庭审的顺利进行，因而分案审理。此外，有的法院通过将分案处理案件中同案犯供述作为证人证言使用，从而实现对被追诉人的有效定罪。

2. “同一宗毒品”案件分流处理的程序保障不完善

无论是另案处理还是分案处理，其实际上都不是一个完善的案件分流制度。

第一，当前分流处理制度对质权保障不足。对质权是共同犯罪案件审理中的重要一环，也是共同犯罪或关联犯罪中行为人责任清晰明确的保障。在此类案件一案审理时，各被告人可以当庭对质，对对方供述与辩解中具有推诿责任、认定混乱的部分进行质疑。而当这类案件分流处理后，在审判时被告人事实上丧失了质证权与辩护权。如果分流后的前案已经审结、前案的被告人已被宣判，其在该案中的供述与辩解在本案中转化为被人民法院“认证”过的特殊的“证人证言”，对该供述与辩解质疑的力度会大幅度下降；同时，本案中还未被审判的被告人会落入已被前案法院基

① 参见邓志伟、陈益然：《刑事案件不当并案审理问题研究》，载《法律适用》2013年第9期。

本认定为有罪的自证陷阱，“无罪推定”更加名存实亡，被告人及其辩护律师进行无罪辩护的可能也随之下降。如果因同案或关联案件中其他犯罪嫌疑人在逃尚未归案、罹患疾病、被采取强制措施或被羁押等特殊情况而被分流处理的，不出庭作证的情况则更为普遍，此时的“证人证言”又陷入了无法证实也无法证伪的局面。无论哪种情况，都容易使得法庭更难辨别言词证据的真伪，一旦以未经质证的言词证据作为认定事实的依据，无疑会给定罪量刑的准确性带来隐患。

第二，当前的分流处理制度缺乏监督与程序回流机制。在我国当前的案件分流处理机制中，公权力部门处于绝对的主导地位，相关诉讼主体不具有对案件分流处理的异议权，诉讼权利仍相当薄弱，无法对其产生实质性的影响或约束。犯罪嫌疑人、被告人、被害人以及与另案处理有利害关系的诉讼参与人，大多是在另案处理决定已经作出之后才知晓的，即使认为另案处理决定有可能损害其诉讼权益或者放纵犯罪，也没有表达异议或权利救济的渠道。即使是其他法律监督主体，对于案件分流制度的监督与约束也极其“柔弱”。《指导意见》第 10 条至第 12 条[①]对人民检察院的审查进行了简单规定，即人民检察院需要对公安机关进行另案处理的案件进行合理性审查。但是，此种审查缺乏程序性后果，审查不当后，检察机关的措施是“要求公安机关补送”“提出书面纠正意见”“提出检察建议”，但对于分流处理这个决定是否可以撤销以及撤销后程序如何回流，没有明确规定。这就导致检察机关的此种审查难以改变案件实际错误分流的结果。同时，检察机关与人民法院也具有将案件分流处理的权力，对于其决定的分流处理如何进行监督，缺乏相关规定。

（二）“同一宗毒品”案件定罪基础不明

“同一宗毒品”案件中各行为人量刑失衡的前因在于定罪基础不明。

---

① 《指导意见》第10条规定：“人民检察院在审查逮捕、审查起诉时，对于适用‘另案处理’的案件，应当一并对适用‘另案处理’是否合法、适当进行审查。人民检察院审查的重点适用本意见第六条、第七条的规定。”第11条规定：“人民检察院对于缺少本意见第五条规定的相关材料的案件，应当要求公安机关补送，公安机关应当及时补送。”第12条规定：“人民检察院发现公安机关在办案过程中适用‘另案处理’存在违法或者不当的，应当向公安机关提出书面纠正意见或者检察建议。公安机关应当认真审查，并将结果及时反馈人民检察院。”

首先，由于毒品犯罪之间本身存在的牵连关系，在毒品犯罪链条中，截取哪一个链条或环节认定为“同一宗毒品”案件存在难题。其次，在具体个案判断中，上下家之间沟通是否可以成立犯意联络，如何认定共同犯罪的成立模糊不清。最后，在共同犯罪案件中，主犯与从犯的认定会影响量刑，因此各行为人的作用地位、犯罪参与度以及对结果的原因力如何认定，也值得商榷。

1.“同一宗毒品”案件认定标准不一

毒品案件的犯罪链条通常比较复杂，某一案件可能包括了运输、买卖、走私、持有毒品等多个行为，一个上下家之间贩毒罪行可能对应多个贩毒环节，[①] 犯罪链条过长容易导致案件侦、诉、审的拖延，这就面临着如何拆分或合并各环节，认定“同一宗毒品”案件的问题。

在司法实践中，将案件合并审理，认定为“同一宗毒品”案件的标准主要有四个。一是一人犯数罪。一人犯数罪是指一个犯罪主体数个犯罪事实，单纯一罪、实质一罪、裁量一罪的情况按一个犯罪事实认定。毒品犯罪中一人犯数罪包括一人同时犯走私、贩卖、运输、制造毒品罪或非法持有毒品罪或容留他人吸毒罪两种罪名以上的情况。二是共同犯罪。共同犯罪分为一般共犯和特殊共犯（犯罪集团）。两个以上共犯或犯罪集团构成了走私、贩卖、运输、制造毒品罪或非法持有毒品罪或容留他人吸毒罪合并审理的情况在司法实践中屡见不鲜。三是共同犯罪的犯罪嫌疑人、被告人还实施了其他犯罪，即在走私、贩卖、运输、制造毒品罪或非法持有毒品罪或容留他人吸毒罪等共同犯罪案件中，某一共犯又单独实施了其他走私、贩卖、运输、制造、非法持有毒品、容留他人吸毒等行为的情况。四是被告人实施犯罪存在关联，并案处理有利的情况。此类情形主要存在于具有对合关系或上下游关系的案件中。具有对合关系的毒品犯罪主要存在于毒品买卖交易中，其可分为三种情况：（1）买方购买了少量毒品，目的是仅供自己吸食。在这种情况下，刑事实体法并未将此种行为视为犯罪，只处罚贩卖毒品一方，属于片面的对合关系，只成立一个刑事案件，即买方行为不构成犯罪，卖方行为构成贩卖毒品罪。此时的毒品买方也并不是

① 参见杨振媛：《毒品犯罪中的关联案件管辖探究》，载《云南警官学院学报》2022年第2期。

犯罪嫌疑人、被告人，最多只能以证人的身份协助案件的处理。(2) 买方非法购买较大以上数量毒品，或者有证据证明行为人不是以营利为目的，为他人代买仅用于吸食的毒品，数量达到较大以上数量。在此种情况下，买方构成非法持有毒品罪，卖方构成贩卖毒品罪。买卖双方行为构成了对合犯，属于对合犯中双方罪名与法定刑不同的情形。(3) 买方购买毒品的目的是贩卖，或者有证据证明行为人是为了贩卖而去购买毒品的，买方和卖方都构成贩卖毒品罪。此种情况下，买卖双方行为也构成了对合犯，属于对合犯中双方罪名与法定刑相同的情形。上下游关系有单层的上下家、上家的上家、下家的下家以及上家的其他下家等情况。

整体而言，认定“同一宗毒品”案件的标准还较为混乱。这极易导致司法机关在对毒品案件进行切割时，不当扩大或者缩小毒品犯罪链条，认定共同犯罪时关键信息缺乏或冗杂，定性量刑困难。

2. 毒品共同犯罪的成立及具体认定存在困难

成立毒品共同犯罪，必须同时具备以下三个条件。

第一，主体必须二人以上。在二人以上均为自然人的情况下，必须都达到相应的刑事责任年龄，并且具备相应的认识控制能力。就毒品犯罪而言，如果涉及贩卖毒品罪的共同犯罪，则自然人刑事责任年龄只需要达到14周岁，其他犯罪的刑事责任年龄均为16周岁。犯罪一方是单位的，则自然人刑事责任年龄的规定不变，单位是否构成犯罪则要根据法律条文有无明确规定其可以成为犯罪主体来确定。按照刑法的规定，在毒品犯罪所有罪名中，单位可以成为犯罪主体的有：走私、贩卖、运输、制造毒品罪，走私制毒物品罪，非法买卖制毒物品罪，非法提供麻醉药品、精神药品罪。也就是说，共同犯罪至少有一方涉及单位犯罪的，其罪名也只能在这四个罪名中产生。

第二，存在共同的犯罪故意。这表明毒品共同犯罪的行为人在主观上必须都是故意，而且行为人之间还要存在意思联络。[①] (1) 各毒品共同犯罪人必须都认识到行为的内容、社会意义与危害结果。这里的社会意义即

① 参见张洪成：《毒品犯罪共犯成立问题研究》，载《石河子大学学报（哲学社会科学版）》2013年第3期。

危害结果，只要行为人具有认识的可能性即可，不必明确知道，即只要具备抽象性认识，在认识到上述因素的前提下，行为人都希望或者放任危害结果的发生。（2）各共犯人必须认识到自己不是孤立地实施毒品犯罪，而是与其他人共同实施毒品犯罪。

第三，各共犯人共同实施了犯罪行为。在客观行为上，不一定要求行为人必须都实施了构成要件所要求的实行行为，根据不同的共犯种类，行为人可以实施相应的帮助、教唆、实行等行为。

“同一宗毒品”案件中共同犯罪的具体认定影响量刑平衡。在共同犯罪案件中，主犯与从犯在犯罪中所处的地位不同，所承担的责任也不同。我国刑法总则规定了共犯之分类及量刑基准。根据刑法第27条关于从犯的规定以及《最高人民法院、最高人民检察院关于常见犯罪的量刑指导意见（试行）》关于从犯量刑情节适用的规定，从犯的量刑基准从属于主犯，并“应当”轻于主犯。由于从犯在共同犯罪中的从属地位，所涉罪行相对较轻、主观恶性相对较小、获得取保候审的概率较高、获得从轻处罚更可期待，选择认罪认罚的可能性确实应该更高。① 因此，如何区分主犯与从犯，如何认定正犯、帮助犯、教唆犯尤为重要。我国当前刑法学界的多数即因果共犯论将介入或者参与了正犯行为而间接地引起了法益侵害这一点作为共犯的处罚根据（也称惹起说）。其中，亲手实施符合构成要件的行为，直接惹起法益侵犯的是直接正犯；通过参与、协力或加功正犯的构成要件行为间接惹起法益侵害的是共犯（教唆、帮助）。这种以因果性为中心，在指向法益保护的刑法体系中明确了共犯固有的犯罪性和可罚性之因果共犯论，合理地说明了共犯的处罚根据。② 依据该理论，单独犯是法益侵害的直接惹起类型，共同正犯是法益侵害的共同惹起类型，而教唆犯、帮助犯则是法益侵害的间接惹起类型。

但是，在对“同一宗毒品”案件分流处理时，各共犯的认定存在一定的问题。首先，各共犯在共同犯罪中的作用地位不清。案件分流后在对交叉事实进行审理时信息不共享以及程序不共通，导致共同犯罪中的被告人

① 参见揭萍、吴逸涵：《共同犯罪案件适用认罪认罚从宽实证研究》，载《中国人民公安大学学报（社会科学版）》2021年第4期。

② 参见钱叶六：《共犯处罚根据再思考》，载《环球法律评论》2021年第1期。

实质上丧失了对质权，极易导致各共犯之间相互推诿。特别是部分行为人还未到案而在侦查阶段就进行另案处理的案件，由于部分行为人的缺失，对于犯意引起以及犯意联络等属于主观方面认定的内容，需要结合各行为人的供述进行综合判断。其次，各共犯对犯罪的参与度不明，特别是各共犯对于“同一宗毒品”流通的参与度难以认定。最后，各共犯对结果的原因力程度判断困难。当前因果共犯论最核心的内容就是各行为人介入或者参与了正犯行为而间接地引起了法益侵害，由此判断其属于此共同犯罪中的共犯。但是，毒品犯罪的法益是国家毒品管理秩序，其往往无法通过具体的损害结果表现出来，这在判断因果关系时存在难题。

三、“同一宗毒品”案件分流处理量刑失衡之归正路径

对于“同一宗毒品”案件分流处理可能出现的量刑失衡风险，应当结合刑事程序法与刑事实体法进行修正。

（一）分流处理程序保障机制的建立

1. 建立同案整体平衡机制

2023年《全国法院毒品案件审判工作会议纪要》“管辖”部分提到，对于毒品案件中一人犯数罪、上下家犯罪、共同犯罪及共同犯罪的被告人实施其他犯罪的，一般应当并案审理，关联犯罪可以合并审理，因客观原因造成毒品共同犯罪或者密切关联的上下家犯罪分案审理且无法并案的也应及时进行信息共享。

由于毒品案件自身的特性，在对“同一宗毒品”案件进行分流处理时，在观念上依然认可同案，无论是哪种分流类型，即使时空上存有一定障碍，也应该预留整体平衡空间，这就要求建立不同审级、同一审级不同管辖法院以及侦诉审不同部门间的同案信息共享机制。

一方面，要利用大数据建立同案信息共享平台。《中共中央关于加强新时代检察机关法律监督工作的意见》要求，加强检察机关信息化、智能化建设，运用大数据、区块链等技术推进公安机关、检察机关、审判机关、司法行政机关等跨部门大数据协同办案。应当以类案的司法大数据为

基，“云计算”制定“证据标准”并嵌入平台，统一适用于各机关。[①] 倒逼侦控方始终以法院裁判的定案标准办案，提高办案的质量。各阶段以法庭审查诉讼行为合法合规的尺度开展相关侦查取证、审查起诉等活动，无疑将极大提升办案的程序性规范，尤以对被追诉者诉讼权利保障为重。同时，要进行平台留痕，以便对司法审查的标准实现过程性监督，防范司法执法“任性”。要打破办案信息壁垒，避免某一机关独揽诉讼信息资源，将被动“等待”变为“办案信息共享”。司法机关可全面获悉不利与有利被告的证据，侦查机关也可及时得到司法机关反馈和监督意见。

另一方面，要保证信息共享不违反基本的诉讼规则。在不同审级或同一审级不同管辖法院的分流案件信息共享中，要注意保证各级法院的独立审理，上级法院不得以信息共享为名干涉下级法院依法独立行使审判权，做到仅共享信息，不共享意见。侦诉审不同部门间的信息共享，要注意三机关分工负责、互相配合、互相制约原则，公检法三机关依据法律规定的职权，各尽其职，各负其责，严格按照法律规定的职权分工进行刑事诉讼，不允许互相代替和超越职权。

2. 确立分流后前案裁判对后案仅具有参考价值

从保障后案裁判的独立性和后案被告人的权利保障角度考虑，不应该赋予生效裁判预决效力。[②] 生效裁判确认的事实，在被告人不同的后案审判中不具有免证效力，对该事实，检察院仍然必须重新举证证明，法院仍然必须重新调查并以证据为基础进行认定，而不能跳过证据，直接以前案裁判的认定结果予以认定。但是，不赋予前案裁判预决效力，并不意味着前案裁判对后案裁判没有任何影响，为了保障裁判的一致性，前案裁判可以作为后案裁判的辅助，后案法院在裁判时，可以在本案举证、质证、辩论以及法院依法独立行使审判权的基础上，参考前案裁判的过程与结果，包括前案裁判中控辩双方的举证、质证、辩论过程以及法院的裁判理由、裁判结果等。受法官认知共性、惯性影响以及出于对同行尊重、信任等多种因素的考虑，虽然前案裁判对后案裁判只具有参考价值，但后案裁判一

① 参见田力男：《论“办案信息共享平台”建设及对公安讯问新挑战》，载《浙江工商大学学报》2019 年第 1 期。

② 参见杨杰辉：《共同犯罪案件的分案审理研究》，载《现代法学》2022 年第 1 期。

般都会与前案裁判保持一致。由此可见，无论是赋予前案裁判预决效力还是参考价值，绝大多数情况下最终的结果并无不同，但两者的机理是不一样的，前者是法律强制的结果，而后者是法院依法独立行使审判权的结果。

但是，后案裁判在参考前案裁判时，需要注意两点。一是并非所有前案裁判对后案裁判都有同等的参考价值。参考价值取决于裁判质量，而裁判质量又受审理方式影响。因此，如果前案实行的是实质化的庭审，则其裁判质量较高，对后案裁判的参考价值较大，反之，则参考价值不大，后案裁判在参考前案裁判时需要特别慎重。二是并非前案裁判认定的所有事实都对后案有参考价值。由于“与历史学家或心理学家采用相同的方式去发现全部事实并不是法院的任务——刑事法院只需确定作出公正判决所必要的事实即可”，因此，“刑事诉讼所追求的真实最终只能是部分的真实，而非全部的真实”。具体而言：“在诉讼法上必须探究实体法上的事实，不需要探究实体法以外的事实。探究真实的犯罪由实体法确定。只要能够认定实体法上的犯罪即可，不需要探究超过犯罪的更详细的事实。”由此可见，前案裁判所认定的事实，并非都经过细致的探究，后案裁判在对其参考时需要特别慎重。

此外，即使前案裁判在后案裁判中只有参考价值，也不排除司法实践中仍然会有法院在面对前案裁判时，不是参考该裁判，而是直接按照该裁判进行认定。① 因此，即使只赋予前案裁判对后案裁判的参考价值，仍然有必要采取措施，保障后案被告人的程序性权利，避免其受前案裁判的不利影响。

除此之外，还需要要建立证据支持体系，区域间进行刑事司法互助。比如，为了认定事实和审判犯罪的需要，案件分流后分管的司法机关可向另一方司法机关提出收集、移交或借用与案件相关的物证、书证和视听资

① 有实证研究表明，在共同犯罪案件分案审理时，后案法院大多数情况下奉行“拿来主义”，完全照搬前案判决的事实认定、证据采信。参见徐娟等：《扩张与缩限：刑事判决既判力的范围厘定——以共同犯罪分案审理前案对后案的影响为视角》，载贺荣主编：《深化司法改革与行政审判实践研究——全国法院第28届学术讨论会获奖论文集》，人民法院出版社2017年版，第806页。

料等的合理请求。如该证据具有相应的使用价值或经济价值，可在法院审判完毕后予以归还。[①] 特别是涉案与毒品相关的物证、书证，应当互助式使用。在言词证据的获取上，可以请求当事人、证人等所在地的公安机关、司法机关代为进行询问或讯问，获取的与案件有关的言词证据移交给请求方的公安机关、司法机关。除此之外，证人还可以跨区域作证等。归根结底，需要跨区域分流的司法机关在侦诉审各环节就证据获取实现互助，确保证据在合法获取的前提下形成完整的证据链条。

（二）“同一宗毒品”案件犯罪参与体系建构

1. 确定“同一宗毒品”案件认定标准

认定“同一宗毒品”案件难的关键，是毒品犯罪之间的关联性。我国毒品相关犯罪规定在刑法第六章第七节中，其可以分为毒品的产生、流通、消灭三个大环节的犯罪：毒品的产生（包括非法买卖、运输、携带、持有毒品原植物种子、幼苗罪，非法种植毒品原植物罪，非法生产、买卖、运输制毒物品、走私制毒物品罪以及制造毒品罪）、毒品的流通（包括走私、贩卖、运输毒品罪）、毒品的消灭（非法持有毒品罪，容留他人吸毒罪，引诱、教唆、欺骗他人吸毒罪以及强迫他人吸毒罪）。除此之外，还有为了逃避毒品犯罪后的司法追究而实施的行为再次构成犯罪的后案，[②] 包括包庇毒品犯罪分子罪与窝藏、转移、隐瞒毒品、毒赃罪。

当前，我国司法机关认定为“同一宗毒品”案件（合并审理的案件）的原则可以简述为：以“同一宗毒品”为核心，与涉案毒品有关的人员为范围，判断各犯罪行为之间是否具有关联关系，从而判断是否可以合并审理。一人数罪或共同犯罪犯罪嫌疑人、被告人还实施其他犯罪的这两种情况，实际上是以人为核心对相关案件进行辐射，合并审理的主要目的是便于侦查、起诉、审理，其无论在事实还是法律认定上都属于数案而非一

---

① 参见张郁、王文松：《粤港澳大湾区刑事司法互助之调查取证研究》，载《南海法学》2023 年第 4 期。

② 此种说法参考我国将职务犯罪牵连案件的类型分为原案、互涉案、后案，此种分类方式也可适用于毒品犯罪案件。简单来说，原案是指引起本案发生的前提和基础的案件；互涉案是指同一个主体犯多罪的情形或者是数罪同案的情形；后案是指为逃避本案的司法追究而实施的行为再次构成犯罪的案件。

案。但共同犯罪案件与具有对合或上下游关系的被告人之间的案件，其中被告人的犯罪事实可能贯穿犯罪链条的始终或大部分。

笔者认为，认定“同一宗毒品”案件应当对以上司法实践中的操作进行相应改进。第一，根据各环节的特性，根据不同环节所涉罪名进行初步的链条分割；第二，将本身可能具有上下游关系的走私、贩卖、运输毒品罪再次细分；第三，对各环节（包括大环节与小环节）之间连接处的罪名进行判断，例如，毒品生产环节与毒品流通环节的连接罪名就是制造毒品罪与走私、贩卖、运输毒品罪，毒品流通环节与毒品消灭环节的连接罪名是走私、贩卖、运输毒品罪与非法持有毒品罪。在具体个案中，应当判断连接罪名之间各被告人构成共同犯罪还是上下游犯罪：如果构成共同犯罪，则以“同一宗毒品”案件进行认定，无特殊情况不得分流处理；如果构成上下游犯罪，则以不同宗毒品案件进行认定，联系紧密的情况下可以并案处理。

2. 共同犯罪相关具体认定

首先，需要正确认定共同犯罪中的意思联络，这是区分毒品上下游犯罪与毒品共同犯罪的关键。毒品共同犯罪中的意思联络以实行犯为核心，其联络是相对的而非绝对的。共同犯罪中的意思联络是以实行犯为中心形成的树状结构，实行犯类似树干，而组织犯、教唆犯、帮助犯类似枝叶，枝叶必须与树干紧密连接，枝叶之间却可以保持一定的独立性。[①] 一方面，其不要求所有共同犯罪人之间都必须存在意思联络，例如，组织犯、教唆犯、帮助犯相互间即使没有意思联络，也不影响共同犯罪的成立；另一方面，即使双方具有表面的意思联络，但其意思联络缺乏共同实施某种毒品犯罪的认识与意志，也无法构成毒品共同犯罪。毒品犯罪中的对合犯就是典型例子，其买卖双方必然会就买卖的毒品质量、纯度，交易的地点、方式等进行沟通，甚至买方从客观事实上“帮助”了卖方贩卖毒品的犯罪行为，但由于其缺乏共同贩卖毒品的认识，此种“意思联络”只能算一种犯意沟通，无法作为认定共同犯意的依据。

其次，需要对当前普遍认同的因果关系共犯论进行检视。因果共犯论

① 参见周岸崇：《毒品共同犯罪相关实务问题研究》，载《法律适用》2023年第4期。

原本是作为共犯处罚根据理论而提出的，解决的是归责根据问题，能否据此确定归责范围不无疑问。[①] 在实行过限、共犯脱离等情形下，若简单地认为，只要存在因果关系即就此承担罪责（当然，还需存在有责性），或者只有切断因果关系才能就最终结果不承担罪责，就不无扩大处罚范围之虞。这就要求我们在“同一宗毒品”案件中警惕泛化因果，因果关系链条不能过分延伸、弱化、间接化。

最后，还需建立共犯责任个别化机制。要将归因与归责进行区分，虽然共同归责具有不同于单独归责的特殊性，但在独立于主、客观存在论要素这一点上并无二致。[②] 在分析各行为人是否构成共同犯罪、是否需要对危害结果负责时，应当将各行为人作为一个整体进行归因；但在责任分配上，应当在整体归因的基础上，按照行为人的犯罪参与程度进行规责，即行为是共同的，但责任是个别的。在此基础上，保证主刑的个别化与附加刑的个别化，确保在“同一宗毒品”案件进行分流处理时，任何人不因不法而获利。

四、结语

“同一宗毒品”分流处理难题是毒品犯罪链条化属性与刑事诉讼程序效率冲突的必然产物。司法机关有必要平衡毒品犯罪责任认定与分流处理程序，回归毒品共同犯罪的责任认定，以毒品共同犯罪及关联犯罪责任分配为节点对“同一宗毒品”案件进行切割，构建更加完善的案件分流裁判机制，以求“同一宗毒品”案件分流处理兼顾效率与公正，达到程序与实体的价值统一。

① 参见王昭武：《论共谋的射程》，载《中外法学》2013 年第 1 期。

② 参见何庆仁：《共同犯罪归责基础的规范理解》，载《中外法学》2020 年第 2 期。

相对不起诉裁量权在认罪认罚从宽制度中的运行检视和路径重构*

贵州省人民检察院 2023 年检察理论研究课题组**

【摘　要】2018 年刑事诉讼法确立的认罪认罚从宽制度，为相对不起诉的适用提供了更优的环境，在人权保障、司法公正、犯罪预防等方面均取得了积极成效。但是，多年的实践经验表明，认罪认罚从宽背景下不起诉裁量权行使存在法律规定过于原则、认罪认罚裁量标准模糊且适用混乱、不起诉范围和罪名差异性大、诉讼参与人权利保障不足以及检察机关内部处理程序不畅等问题。因此，亟待从规范法律适用、统一量刑标准体系、强化权利保障措施、完善监督制约程序等方面加以改进，推动认罪认罚从宽背景下相对不起诉制度的公正高效运行，以充分释放其在国家治理体系和治理能力现代化进程中的最优效能。

【关键词】认罪认罚从宽；相对不起诉；权利保障；内部监督

我国的相对不起诉制度经由古代、近代、现代宽缓慎刑思想演变产生，历经了从古至今的漫长历史过程，蕴含着我国优秀传统法律文化和民

---

* 本文系贵州省人民检察院 2023 年检察理论研究课题“认罪认罚不起诉裁量权实证研究”研究成果。

** 课题组组长：张宇，贵州省人民检察院党组成员、副检察长，二级高级检察官，全国检察业务专家；陈世伟，西南政法大学副教授，法学博士，硕士生导师。课题组成员：代潘菊，贵州省大方县人民检察院党组成员、副检察长，四级高级检察官；马玫，贵州省大方县人民检察院二级检察官。

为邦本的治世理念，并在不同历史阶段呈现明显的时代特征。例如，从尧舜时期"慎刑"思想萌芽，到西周时期"明德慎刑"、汉朝"德主刑辅"、唐朝"轻刑慎罚"等传统思想，以及新民主主义革命时期"自新释放"、抗日民主政权时期"分清是非轻重，争取失足者，教育群众"、解放战争时期"惩办少数、争取多数"等革命实践。这些"惩办与宽大相结合"的宽严相济思想在不同历史背景下，起到了化解社会矛盾、促进社会稳定的作用，并在新中国成立以后继续发挥作用，成为我国不起诉制度的重要实践和理论基础。在总结经验和创新发展中认罪认罚从宽上升为法律规定，并经由实践检验和修正完善，逐渐形成了当下具有中国特色的法律制度体系。

一、相对不起诉裁量权的立法变迁

1954 年人民检察院组织法第 11 条第 2 款规定："公安机关提起的刑事案件，侦查终结后，认为需要起诉的，应当依照法律的规定移送人民检察院审查，决定起诉或不起诉。"这一规定首次以立法的形式确立了检察院的不起诉决定权，标志着我国不起诉制度的初步形成。

1979 年制定的刑事诉讼法和人民检察院组织法对免予起诉均作了具体的规定，最高人民检察院随后陆续出台一些规章制度，例如《人民检察院刑事检察工作细则（试行）》等，在免予起诉制度中不断填充实践经验，检察机关起诉裁量权得以充分发挥作用，契合起诉便宜主义世界性趋势，诉讼成本得以降低，犯罪嫌疑人也得以尽早地从被追究的状态下解脱出来，及时改恶从善。"实践证明，被免予起诉的人再犯罪率也很低，免予起诉制度的良好社会效果曾被外国访华代表团称赞。"① 然而，随着我国经济有效转型和社会发展变化，免予起诉制度逐步显现出难以适应时代发展的弊端。同时，加之制度运行过程中也暴露出的一些问题②，由于诉讼法

---

① 参见张凤阁：《全国诉讼法学年会刑事诉讼法学研究观点综述》，载《检察理论研究》1995 年第 3 期。

② 实践中存在的问题主要有两个方面：一是无罪案件用免诉了结，二是有罪应当起诉而免诉。参见张凤阁：《全国诉讼法学年会刑事诉讼法学研究观点综述》，载《检察理论研究》1995 年第 3 期。

学界传统的、通行的关于免予起诉是对犯罪嫌疑人作有罪处理的性质界定，认为其侵犯了人民法院独有的审判权等疑问和争议，引发学界和实务界的激烈讨论和制度的存废之争①。1996 年修正刑事诉讼法时就取消了免予起诉制度，并扩大了不起诉的范围，对不起诉的种类、适用的条件、程序、监督制约等均作了详细规定。这表明我国不起诉制度逐渐走向完善。2012 年和 2018 年修改刑事诉讼法过程中新增未成年人附条件不起诉、刑事和解不起诉和特殊不起诉，形成了包括存疑不起诉、法定不起诉、相对不起诉、特殊不起诉在内的具有中国特色的不起诉体系。②

二、认罪认罚从宽制度对相对不起诉适用的影响

2018 年我国刑事诉讼法规定的认罪认罚从宽制度为检察机关依法充分适用相对不起诉提供了更广阔的空间，对相对不起诉适用产生积极影响。对此，2019 年最高人民法院、最高人民检察院、公安部、国家安全部、司法部联合制定的《关于适用认罪认罚从宽制度的指导意见》（以下简称《指导意见》）也明确提出，“完善起诉裁量权，充分发挥不起诉的审前分流和过滤作用，逐步扩大相对不起诉在认罪认罚案件中的适用”。可以看出，2018 年刑事诉讼法确立认罪认罚从宽制度，开启了我国刑事诉讼分流机制以检察机关为主导的新局面。具体来讲，认罪认罚从宽制度对相对不起诉产生如下积极影响。

（一）认罪认罚从宽制度适用率的全面提升，为相对不起诉提供了更优环境

认罪认罚从宽制度自 2014 年速裁程序试点启动，经历了 2016 年的试点运行，并在 2018 年立法确认后全面推开，适用率逐步提升并稳定在

① 参见姚莉、屈广清：《试论免予起诉制度的适用与限制》，载《政法论坛（中国政法大学学报）》1994 年第 6 期；李建明：《略论免予起诉制度的问题及其改革》，载《学海》1995 年第 1 期；于绍元：《免予起诉制度的改革与完善》，载《浙江省政法管理干部学院学报》1996 年第 1 期。

② 笔者认为，未成年人附件条不起诉、刑事和解不起诉本质上属于相对不起诉的特殊类型，本文同归为一类；而特殊不起诉仅最高人民检察院有权决定，超出一般基层检察院相对不起诉裁量权范围，故本文将其单列一类。

80%以上，上诉率则远低于同期其他案件，与之相应的认罪认罚不起诉率也逐年上升（见表1）。

表1　2019年至2023年认罪认罚适用率、相对不起诉率和量刑建议采纳率①

年份	2019	2020	2021	2022	2023
认罪认罚适用率（%）	83.1	86.8	89.4	90.0	90.3
相对不起诉率（%）	9.5	13.7	16.6	26.3	25.5
量刑建议采纳率（%）	84.9	94.51	97.2	98.3	97.5

表1的数据表明，在认罪认罚从宽制度运行过程中，检察机关坚持证据裁判规则，充分保障犯罪嫌疑人、被告人依法享有的诉讼权利和认罪认罚自愿性。犯罪嫌疑人、被告人则通过参与司法协商，积极争取坦白、退赔退赃等量刑情节，获得司法机关从宽处理。对犯罪情节较轻的犯罪，相对不起诉的可能性增大，从而为相对不起诉的适用提供了更为优越的环境。

首先，认罪认罚从宽制度强调证据裁判规则和自愿认罪认罚的原则，保障了犯罪嫌疑人和被告人的合法权益。这种保障机制增加了犯罪嫌疑人和被告人对司法程序的信任和配合，使他们更愿意在审查起诉阶段坦白认罪、积极退赔退赃，从而满足相对不起诉的适用条件。

其次，认罪认罚从宽制度的实施显著提高了量刑建议的采纳率和案件处理的满意度。量刑建议的高采纳率表明认罪认罚案件的办理质量得到了认可，这为检察机关在相对不起诉案件中的裁量权行使提供了良好的示范和信心保障。同时，上诉率的降低反映了认罪认罚从宽制度在处理轻微犯罪和非暴力犯罪时的有效性和公正性，进一步推动了相对不起诉的合理适用。

认罪认罚从宽制度的全面推广和高适用率则为相对不起诉提供了更加优越的法律和实践环境。通过这一制度，检察机关能够更有效地行使不起

① 数据来源于最高人民检察院公开发布的相关信息，其中，2021年认罪认罚适用率表述为超过90%，本文取值90%。

诉裁量权，实现司法资源的优化配置，保障司法的公正与效率。在认罪认罚从宽制度的支持下，相对不起诉制度得到了进一步的发展和完善，形成了两者之间的协同效应，不仅提高了刑事司法的整体效率，还增强了司法的公平性和透明度。

（二）认罪认罚从宽制度独具的实体从宽和程序从简双重属性，为检察机关相对不起诉提供法律上的实体根据与程序根据

认罪认罚从宽制度是集实体规范与程序规范于一体的综合性法律制度。① 根据《指导意见》，认罪认罚从宽处理既包括实体上从宽处罚，也包括程序上从简处理。《指导意见》还明确了“可以从宽”的内涵，阐明了认罪认罚与自首、坦白等量刑情节的互动关系，明确认罪认罚的从宽幅度一般应当大于仅有坦白，或者虽认罪但不认罚的从宽幅度。犯罪嫌疑人、被告人具有自首、坦白情节，同时认罪认罚的，不作重复评价，但应当在法定刑幅度内给予相对更大的从宽幅度。可以看出，认罪认罚从宽情节虽未规定于刑法中，但通过刑事诉讼法及相关司法解释、规范性文件的规定，其已经有效衔接了实体的从宽处理。上述规定为检察机关适用认罪认罚从宽并合理扩张性适用相对不起诉提供了法律制度保障，也为检察机关作出不起诉决定后，衔接刑法第 37 条规定的非刑罚措施提供了实体法依据。综上所述，认罪认罚从宽制度的双重属性为相对不起诉的适用提供了强有力的实体和程序保障。通过实体从宽和程序从简的结合，检察机关在处理认罪认罚案件时，能够更有效地行使不起诉裁量权，从而推动相对不起诉制度的进一步发展和完善。这不仅有助于实现司法公正和效率，还为刑事司法的整体优化提供了有力支持。

（三）认罪认罚从宽制度开放的程序设计，形成有效的诉讼权利保障和不起诉裁量权运行监督制约

认罪认罚从宽制度是在保持我国原有刑事诉讼结构不变的框架下，顺

---

① 参见熊秋红：《比较法视野下的认罪认罚从宽制度——兼论刑事诉讼“第四范式”》，载《比较法研究》2019 年第 5 期。

应刑事犯罪结构变化和以审判为中心的刑事诉讼制度改革进行的刑事司法制度创新，从原犯罪控制模式为主的对抗制司法向正当程序模式为主的协商制司法转变，但指导该制度的刑事诉讼法的任务和基本原则未改变，而是为了更好地实现公平和正义。认罪认罚从宽制度的实效取得有赖于相关配套制度的保障和程序设计的完善。自认罪认罚制度实施以来，最高人民检察院发布了一系列相关文件，如《人民检察院办理认罪认罚案件监督管理办法》《人民检察院办理认罪认罚案件听取意见同步录音录像规定》《人民检察院办理认罪认罚案件开展量刑建议工作的指导意见》《人民检察院羁押听证办法》等。这些文件对认罪认罚从宽制度适用中的证据规则、犯罪嫌疑人权利保障、被害方权益保护、检察权监督制约等作了详细规定，具体表现在以下方面。

首先，认罪认罚从宽制度通过证据规则的完善，确保了案件处理的公正性和透明性。各项规章制度的出台，使证据收集和审查更加规范，避免了非法证据的使用，确保了案件办理的合法性和规范性。

其次，认罪认罚从宽制度对犯罪嫌疑人权利的保障有了明确规定。例如，《人民检察院办理认罪认罚案件听取意见同步录音录像规定》要求在办理认罪认罚案件时，全程录音录像，以确保犯罪嫌疑人认罪认罚的自愿性和真实性。这一规定有效防止了强迫认罪的发生，保障了犯罪嫌疑人的合法权利。

再次，认罪认罚从宽制度还注重被害人的权益保护。在认罪认罚程序中，被害人的意见得到了充分听取，确保了其合法权益的保护。《人民检察院办理认罪认罚案件开展量刑建议工作的指导意见》明确了量刑建议的标准和程序，使量刑更加公正合理，体现了对被害人的公平对待。

最后，认罪认罚从宽制度通过一系列监督制约机制，确保检察机关不起诉裁量权的规范行使。例如，《人民检察院办理认罪认罚案件监督管理办法》对检察机关在办理认罪认罚案件中的行为进行了明确规定，并设立了监督机制，防止权力的滥用和恣意行使。这些监督机制确保了不起诉裁量权始终在法律规定的范围内运行，维护了司法公正。

综上所述，认罪认罚从宽制度通过其开放的程序设计，不仅保障了各方的诉讼权利，还通过严格的监督制约机制，规范了检察机关不起诉裁量权的行使。这一制度的实施，有效防止了权力行使的恣意性，保障了制度的健康运行，为我国刑事司法制度的进一步完善提供了重要支持。

三、A省D市不起诉裁量权运行的实践现状及问题表现

笔者通过检察机关统一业务管理系统，调取A省D市2018年至2023年的相对不起诉数据，进行分类整理、统计分析，明确了D市检察机关不起诉裁量权运行的实践现状和问题。

（一）适用认罪认罚相对不起诉罪名及区域差距较大，法律适用混乱且说理不足

D市8个县（区）2018年至2023年不起诉区域分布及罪名分布分别如图1和图2所示。

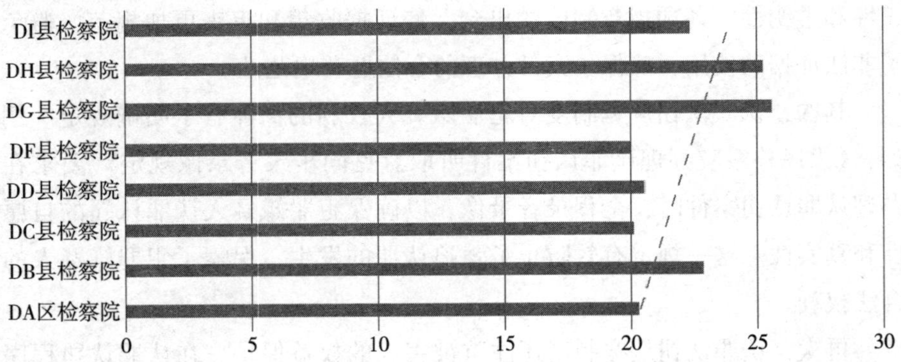

图1　D市2018年至2023年相对不诉率统计（按区域）

从图1和图2的数据可以直观反映出，D市检察机关适用认罪认罚相对不起诉率存在区域及罪名上的明显差异。一是横向上，在D市8个县（区）检察院办理的刑事案件结构总体平衡的情况下，不起诉率均值最高为25.59%，最低为19.99%，相差5.6个百分点。个罪方面以D市受案数总体排名前四的盗窃罪、交通肇事罪、故意伤害罪、危险驾驶罪进行分析，最高与最低分别相差14个百分点、34个百分点、36个百分点、64个百分点，而发案较少的罪名更加突出，甚至出现部分县零不起诉率，部分县100%的不起诉率。二是纵向上，不起诉率在50%以上的罪名有24个，

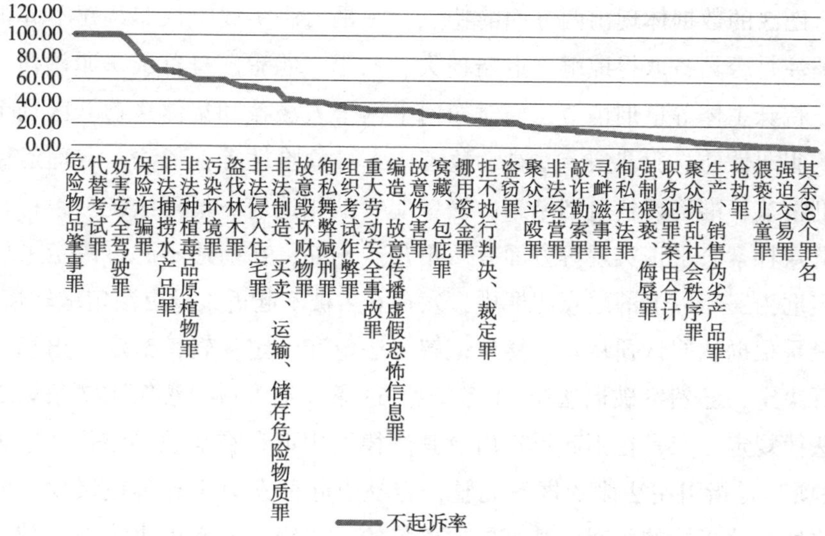

图 2　D 市 2018 年至 2023 年相对不起诉率统计（按罪名）

30%至 50%的罪名有 18 个。与此相对，不起诉率低于 5%的罪名有 83 个，其中零起诉率罪名有 69 个。

进一步对随机调取的 2018 年至 2023 年 A 省 D 市高发且不起诉率较高的盗窃罪、交通肇事罪、故意伤害罪、危险驾驶罪共计 374 份不起诉决定书，并根据相对不起诉理由、法律适用标准分类整理（见图 3）。

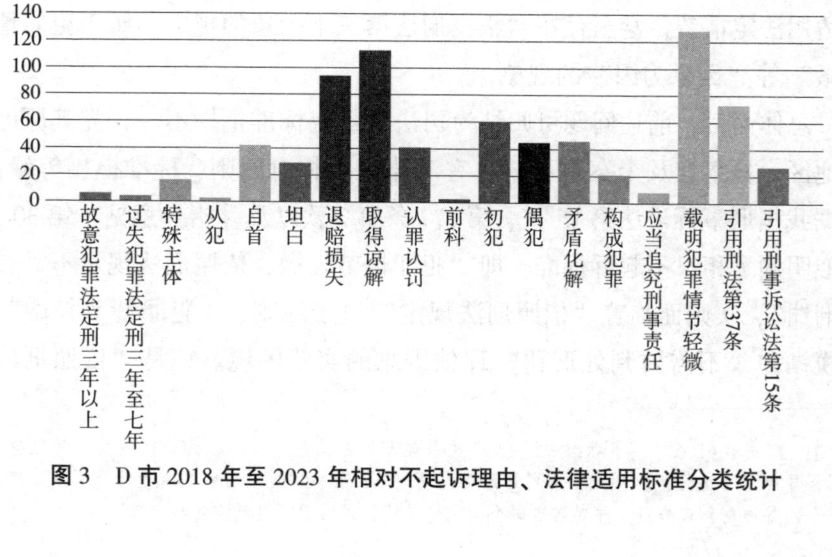

图 3　D 市 2018 年至 2023 年相对不起诉理由、法律适用标准分类统计

图3的数据体现出两方面的特点：一是司法实践中认罪认罚不起诉主要关注是否具备取得谅解、退赔损失、初犯、偶犯、自首、认罪认罚、坦白、特殊主体等量刑情节，而对如何平衡个人法益和集体法益，区别个案中的犯罪性质、犯罪情节、社会危害、人身危险性等，依法、合理运用各量刑情节，准确评估量刑结果，确保罪责刑相适应、情理法统一，符合人民群众朴素公平正义观等方面有所不足。例如，在前述不起诉决定书样本法定刑为三年以上的故意犯罪中，发现6名被不起诉人没有法定减轻情节。而只是根据认罪认罚从宽、赔偿谅解等法定和酌定从轻情节就作出相对不起诉决定，已然突破刑法第61条、第63条及刑事诉讼法第177条第2款等法律规定。二是在不起诉理由及其法律引用上存在缺项和错位。这里的"缺项"是指引用法律依据不完整，容易引起公众对不起诉裁量权行使的合法性、公正性的疑问。某基层检察院的《盗窃案不起诉决定书》载明了刑事和解、认罪认罚等情况，但未引用任何刑法条文，也没有引用刑事诉讼法第15条、第289条，直接引用刑事诉讼法第177条第2款。在374份不起诉决定书样本中，像这样法律条文引用存在缺项问题的约占4%。"错位"是指量刑情节运用存在主次不分甚至"倒果为因"等。例如，实践中未规范适用刑法第61条、刑事诉讼法第15条、《最高人民法院、最高人民检察院关于常见犯罪的量刑指导意见（试行）》规定，① 特别是对于多种量刑情节并存的情形，各种量刑情节运用不合理，存在先适用酌定情节，再适用法定情节，甚至存在"根据刑法第三十七条的规定，属于犯罪情节轻微"等"倒果为因"的现象。

总体而言，前述问题可归结为司法裁量权标准把握不一，究其原因既有地区、检察官及个案差异，也有法律规定相对原则、标准模糊等缘由。根据我国刑事诉讼法第15条、第177条第2款以及《指导意见》第30条，看似明确了相对不起诉标准，即"犯罪情节轻微，依照刑法规定不需要判处刑罚"，实则面临着"依照刑法规定"过于原则、"犯罪情节轻微"标准模糊和"不需要判处刑罚"评估困难的实践困境。一是"依照刑法规

① 刑法第61条、刑事诉讼法第15条及《最高人民法院、最高人民检察院关于常见犯罪的量刑指导意见（试行）》明确，对犯罪嫌疑人量刑时，应当以定性为主，定量为辅，依次确定量刑起点、基准刑和宣告刑，并对具有多个量刑情节的情形明确了量刑方法和步骤。

定”过于原则体现在刑法第37条与刑法其他条文以及相关的司法解释中的其他量刑规范之间的关系、功能定位不明确，即该条能否独立适用并不清晰。例如，在没有其他量刑情节的情况下，能否直接适用刑法第37条作出不起诉决定就成为问题。又如，在具有其他减轻、免除等不需要判处刑罚的情节情况下，是否还要回归刑法第37条进行裁量等也需要进一步明确。这些问题造成司法实践理解适用不一并直接影响裁量权运行，导致法律引用混乱。二是在“犯罪情节轻微”和“不需要判处刑罚”评估方面，“犯罪情节”仅指罪中情节，还是包括罪前、罪后情节，“轻微”仅指罪行性质、法定轻刑还是包括宣告轻刑等，学界和实务界众说纷纭，莫衷一是，均影响对“不需要判处刑罚”的判断。以上因素叠加，加剧了量刑差异和不起诉裁量差距，亟须立法与司法的充分衔接，尽快形成共识和标准，以维护法律统一正确实施。

（二）认罪认罚辩护权利保障不充分，落实听取被害人意见工作存在差距

图4为D市2018年至2023年认罪认罚适用率及指定辩护人参与率的情况。

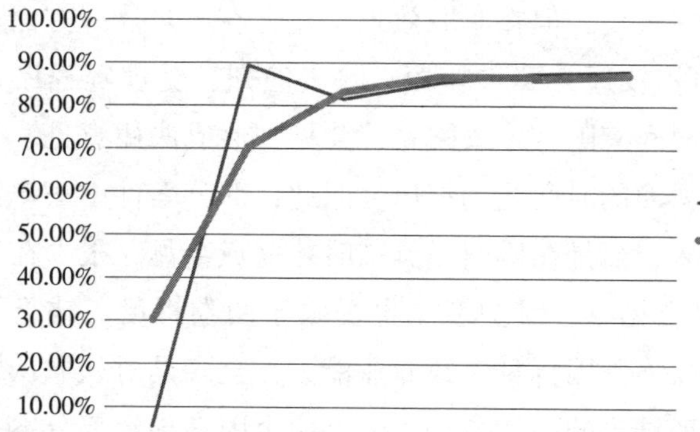

图4　D市2018年至2023年认罪认罚适用率及指定辩护人参与率

从图4的数据可以看出，2018年认罪认罚从宽制度全面推行后，犯罪嫌疑人辩护权保障力度并未消减，反而得到增强，审查起诉阶段辩护全覆

盖通过试点不断推广。以作为试点的D市8个县（区）为例，2018年以来，审查起诉阶段辩护率不断提升，指定辩护人参与率不断增加，并在2020年以后与认罪认罚适用率几乎持平。这些数据反映出我国认罪认罚案件所具有的两个特点：一是我国认罪认罚制度不同于西方诉辩交易，始终坚持事实清楚、证据确实充分的证明和办案质量标准；二是基于认罪认罚合作性、协商性的特点，犯罪嫌疑人、被告人对抗性减弱，委托辩护较少，指定辩护随之增多。因此，指定辩护人成为犯罪嫌疑人、被告人辩护权保障的重要力量，对制约司法权运行、保障案件质量发挥了重要作用。认罪认罚从宽制度必须充分保障各方当事人积极参与，充分表达意见，共同推动案件办理增质提速。但在实践中，各方参与人的权利并未得到足够的保障，造成部分程序空转或形式化，并对认罪认罚不起诉质效产生了一定的消极影响，主要表现为以下几个方面。

一是认罪认罚程序中控辩双方协商性不足，保障辩护权的实质作用发挥不够。以D市为例，该地区作为认罪认罚从宽制度的试点地区之一，案件进入审查起诉环节时，对没有聘请辩护人的犯罪嫌疑人、被告人，检察机关或者人民法院在受理案件三个工作日内，通知法律援助机构指派律师为其辩护，实现了刑事辩护全覆盖，在一定程度上有利于被告人获得有效法律帮助，实现刑事司法公正，但在履职效果上还存在不足。一方面，认罪认罚案件的办理时间相较通常案件较短，除去通知、受理等程序性时间，真正留给辩护人的时间有限，导致阅卷、会见、形成法律意见、与被告人沟通以及与检察官协商的时间受到挤压。因此，部分案件中法律援助律师并未在事前充分介入，而是在协商或具结时才完成会见，很少在审查起诉阶段提供书面法律意见书，辩护意见也受限于阅卷程度，缺乏针对性。而犯罪嫌疑人、被告人则因自身欠缺专业能力，至多是对认罪认罚表明态度和表达对量刑协商结果的同意与否。以上两个因素导致部分案件的控辩实质性协商不足。另一方面，D市的辩护人全覆盖实践并未延伸至侦查阶段。控辩双方的平等对抗和协商质量因此也会受到影响，进而影响认罪认罚的质效。

二是听取被害人意见工作做得还不够充分。如前所述，检察机关在作出案件决策时，对于有被害人的案件，极为关注被害人的实体权益保护，被告人与被害人双方是否通过赔偿达成和解或取得谅解通常是重要的考量因素。然而，在认罪认罚程序中，听取被害人意见的工作仍有不足。被害人权利的保障在事中体现为“听取意见”，事后的救济渠道为“自诉+申诉”，导致刑事被害人权利保障的虚无化。有些检察机关通过书面审查了解到被告人向被害人赔偿取得谅解后，就不再重视或不充分听取被害人的意见，甚至有的案件作出不起诉决定后才告知被害人，未在不起诉决定书上载明被害人的权利救济方式，严重影响被害人权利行使，侵害了被害人合法权益。部分案件引发被害人申诉后，检察机关不仅要处理申诉信访事项，还有可能撤销原来作出的不起诉决定，严重影响司法公正和公信力。与此相对，对被告人与被害人双方矛盾突出的轻微刑事案件，部分检察机关则是基于办案风险考虑，便草率通过“听取意见”尽快“结案了事”，而缺乏动力深入开展矛盾化解和释法说理工作，涉检涉法信访风险仍然存在，不能通过化解矛盾及时给予心理慰籍。这实际上同样造成被害人的诉累，不利于被害人合法权益的实质维护，难以实现“案结事了”，也导致了司法资源的浪费。

（三）检察机关内部处理程序欠优化，不起诉后续衔接机制不畅

适用认罪认罚从宽制度不起诉以“被不起诉人自愿认罪认罚、在实体上从宽、程序上从简”为目标，价值维度在一定程度上由精细向效率倾斜。但是，检察机关内部关于案件决定的审查流程、权限和评查频率，以及不起诉后的衔接机制不畅，对检察官不起诉裁量及法律衔接适用产生了一定影响。

首先，司法员额制度改革后，尽管强调员额检察官独立办案，并就办案责任终身制配套了相关考核机制，但是在检察机关内部，对于案件不起诉决定仍然需要进行相应的讨论和审批。可以看出，起诉案件的决策权直接掌握在检察官手中，所需时间更短、效率更高，表面上看来似乎“更符合”认罪认罚从快处理的效率要求。而在当前的司法体系中，内部或者外部评查重点集中于不起诉案件，该做法在一定程度上确实对督促依法行使不起诉裁量权起到了积极作用。然而，这种做法也给承办检察官造成了较重的办案压力。承办检察官在处理不起诉案件时，不仅要承担来自案件本

身的法律责任和被害人方面的舆情，还需面对来自本院或上级检察院的频繁审查。这些审查往往集中于对不起诉决定的正当性和合理性甚至会对廉洁性提出疑问，使得检察官在每一次不起诉决定中都面临潜在的职业风险。由于起诉通常被视为更符合传统司法操作的标准做法，而不起诉则可能被视为更具风险的选择，因此在这种情境下，承办检察官可能倾向于选择更“安全”“简便”的起诉决定，无形中削弱了对不起诉裁量权的积极运用。这在有被害人的案件、涉众案件、涉特殊群体案件、新类型案件、敏感案件中更为突出。

其次，不起诉后非刑罚处罚措施之间的衔接不够，也在一定程度上制约了不起诉裁量权的行使。[①] 在我国刑法第 37 条规定的非刑罚处罚措施中，赔礼道歉、赔偿损失、训诫或者责令具结悔过往往易于实现，主管部门予以行政处罚或者政务处分才是反向衔接的难点，主要有以下两方面原因。

一是实体上我国尚未确立行政法前置、刑事法补充的递进式处罚体系，不是所有的犯罪行为都有相应行政处罚予以规制，客观上造成行政处罚的依据不足。即使行政法和刑法同时规定相关责任的追究标准，也有“断层”出现。例如，我国治安管理处罚法仅规定对 500 株以下的非法种植罂粟行为予以治安处罚，而对检察机关作出不起诉决定的 1000 株罂粟苗案，行政机关在行刑反向衔接方面就会心存顾虑，担心反向衔接混淆了行刑认定的标准，从而造成罪与非罪的认定混乱。

二是行政机关、司法机关对法律的理解和不起诉的标准同样存在分歧，进一步影响了非刑罚处罚措施的适用。例如，我国道路交通安全法第 101 条第 1 款明确规定，“违反道路交通安全法律、法规的规定，发生重大交通事故，构成犯罪的，依法追究刑事责任，并由公安机关交通管理部门吊销机动车驾驶证”。该规定中“构成犯罪的，依法追究刑事责任”的标准往往就被解读为需要被人民法院依法判决有罪，这导致该类案件作出不起诉决定后未能对行为人予以行政处罚，影响法律实施效果。

---

① 该反向衔接的依据为刑事诉讼法第 177 条第 3 款：“……对被不起诉人需要给予行政处罚、处分或者需要没收其违法所得的，人民检察院应当提出检察意见，移送有关主管机关处理。有关主管机关应当将处理结果及时通知人民检察院。”

四、认罪认罚不起诉裁量权的完善路径

认罪认罚从宽制度作为我国刑事司法制度的重要改革举措，顺应了刑事犯罪结构的变化和刑事诉讼制度的发展规律，体现了人民的意愿和时代的需求，对推进国家治理体系和治理能力现代化具有积极意义。然而，该制度运行过程也面临着诸多问题，所以我们必须正确面对制度运行中出现的问题和困难，提出针对性意见和建议，以提升制度运行效能。

（一）厘清规范适用范围，细化量刑标准体系

一是正确理解刑法第37条的规范体系定位，优化刑法第37条与其他量刑规范的司法适用。虽然目前理论界与实务界对刑法第37条的理解有争议①，但通说认为刑法第37条可以作为定罪免刑事由适用②，对其他具体的免刑条文具有补充性的作用③。我们赞同通说的观点，理由是根据刑法第13条、第61条至第64条的规定，在认定行为是否构成犯罪及对犯罪分子决定刑罚的时候，应当根据犯罪的事实以及犯罪的性质、情节和对于社会的危害程度，依照刑法的有关规定进行认定。显然，对犯罪嫌疑人、被告人进行应罚性、需罚性裁量时，不限于刑法第37条，而是相关刑法规定的综合运用。笔者以为，在司法裁量时，可依以下步骤进行：首先，如果案件中存在具体的法定量刑情节，应当优先适用相应的法定量刑条款计算量刑，裁量后认为不需要判处刑罚的，检察机关可直接依据刑法相关具体条款及司法解释作出相对不起诉决定；其次，个案虽欠缺明确、具体的法定情节规范依据，但根据个案性质、手段、后果及酌定情节等，不需要判处刑罚的，可引用刑法第37条作为兜底性条款。

二是准确把握犯罪情节的涵摄范围和量刑方法，构建统一的司法裁量标准。犯罪情节在我国刑法理论与实践领域并非新词，在犯罪学和刑法学教材、专著中大量涉及，仅现行刑法中，含犯罪情节或表征犯罪情节的条

---

① 参见张明楷：《刑法学》（第六版），法律出版社2021年版，第814-816页。

② 参见高铭暄、马克昌：《刑法学》（第十版），中国法制出版社2022年版，第245页。

③ 参见贺洪波：《我国〈刑法〉第37条的外部关系研究》，载《铁道警察学院学报》2015年第2期。

文有 407 处，可以管窥犯罪情节在认定犯罪与决定刑罚中的重要性。正如有学者所言，我国刑法中的情节并非一个含混不清的术语，也不是立法技术上的权宜之计，而是与刑法的基本问题紧密相关的具有重要作用的规定。同时，情节问题也不是刑法中无关宏旨的细节问题，而是既遍布刑法的总则和分则又关乎每个案件定罪量刑的大问题，以情节为中心所构建的理论也纷繁芜杂。① 例如，犯罪情节是否包含定罪情节、是否囊括罪前情节和罪后情节等。有观点主张，犯罪情节仅指行为人在实施犯罪的整个过程中（从预备到既遂）所表现出来的反映其社会危害性和人身危险性大小的主客观事实，不包括罪前、罪后情节。② 但也有观点认为，犯罪情节在功能上具有定罪与量刑一体两面之用。③ 笔者认为，犯罪情节既包括定罪情节，也包括量刑情节，既包括罪中情节，也包括罪前情节和罪后情节。犯罪是一个过程性的行为，犯罪人更是应被视为一个整体来看待，而影响罪行性质、刑事责任大小和刑罚轻重的因素不仅限于罪中情节，当然也包括罪前情节和罪后情节。④ 事实上，这种理解与刑法规定及司法解释、量刑指导意见等相契合。例如，根据刑法第 13 条的规定，犯罪情节显著轻微，危害不大的，不认为是犯罪，表明了犯罪情节与犯罪认定之间的关系。⑤ 刑法第 16 条、第 18 条、第 19 条、第 22 条、第 29 条、第 67 条、第 68 条分别载明犯罪主体、罪前情节、罪后情节对定罪量刑的影响，类似原则还广泛分布于刑法分则及大量司法解释中。当然，在对上述量刑情节进行综合运用过程中，上述量刑情节并非同等重要而应有所侧重，形成以“责任刑为主、预防刑为辅”，呈现梯度的裁量标准，从而最终确保罪责刑相适应，实现刑罚的公平，发挥刑法惩治和预防作用。例如，《最高人民法院、最高人民检察院关于常见犯罪的量刑指导意见（试行）》就规定，对犯罪嫌疑人量刑时，应当以定性为主，定量为辅，依次确定量刑起点、

① 参见胡云腾：《论我国刑法中的情节》，西南政法学院 1986 年硕士学位论文。

② 参见胡云腾：《论我国刑法中的情节》，西南政法学院 1986 年硕士学位论文。

③ 参见贺洪波：《我国〈刑法〉第 37 条研究》，西南政法大学 2014 年博士学位论文。

④ 参见陈伟、高杭轩：《定罪免刑的适用现状与规范判断路径——以 256 份刑事判决书为实证分析》，载《河北工业大学学报（社会科学版）》2023 年第 6 期。

⑤ 例如，最高人民检察院第五十二批指导性案例中，朱某涉嫌盗窃不批捕复议复核案（检例第 209 号）供给了参照适用的指导性原则。

基准刑和宣告刑，并对具有多个量刑情节的情形明确了量刑方法和步骤。检察官应当提升自身量刑能力，检察机关应强化检察官量刑能力培训和裁量权实践制度，确保检察官准确运用法律，依法裁量“犯罪情节轻微，不需要判处刑罚或免除刑罚”，特别注意在共同犯罪案件中，在对部分认罪认罚的被告人从宽处理时，关注并实现全案的裁量平衡。检察官只有严格依照法律，严谨规范行使不起诉裁量权，才能切实维护法律统一正确实施，提升司法公信力，保障法律赋予的检察不起诉裁量权行使不断优化并行稳致远。

（二）完善认罪认罚案件诉讼程序衔接，充分保障犯罪嫌疑人的权利并保护被害人的合法权益

认罪认罚从宽制度作为我国刑事诉讼制度的重要创新，其有效运行依赖对犯罪嫌疑人权利的充分保障和被害人合法权益的保护。为此，必须优化相关诉讼程序，确保该制度的公正性和实效性。

一是加强检察机关与其他司法机关的配合制约，优化辩护人履职条件，并强化履职监督。有效辩护是保障认罪认罚从宽制度正当性的核心，是认罪认罚案件中的必备制度，舍此即无法保障被追诉人认罪认罚的自愿性和有效性，会给程序公正造成极大隐患。[①] 在这一方面，检察机关应当加强与其他司法机关协作配合，加快通知、受理、确定等指定辩护程序性事项办理，为辩护人履职提供充足的时间；[②] 检察官应加强与辩护人事中沟通，充分重视辩护人意见，做实认罪认罚协商。辩护人与犯罪嫌疑人意见出现分歧时，要严格执行法律、司法解释及《指导意见》的相关规定，尊重辩护人在犯罪嫌疑人不认罪认罚情况下的履职属性，防止因辩护人发表不同意见而剥夺犯罪嫌疑人认罪认罚权。检察机关与其他司法机关可以共享数据，构建情况通报及案件质量评查等制度，并加强意见反馈，共同保障认罪认罚案件质量。要加大侦查阶段辩护权保障力度，通过派驻值班律师等措施，更早发挥辩护权在侦查阶段的实质性作用，推动认罪认罚案

① 参见闵春雷：《认罪认罚案件中的有效辩护》，载《当代法学》2017 年第 4 期。

② 如 D 市 DB 县检察院与县司法局建立会签机制，明确 7 日内完成程序性事项。

件质量“关口前移”。

二是检察机关要真正落实刑事诉讼听取被害人意见的制度，充分保障被害人合法权益。在刑事诉讼中，发表意见是被害人维护自身合法权益的重要手段，被害人既可以就实体问题发表意见，也可以就程序问题表达看法。检察机关要牢固树立被害人权利程序保障理念，充分尊重被害人在刑事诉讼中的权利地位，严格落实《指导意见》第 16 条至第 18 条的规定，保障被害人在案件诉讼中的参与度，增强司法保护力度，探索运行赔偿金提存等制度，注重对被害人不合理意见的释法说理，提升案件办理结果的可接受度，帮助被害人理解法律，争取获得被害人支持和理解，充分运用司法救助关爱因案受困的被害人，提升司法温度。

（三）完善认罪认罚案件质量内控程序，向外织密不起诉后续配套举措之网

1. 完善内部监督管理体系，修订考核标准，建立容错机制，形成检察官聚力开展认罪认罚从宽工作的制度保障体系

首先，应当完善检察机关案件质量内控程序，在案件审批等事项上需要实行繁简分流。对于事实清楚，证据确实、充分的认罪认罚轻罪案件，应充分赋予检察官自主决策权，减少程序性审批，并通过数据分析、文书评比、“一岗双责”履行等方式加强对案件质量监管和司法办案风险管控。对于重大、疑难、复杂案件则通过检察官联席会、检察委员会讨论和部门负责人、分管检察长、检察长监督等方式，加强案件质量把关。其次，细化和优化案件评查标准。对不起诉决定被撤销的案件应区分原因，对非因承办检察官重大过失或非因“人情案”“关系案”“金钱案”而作出的不起诉决定，不应该一概追究检察官的办案责任，而是应容忍检察官依法正当履职出现的失误。对于因承办检察官严重不负责任而引发的被告人、被害人申诉、信访的，应当逐案倒查追责，倒逼检察官规范履职。通过责罚分明的质量管控体系，增强检察官依法履职意识，减轻检察官适用不起诉时的思想顾虑，激发其内生动力。

2. 向外织密不起诉后续衔接配套举措之网

我国法律及相关文件对行刑双向衔接[①]均有规定，但相较于正向衔接，反向衔接概念的正式提出和确立略晚，内容和程序上具有原则性和笼统性。笔者认为，双向衔接现行条件下可行的优化路径是：首先，在行刑双向衔接、府检联动等现实制度支持下，通过行政执法机关、司法机关及有关机关分别制发或共同会签实施细则方式，将衔接标准和程序细化，助推制度落实。例如，D 市某县检察院与 19 家行政机关签订完善行政执法与刑事司法双向协作衔接机制的意见，通过强化信息共享、明确线索移送与反馈、监督与协作配合等证据标准、程序等，工作合力明显增强，有效促进不同法律领域的协调统一。其次，继续加强现有“不起诉+公益服务”“不起诉+跟踪考察”等“不起诉+”模式的实践探索和经验总结，既鼓励和保护依法开展的有益的实践探索，也要注意探索创新的“度”，严防因“于法无据”而“权力过界”。在推行新模式时，应依法慎重审查、稳步推进，及时总结和完善，在稳步推进中逐步形成可行性配套制度体系。通过从下至上的实践探索和充分调研论证，适时完善不起诉的法律供给，确保制度实施的合法性和合理性，做好不起诉“后半篇文章”，以真正释放认罪认罚从宽及相对不起诉制度的治理效能。

① 这是指行政执法与刑事司法之间的衔接，也称“两法”衔接，包括正向衔接和反向衔接。正向衔接，是指行政执法机关查处的案件，因涉嫌犯罪应当移送公安、司法机关立案侦查而没有移送，检察机关依法监督行政执法机关移送案件的法律活动；反向衔接，是指公安、司法机关立案侦查的案件，检察机关经审查，依法作出不起诉决定，不追究刑事责任，但是需要给予行政处罚，向有关主管机关提出处理建议，并移送相关案件的法律活动。

追诉时效适用于脱逃罪的规则与实例检验*

王登辉**

【摘　要】追诉时效适用于脱逃罪的步骤和影响因素，较之适用于其他犯罪并无不同。脱逃罪是状态犯，不是继续犯，追诉时效起点是犯罪成立之日，不是脱逃行为终了之日。依据1979年刑法，脱逃罪分为基本犯和情节加重犯，但二者对应的追诉时效期限均是十年。发生在1997年9月30日以前的脱逃罪，适用1979年刑法分析其追诉时效问题；司法机关第一次决定对犯罪嫌疑人采取强制措施之日在追诉时效期限届满之日以前的，未超过追诉时效，可以追诉，且无论犯罪嫌疑人何时到案，均可以追诉。发生在1997年10月1日以后的脱逃罪，适用1997年刑法分析其追诉时效问题；侦查机关刑事立案之日在追诉时效期限届满之日以前的，未超过追诉时效，可以追诉，且无论犯罪嫌疑人何时到案，均可以追诉。反之，则超过了追诉时效，不能追诉。正常办案的情况下，发现了犯罪事实会在较短时间内立案侦查，并决定对犯罪嫌疑人采取强制措施，脱逃罪就不会超过追诉时效；在非正常办案的情况下，脱逃罪仍有可能超过追诉时效而不能追诉。

【关键词】脱逃罪；追诉时效；追诉时效期限；追诉时效终止

---

* 本文系国家检察官学院2022年度科研基金资助项目“追诉时效的基本理论与司法应用”（项目编号：GJY2022D35）的研究成果。

** 西南政法大学刑事检察研究中心研究员、硕士生导师，法学博士。

近年来，依法被关押的罪犯、被告人、犯罪嫌疑人脱逃十余年、二十余年、三十余年才到案的相关新闻报道频见，引起社会和学界的广泛关注。追诉时效如何适用于脱逃罪，或曰追诉时效适用于脱逃罪相比适用于其他犯罪有没有特殊性，是一个热门话题。分析 1997 年 9 月 30 日以前发生且审结的脱逃罪案件中追诉时效如何适用，现实意义有限；行为人在 1997 年 9 月 30 日以前脱逃且脱逃时间长于十年、在 1997 年 10 月 1 日以后到案的，以及行为人在 1997 年 10 月 1 日以后脱逃且脱逃时间长于十年的，其追诉时效的适用存在巨大争议。

尽管一些裁判文书未提及“追诉时效”字样，但不难想到，辩方和办案机关存在巨大争议。以真实案例为研究样本，具有重要的现实价值和理论价值。

一、追诉时效的适用对象、适用步骤和影响因素

在分析追诉时效之前，有必要重申侦查办案的基本常识。侦办刑事案件的困难大体上可以分为四大类：犯罪事实发现难；被害人身份查明难；犯罪嫌疑人身份查明难；犯罪嫌疑人抓获难。有时破案不存在困难，如行为人犯罪后马上自首的；有时会集齐四大困难，如被害人死亡多年后被偶然发现部分骸骨的。脱逃罪不存在罪与非罪的定性之争，通常无被害人，犯罪事实极易发现，犯罪嫌疑人的身份极易查明，且立案时无一例外均已查明了犯罪事实和犯罪嫌疑人的身份，这是其特殊之处。可以说，侦破脱逃罪案件的唯一困难在于找到犯罪嫌疑人。有的犯罪比较容易被发现，有的犯罪不容易被发现。有的犯罪会被刑事立案，有的犯罪未被刑事立案——犯罪黑数的总量和比例远大于人们的通常估计，而学者几乎从不考虑追诉时效如何适用于犯罪黑数。有的犯罪立案后能够破案——何时破案是不确定的，还有很多案件难以侦破，甚至永远未侦破——立案而未侦破的刑事案件比人们通常估计的要多得多，而学者几乎从不考虑追诉时效如何适用于这些立案而未破案的犯罪。正常较快办结的刑事案件，不存在追诉时效争议，以致人们忘记了追诉时效也可以适用于这些犯罪。人们通常只考虑存在追诉时效争议的刑事案件中的追诉时效适用问题——这种狭隘

的视角使得人们不自觉地犯了“幸存者偏差”和“把熟悉当必须”的双重谬误。我国法律从未规定刑事立案后必须在多长时间内破案，也未规定多长时间内未破案就终止侦查、放弃追究——这是正确解释 1997 年刑法第 88 条第 1 款的关键。

在我国，追诉时效具有丰富的内容，包含了追诉时效期限、起点、中断、终止、核准追诉等内容。追诉时效既不等于有限追诉，也不等于无限期追诉，更不等于办案期限。由于 1979 年刑法第 76 条、1997 年刑法第 87 条规定的四种追诉时效期限可以涵盖刑法分则条文规定的每一档法定刑，可以推理出一个重要命题：追诉时效制度适用于一切犯罪。这意味着，追诉时效适用于一切罪名、一切犯罪人，以及公安司法机关发现了的和未发现的犯罪、立案了的和未立案的犯罪、起诉了的和未起诉的犯罪、判决有罪的和未判决有罪的犯罪。1979 年刑法第 77 条、1997 年刑法第 88 条及相关规定中的“不受追诉期限的限制”，不是指不适用追诉时效制度，而是指“不会超过追诉时效，可以追诉，核准追诉不是提起公诉的前置条件”。若不知道延长多久，则无所谓延长；延长至无限长，可以叫无限期追诉，但不能叫延长。中止的基本含义是因发生了法定事由而暂停计算、待事由消除则恢复计算，若不存在恢复计算，则无所谓中止。终止、停止，可以表示永久停止计算的意思。追诉时效终止是追诉时效停止计算，不再发生变化，不会发生中断等变化。故笔者认为，这两条规定的是追诉时效终止，而不是追诉时效延长（或中止）；[①] 我国不存在追诉时效延长（或中止）——这不是问题，无须解决。

现实中，追诉时效的适用方法较为混乱。方法一：犯罪之日至立案之日的时长若长于追诉时效期限，则超过了追诉时效，不能追诉。方法二：犯罪之日至犯罪嫌疑人到案之日的时长若长于追诉时效期限，则超过了追诉时效，不能追诉。方法三：犯罪之日至犯罪嫌疑人被执行强制措施之日

① 参见王登辉：《追诉时效延长抑或终止——〈刑法〉第 88 条之教义学解释及其展开》，载《当代法学》2016 年第 2 期。也有学者认为，该条规定的是追诉时效中止。参见高翼飞：《追诉时效争议问题研究——以刑法和刑事诉讼法的协调为视角》，载《中国刑事法杂志》2020 年第 4 期；骆多：《属性解析与规范释义：脱逃罪追诉时效适用问题研究》，载石经海主编：《量刑研究》第 8 辑，人民法院出版社 2024 年版，第 103 页。

的时长若长于追诉时效期限，则超过了追诉时效，不能追诉。方法四：犯罪之日至提起公诉之日的时长若长于追诉时效期限，则超过了追诉时效，不能追诉。方法五：犯罪之日至审判之日（或一审宣判之日）的时长若长于追诉时效期限，则超过了追诉时效，不能追诉。这五种方法可以统称为时长比较法。方法六：追诉时效期限届满之日在侦查阶段，则应当撤销案件，不能追诉。方法七：追诉时效期限届满之日在审查起诉阶段，则应当不起诉，不能追诉。方法八：追诉时效期限届满之日在审判阶段，则应当中止审理，或者宣告无罪，不能追诉。这三种方法可以统称为追诉时效期限届满时说。这八种方法皆不可取，因为均错误地确定了追诉时效终点。笔者认为，只有按照类型化、标准化的思路，深入分析现行规定的内在逻辑，才能正确确定追诉时效终点，并归纳出可行的步骤和正确的适用方法。

经长期研究，笔者归纳出追诉时效的适用步骤如下："（一）判断适用 1979 年刑法或 1997 年刑法。（二）根据基本犯罪事实找到对应的罪名和量刑幅度，可知对应的法定最高刑。（三）依据 1979 年刑法第 76 条或 1997 年刑法第 87 条确定追诉时效期限。（四）依据 1979 年刑法第 78 条或 1997 年刑法第 89 条确定追诉时效起点。（五）在追诉时效起点上加上追诉时效期限，可知追诉时效期限届满之日，由追诉时效终点在追诉时效期限届满之日以前或以后来判断是否超过了追诉时效。也就是说，依据 1979 年刑法，决定对行为人采取强制措施之日在追诉时效期限届满之日以前的，该犯罪人未超过追诉时效，可以追诉；决定对行为人采取强制措施之日在追诉时效期限届满之日以后的，犯罪超过了追诉时效，一般不能再追诉；依据 1997 年刑法，刑事立案之日（或监察机关立案调查之日、法院受理自诉之日）在追诉时效期限届满之日以前的，犯罪未超过追诉时效，可以追诉；刑事立案之日（或监察机关立案调查之日、法院受理自诉之日）在追诉时效期限届满之日以后的，犯罪超过了追诉时效，一般不能再追诉。（六）若上一步的结论是超过了追诉时效，但存在 1997 年刑法第 88 条第 2 款的情形，可以追诉；若符合报请最高人民检察院核准追诉的条件，依据核准追诉的结果给予相应处理。若判断之日尚未刑事立案，仍可以按照上述步骤推理。”①

笔者发现，追诉时效期限的影响因素仅有基本犯罪事实、对应的法定最高刑、刑事立案之日。基本犯罪事实是决定追诉时效期限的间接因素，对应的法定最高刑是决定追诉时效期限的直接因素，刑事立案之日是追诉时效期限的基准日。而宣告刑及影响宣告刑的个性化因素（主要是量刑情节和其他边缘事实）对追诉时效期限无影响。也就是说，追诉时效的影响因素只有基本犯罪事实（反映罪名和对应的法定刑即可）、犯罪之日、刑事立案之日（适用 1997 年刑法）或采取强制措施之日（适用 1979 年刑法）、有无再犯罪（在追诉时效内又犯罪则追诉时效中断），例外情况下还有被害人及其家属的控告、最高人民检察院核准追诉。量刑情节、犯罪详细经过、办案中的困难、案发时间、社会影响、犯罪嫌疑人是否认罪等因素，均不是追诉时效的影响因素，无须考虑。②

上文关于追诉时效的适用对象、适用步骤和影响因素的论断，具有普适性，同样适用于脱逃罪。追诉时效适用于脱逃罪，并没有什么特殊性，后文将结合实例论证这一点。

二、对有关脱逃罪的学术观点的评析

实践中有观点认为，无论是处于监狱、看守所内服刑的罪犯，还是处于羁押状态的犯罪嫌疑人、被告人及罪犯，无论是已决犯还是未决犯，其所犯的脱逃罪均应当受刑法所预先设置的追诉时效的限制。该种意见在理解上有不同的认识，其一，这里的“脱逃行为结束”不是指“成功脱逃了”，而是指“脱逃后被动或主动归案”，实际上把脱逃成功后的逃避侦查的行为与脱逃罪的实行行为混为一谈。其实，脱逃罪是状态犯，脱逃既遂后只有不法状态在持续；其不是继续犯，不能认为成功脱逃的犯罪人的逃避侦查的行为是在持续实施脱逃罪。对这一问题的认识，影响对脱逃罪的

① 王登辉：《“追诉时效制度司法适用指引（学术建议稿）”及其证成》，载《警学研究》2024 年第 4 期。

② 参见王登辉：《论法定刑修改对追诉时效的影响——以贪污受贿犯罪为例》，载《政治与法律》2017 年第 7 期；王登辉：《“追诉时效制度司法适用指引（学术建议稿）”及其证成》，载《警学研究》2024 年第 4 期。

成立、行为终了之日的认定，影响到追诉时效起点的确定。现实中，大量脱逃罪的立案之日早于脱逃状态结束之日，按该学者的观点几乎不能确定追诉时效终点，由归谬法可知其不妥。行为人逃脱后完全有可能一去不复返，一直未抓回，按此观点追诉时效一直计算下去，必定会长于相应的追诉时效期限。其二，我国 1979 年刑法第 77 条、1997 年刑法第 88 条规定的不是追诉时效延长，更未规定追诉时效延长的审批机关、延长期限等，我国不存在也不必规定追诉时效延长；即使这两条规定的是追诉时效延长，也不是程序问题，与程序无关。这两条规定的是追诉时效终止，也是笔者提出追诉时效终点二分法说①的法律依据。若无视 1979 年刑法第 76 条至第 78 条、1997 年刑法第 87 条至第 89 条的不同，笼统地认为其规定了追诉时效终点强制措施时说或立案时说欠妥。

有学者认为，宜将脱逃罪认定为继续犯，追诉时效自脱逃行为结束起算。追诉时效的延长属程序问题，应适用立案说，而非强制措施说。② 其实，脱逃罪是状态犯，犯罪终了后只有不法状态在持续；其不是继续犯，不能认为成功脱逃的犯罪人的逃避侦查的行为仍是在持续实施脱逃犯罪。这影响对脱逃罪的犯罪成立、行为终了之日的认定，影响追诉时效起点的确定。我国 1979 年刑法第 77 条、1997 年刑法第 88 条规定的是追诉时效终止，很多人因此提出追诉时效终点的强制措施时说和立案时说，而笔者因此提出二分法说。③ 若无视 1979 年刑法、1997 年刑法的不同而笼统地提出立案说是欠妥的。按该学者的观点，若立案之日早于脱逃行为结束之日，则追诉时效终点不得而知。由归谬法可知其不妥。

有学者认为，脱逃后只是不法状态的持续，构成要件符合性并未持续，故脱逃罪不是连续犯、继续犯，而是状态犯，应从行为人非法脱离了监管场所，或者从应当返回监管场所之日起开始计算追诉时效。实践中，脱逃罪看似无追诉期限的限制，实则是因行为人脱逃后，监狱侦查部门随即进行了立案侦查，并非因为脱逃罪是连续犯或者继续犯。若脱逃后相关

① 王登辉：《追诉时效的适用规则与实例检验》，载《澳门法学》2023 年第 2 期。

② 参见周鹏：《脱逃罪追诉时效问题研究》，载《中国应用法学》2022 年第 5 期。该文中的立案说、强制措施说分别和本文中的立案时说、强制措施时说相同。

③ 参见王登辉：《追诉时效的适用规则与实例检验》，载《澳门法学》2023 年第 2 期。

部门未进行立案侦查，则应从脱逃之日起计算追诉期限，因而完全可能因超过追诉时效而不能追究脱逃罪的刑事责任。[①] 对这一观点，笔者基本赞同，美中不足是未区分1979年刑法与1997年刑法相关条款的不同。行为人脱逃后，极易被发现，脱逃后相关部门未进行立案侦查的情形较少。正常情况下，监狱侦查部门或者公安机关会迅速立案侦查，因刑事立案之日未超过追诉时效，不可能由于脱逃十年以上导致追诉时效完成，不存在不能追诉的问题，只是追诉时效起算与终止的时间间隔非常接近而已。1997年10月1日以后的脱逃罪，若侦查机关在脱逃后十年以内未予刑事立案，则因超过追诉时效而不能再追诉。若行为人还有其他罪行（如盗窃、诈骗、抢劫、重婚、伪造身份证件等），则脱逃罪发生追诉时效中断。

有观点认为，脱逃行为导致两种时效的产生：一是导致犯罪人对原罪所不得不承担的、尚未执行完毕刑罚的行刑时效的开始起算；二是导致脱逃行为所构成之新罪的追诉时效开始起算。而我国法律未规定行刑时效，所谓行刑时效的开始起算是不可能的，不存在脱逃一段时间后就不再执行原判刑罚的可能性。若规定行刑时效，在客观上可能起到鼓励脱逃的作用，并不可取。脱逃罪的追诉时效起点是行为人犯脱逃罪之日。脱逃者是未决犯的，说明已经对前罪刑事立案且对其采取羁押性强制措施了，前罪追诉时效已经终止了，不因脱逃罪而发生中断，无论其何时到案，司法机关均可以追诉其前罪，“尚未执行完毕的刑罚”并不存在。脱逃者是已决犯的，属于判决宣告后、刑罚执行完毕前又犯新罪（脱逃罪），前罪追诉时效早已终止，不因脱逃罪而发生中断，根据1997年刑法第71条，应当数罪并罚。这两种情况下，如后文所述，脱逃罪一般不会超过追诉时效，但仍有可能超过追诉时效。

三、依据1979年刑法，追诉时效适用于脱逃罪的步骤

1979年刑法第161条规定：“依法被逮捕、关押的犯罪分子脱逃的，

---

① 参见陈洪兵：《追诉时效的正当性根据及其适用》，载《法治研究》2016年第1期。亦有人认为，脱逃罪是状态犯。参见聂美焱：《脱逃罪并非继续犯而是状态犯》，载《检察日报》2015年12月9日第3版；骆多：《属性解析与规范释义：脱逃罪追诉时效适用问题研究》，载石经海主编：《量刑研究》第8辑，人民法院出版社2024年版，第103页。

除按其原犯罪行判处或者按其原判刑期执行外，加处五年以下有期徒刑或者拘役。以暴力、威胁方法犯前款罪的，处二年以上七年以下有期徒刑。”该条中的“犯罪分子”不仅包括已决犯，还包括未决犯。该条中“依法被逮捕、关押”之用语，不应当只解释为被采取逮捕强制措施，而应当解释为被动或主动到案后被采取羁押性强制措施，包括拘留。该条中的“依法”，不应理解为“程序合法、手续齐全”，而应当是形式合法与实质合法的统一，即罪犯、被告人、犯罪嫌疑人不能是被冤枉的——尽管其脱逃时及之后较长时间很可能未纠正在先错案。若事后查明脱逃的“罪犯、被告人、犯罪嫌疑人”系因司法错误而被无罪关押，就不能追究其涉嫌脱逃罪的刑事责任，也不存在追诉时效起算、数罪并罚的问题。若前罪、脱逃罪均已经作出有罪判决，后来发现前罪系错案，那么脱逃罪判决也是错误的，应当撤销有罪判决，宣告其无罪。

该条规定了两种脱逃罪：脱逃罪的基本犯和情节加重犯。脱逃的基本犯对应的法定刑是“五年以下有期徒刑或者拘役”，法定最高刑是有期徒刑五年。依据 1979 年刑法第 88 条，有期徒刑五年包含本数在内。脱逃罪的情节加重犯对应的法定刑是“二年以上七年以下有期徒刑”，法定最高刑是有期徒刑七年。依据 1979 年刑法第 76 条第 2 项的规定，“法定最高刑为五年以上不满十年有期徒刑的，经过十年”，不再追诉，两种脱逃罪对应的追诉时效期限都是十年。依据 1979 年刑法第 78 条第 1 款，追诉时效起点是犯罪之日，即脱逃罪成立之日，设为 a 年 b 月 c 日（a 年 b 月 c 日早于或为 1997 年 9 月 30 日），追诉时效期限届满之日是 a+10 年 b 月 c-1 日。依据 1979 年刑法第 77 条、1992 年《最高人民检察院关于刑法第七十七条有关采取强制措施的规定应如何适用的批复》（2002 年被废止）、2014 年《全国人民代表大会常务委员会法制工作委员会对刑事追诉期限制度有关规定如何理解适用的答复意见》、2018 年《最高人民法院研究室关于 1979 年刑法第七十七条规定的“采取强制措施”有关问题的答复》，若办案机关第一次决定对犯罪嫌疑人采取强制措施之日在 a+10 年 b 月 c-1 日以前（不要求现实地执行强制措施），就不会超过追诉时效，可以追诉；此时，脱逃罪的追诉时效终点是办案机关第一次决定对犯罪嫌疑人采取强制措施之日。若办案机关第一次决定对犯罪嫌疑人采取强制措施之日在a+10年b月c日以后，就超过了追诉时效，不能追诉；此时，脱逃罪的追诉时效终点是追诉时效期限届满之日。可以推理出：二人以上共同犯脱逃罪的，若办案机关第一次决定对犯罪嫌疑人采取强制措施之日不同，则追诉时效终点也不同。

四、依据1997年刑法，追诉时效适用于脱逃罪的步骤

1997年刑法第316条第1款规定："依法被关押的罪犯、被告人、犯罪嫌疑人脱逃的，处五年以下有期徒刑或者拘役。"该款与1979年刑法第161条第1款没有实质区别，法定刑相同，且只规定了一款法定刑，轻于1979年刑法第161条第2款，可以说废除了脱逃罪的情节加重犯。但不能笼统地说，1997年刑法第316条的法定刑轻于1979年刑法第161条的法定刑。1997年9月30日以前的脱逃罪的基本犯，若在1997年10月1日以后审判，依据从旧原则，应当适用1979年刑法解决定罪量刑问题和追诉时效问题。1997年9月30日以前的脱逃罪的情节加重犯，若在1997年10月1日以后审判，依据从旧兼从轻原则，应当适用1997年刑法解决定罪量刑问题，仍适用1979年刑法解决追诉时效问题。由1997年《最高人民法院关于适用刑法时间效力规定若干问题的解释》推理可知，1997年9月30日以前的犯罪，在1997年10月1日以后刑事立案且立案之日在追诉时效期限届满之日以前，但决定对犯罪嫌疑人采取强制措施之日在追诉时效期限届满之日以后，应当适用1979年刑法，得出"超过了追诉时效"的结论，而不适用1997年刑法得出"未超过追诉时效"的结论。这也适用于脱逃罪。

依据该款，脱逃罪只有一款法定刑，即"五年以下有期徒刑或者拘役"，对应的法定最高刑是有期徒刑五年（含本数）。依据1997年刑法第87条第2项，对应的追诉时效期限为十年。依据1997年刑法第89条第1款，追诉时效起点是犯罪之日，即行为人脱逃之日，而不是脱逃后到案之日或者其他日期。设犯罪之日是a年b月c日（a年b月c日晚于或为1997年10月1日），则追诉时效期限届满之日是a+10年b月c-1日。依

据 1997 年刑法第 88 条第 1 款、2016 年《最高人民法院关于被告人林少钦受贿请示一案的答复》，若侦查机关对该脱逃罪刑事立案之日在追诉时效期限届满之日以前，就不会超过追诉时效；此时，脱逃罪的追诉时效终点是刑事立案之日。若侦查机关对该脱逃罪刑事立案之日在追诉时效期限届满之日以后，就会超过追诉时效，不能追诉；此时，脱逃罪的追诉时效终点是追诉时效期限届满之日。由于共同犯罪也只需要立案一次，由此可以推理出：若二人以上共同犯脱逃罪的，追诉时效起点和终点相同，不因其他原因而不同。尽管目前未查询到行为人因脱逃罪超过追诉时效而不予追诉的实例，不过，脱逃罪超过追诉时效是完全可能存在的——笔者只查询到一则脱逃罪行为人被认为超过追诉时效而终止审理的实例。

大多数情况下，脱逃罪没有被害人，若行为人脱逃时打伤了看守人员，则看守人员是被害人。若看守人员提出控告，要求以脱逃罪立案侦查，但侦查机关不予立案，可以适用 1997 年刑法第 88 条第 2 款，法律后果是不会超过追诉时效的，无论行为人何时到案，均可以追诉。

五、追诉时效适用于脱逃罪之实例检验

这一部分由五个相当复杂的脱逃罪的案例组成，涵盖了追诉时效适用于脱逃罪可能遇到的各种问题，如追诉时效起点、中断、终止、共同犯罪、分案处理、数罪并罚等。“基本案情和主要办案信息”部分按时间先后顺序写，突出重要时间节点和影响因素，并不是“流水账”；“追诉时效分析”部分先按二分法说来分析追诉时效的适用，再阐述按其他学说得出的结论、相关的其他问题。

（一）周某全脱逃案

1. 基本案情和主要办案信息[①]

周某全，1963 年出生。1988 年 7 月 9 日，其因犯盗窃罪被湖南省冷水滩市人民法院判处有期徒刑十四年，剥夺政治权利二年，刑期自 1987 年

① 这部分信息源自湖南省郴州市北湖区人民法院（2020）湘 1002 刑初 292 号刑事判决书。该判决书未提及“时效”“追诉时效”，也未提及周某全的任何刑事强制措施。

10月27日至2001年10月26日。1988年8月5日，其被投入湖南省监狱，后至原湖南省少年犯管教所（现郴州监狱）服刑。

1990年11月3日，周某全脱逃。1990年11月15日，湖南省少年犯管教所向各地公安机关发出协查函，要求发现周某全予以拘捕。2002年4月1日，公安机关将周某全列为网上追逃人员。

周某全脱逃后，先后到重庆、四川、云南、贵州等地，化名“周光辉”生活。

2019年11月24日，周某全在盗窃时被贵州省松桃苗族自治县公安局民警抓获，于2019年11月28日被该局行政拘留十五日。

2019年12月13日，郴州监狱工作人员赶赴松桃苗族自治县。2019年12月15日，周某全被押解到郴州监狱。2019年12月26日，郴州监狱对周某全脱逃案立案侦查。

2020年7月1日，湖南省郴州市北湖区人民检察院提起公诉，指控周某全犯脱逃罪。

2020年8月24日，法院判决：周某全犯脱逃罪，判处有期徒刑二年二个月，原判有期徒刑余刑十年十一个月二十二天，剥夺政治权利二年，数罪并罚，决定执行有期徒刑十二年，剥夺政治权利二年。

2. 追诉时效分析

周某全的行为构成脱逃罪的基本犯，依据1979年刑法第161条第1款，对应的法定刑是“五年以下有期徒刑或者拘役”，法定最高刑是有期徒刑五年（含本数）。依据1979年刑法第76条第2项，对应的追诉时效期限是十年。依据1979年刑法第78条第1款，追诉时效起点是犯罪之日，即脱逃罪成立之日1990年11月3日，追诉时效期限届满之日是2000年11月2日（非最终结论）。依据1979年刑法第77条，若办案机关对周某全因脱逃而第一次决定采取强制措施之日在2000年11月2日以前，周某全的脱逃罪就不会超过追诉时效，可以追诉；若办案机关对周某全因脱逃而第一次决定采取强制措施之日在2000年11月3日以后，其脱逃罪就会超过追诉时效，不能追诉。

问题的焦点是：1990年11月15日，湖南省少年犯管教所向各地公安机关发出协查函，可否拟制为决定对周某全采取强制措施？第一种观点：该协查函应当视为办案机关对周某全采取强制措施，决定对周某全采取强制措施之日在追诉时效期限届满之日以前，未超过追诉时效，可以追诉。第二种观点：该协查函不能视为办案机关对周某全采取强制措施；2019年12月26日才立案，判决书未显示办案机关对周某全采取强制措施（例如签发刑事拘留决定书）的情况，只能认为2019年12月26日以前未对周某全采取强制措施，决定对周某全采取强制措施之日无疑在追诉时效期限届满之日以后，超过了追诉时效，不能追诉。笔者赞同第二种观点。

按立案时说，周某全脱逃罪的追诉时效终点是2019年12月26日；按强制措施时说，根据现有信息无法确定终点；按起诉时说，终点是2020年7月1日；按审判时说，终点是2020年8月24日；按到案时说，终点是2019年12月13日（可能有人认为是2019年11月24日后查明其逃犯身份的当日）；按追诉时效期限届满时说，终点是2000年11月2日。前五种学说均不合理，均无法解释“既然追诉时效期限是十年，为何追诉时效起点至终点的时长不是十年”这一问题，一个重要根源在于未区分追诉时效和追诉时效期限，以致错误地确定了追诉时效终点。第六种学说过于机械，暗含的前提是追诉时效终点无条件等于追诉时效期限届满之日，不受其他因素的影响；根源在于把1979年刑法第76条、1997年刑法第87条当作了对追诉时效终点之规定。这些观点均不可取。

1990年11月3日或4日，湖南省少年犯管教所已经知道周某全脱逃了——既发现了犯罪事实，又查明了犯罪嫌疑人的身份，但未刑事立案。1990年11月15日，湖南省少年犯管教所向各地公安机关发出协查函，仍未刑事立案。2019年12月15日，周某全被押解回郴州监狱，仍未刑事立案。2019年12月26日，郴州监狱才对周某全的脱逃罪立案侦查。这是不规范的，可以说是“不破不立”[①] 的典型。违反了刑事诉讼法关于立案的规定。部分司法机关对刑事立案、强制措施的认识有待提高，可能以为只是手续，需要补办时可以随时补办。不少程序瑕疵、程序违法、认识分歧由此产生。

周某全化名“周光辉”，缺乏细节。若其只是自称“周光辉”，周围的人以为他的名字是“周光辉”，则不构成犯罪。若其伪造、变造、买卖“周光辉”的居民身份证，则涉嫌伪造、变造、买卖身份证件罪；若其在依照国家规定应当提供身份证明的活动中，使用伪造、变造的或者盗用“周光辉”的居民身份证，情节严重，则涉嫌使用虚假身份证件、盗用身份证件罪。这两罪很可能成为犯罪黑数，对其追诉时效分析如下：其对应的追诉时效期限是五年，追诉时效起点是相关身份证件犯罪行为终了之日，即 2019 年 11 月 24 日至 12 月 13 日之间查明其真实身份的某日，设为 2019 年 11 月 28 日，追诉时效期限届满之日是 2024 年 11 月 27 日。若公安机关对其犯罪刑事立案之日在 2024 年 11 月 27 日以前，则未超过追诉时效，可以追诉；若在 2024 年 11 月 27 日以前未对其犯罪刑事立案，就超过了追诉时效，不能追诉。

从常情来看，在二十九年的逃亡生涯中，周某全若只在 2019 年 11 月 24 日盗窃且被抓，可能性较小。易言之，可能有其他盗窃未被发现、未被立案——这些犯罪会成为黑数，若立案未侦破以致未被判决有罪、无相关犯罪记录，则会成为中义的犯罪黑数。由于信息太少，无法分析。

---

① 据笔者不完全统计，1986 年 5 月 8 日谭某意犯脱逃罪，2018 年 8 月 20 日才立案。1986 年 10 月 25 日韩某才犯脱逃罪，2006 年 4 月 12 日才立案。1987 年 3 月 8 日胡某深犯脱逃罪，2018 年 8 月 14 日才立案。1987 年 12 月 14 日梁某英犯脱逃罪，2016 年 3 月 14 日才立案。1988 年 1 月 10 日舒某忠犯脱逃罪，2019 年 11 月 30 日才立案。1990 年 5 月 2 日魏某山犯脱逃罪，2021 年 10 月 17 日才立案。1991 年 6 月 19 日胡某犯脱逃罪，2017 年 7 月 19 日才立案。1991 年 12 月 13 日张某桥犯脱逃罪，2006 年 4 月 22 日才立案。1992 年 3 月 15 日彭某茂犯脱逃罪，2018 年 7 月 3 日才立案。1992 年 10 月 28 日余某桥犯脱逃罪，2006 年 4 月 28 日才立案。1993 年 6 月 27 日何某伟犯脱逃罪，2018 年 10 月 20 日才立案。1994 年 9 月 17 日李某莲犯脱逃罪，2019 年 5 月 23 日才立案。1995 年 4 月 21 日于某军犯脱逃罪，2006 年 4 月 12 日才立案。1995 年 6 月 6 日姚某国犯脱逃罪，2019 年 2 月 7 日才立案。1995 年 10 月 21 日于某犯脱逃罪，2010 年 9 月 19 日才立案。1997 年 5 月 20 日李某波犯脱逃罪，2000 年 1 月 10 日才立案。1998 年 6 月 23 日苑某明犯脱逃罪，12 年后才立案。2003 年 3 月 20 日周某某犯脱逃罪，2018 年 6 月 4 日才立案。

（二）刘某定、梁某脱逃案

1. 基本案情和主要办案信息[①]

刘某定，1967年出生。1990年6月25日，因犯抢劫罪被湖北省恩施土家族苗族自治州中级人民法院（以下简称恩施中院）判处无期徒刑，剥夺政治权利终身。1993年11月17日，法院裁定减为有期徒刑十九年，剥夺政治权利八年。

刘某定在恩施监狱服刑期间，于1994年11月5日晚和罪犯梁某（另案处理）翻越围墙脱逃。刘某定脱逃后，利用购买的假身份证、假迁移证明以“刘宏奇”之名长期在广东省东莞市生活。

1999年6月28日，恩施监狱对刘某定涉嫌脱逃一案立案侦查，于2002年4月1日被列为网上追逃人员。

2019年7月17日，刘某定被抓获归案。

湖北省恩施市人民检察院提起公诉，指控刘某定犯脱逃罪，脱逃日期可能是2019年10月或11月的某日。

2019年12月5日，恩施中院作出一审判决：刘某定犯脱逃罪，判处有期徒刑二年；与前罪没有执行完毕的刑罚有期徒刑十八年十二天、剥夺政治权利八年并罚，决定执行有期徒刑十九年六个月，剥夺政治权利八年。

2. 追诉时效分析

实务中，脱逃罪大多数是单独犯罪，共同犯罪的情况相当少见。刘某定和梁某的行为共同构成脱逃罪的基本犯，依据1979年刑法第161条第1款，对应的法定刑是“五年以下有期徒刑或者拘役”，法定最高刑是有期徒刑五年（含本数）。依据1979年刑法第76条第2项，对应的追诉时效期限是十年。依据1979年刑法第78条第1款，追诉时效起点是犯罪之日，即脱逃罪成立之日1994年11月5日，追诉时效期限届满之日是2004年11

① 这部分信息源自湖北省恩施土家族苗族自治州中级人民法院（2019）鄂2801刑初437号刑事判决书。

月 4 日。依据 1979 年刑法第 77 条，若办案机关对犯罪嫌疑人第一次决定采取强制措施之日在 2004 年 11 月 4 日以前，该犯罪嫌疑人就不会超过追诉时效，可以追诉；若办案机关对全部犯罪嫌疑人第一次决定采取强制措施之日在 2004 年 11 月 4 日以前，则全部犯罪嫌疑人都不会超过追诉时效，可以追诉。该判决书未载明办案机关对刘某定、梁某第一次决定采取强制措施之日（未载明刑事立案日期，但这无影响），无法判断是否在 2004 年 11 月 4 日以前，就无法判断是否超过了追诉时效。从判决书来看，梁某可能仍未到案，故分案处理，但分案处理对追诉时效无影响。

按立案时说，刘某定脱逃罪的追诉时效终点是 1999 年 6 月 28 日；按强制措施时说，终点可能是 2002 年 4 月 1 日，或无法确定；按起诉时说，终点可能是提起公诉之日；按审判时说，终点是 2019 年 12 月 5 日；按到案时说，终点是 2019 年 7 月 17 日；按追诉时效期限届满时说，终点是 2004 年 11 月 4 日。

恩施中院认为，恩施监狱已在追诉时效期间内立案侦查，本案不受追诉时效期间限制。笔者认为，该院认为追诉时效的适用对象是“案件”“本案”而不是犯罪，将“追诉时效期间”和刑法第 88 条的“追诉期限”等同，将“不受追诉时效期间的限制”与“不受追诉期限的限制”等同，均欠妥；径直适用 1997 年刑法，属于法律适用错误。

“（刘某定）利用购买的假身份证、假迁移证明”的时间和具体情况不明，假设发生在 1997 年 9 月 30 日以前，设为 a 年 b 月 c 日。假迁移证明也需要加盖公安机关公章，可以合理推断刘某定涉嫌伪造国家机关证件、印章罪，依据 1979 年刑法第 167 条，对应的法定刑是“三年以下有期徒刑、拘役、管制或者剥夺政治权利”，法定最高刑是有期徒刑三年。依据 1979 年刑法第 76 条第 1 项，对应的追诉时效期限是五年。依据 1979 年刑法第 78 条，追诉时效起点是犯罪之日，即 a 年 b 月 c 日，追诉时效期限届满之日是 a+5 年 b 月 c−1 日。依据 1979 年刑法第 77 条，若司法机关决定对刘某定采取强制措施之日在 a+5 年 b 月 c−1 日以前，其伪造国家机关证件、印章罪就不会超过追诉时效，可以追诉。若否，则超过了追诉时效，不能追诉。

刘某定伪造、买卖“刘宏奇”的居民身份证，涉嫌伪造、买卖身份证件罪；若其在依照国家规定应当提供身份证明的活动中，使用伪造的“刘宏奇”的居民身份证，情节严重，则涉嫌使用虚假身份证件罪。这两罪很可能成为犯罪黑数，对其追诉时效分析如下：其对应的追诉时效期限是五年，追诉时效起点是相关身份证件犯罪行为终了之日，即 2019 年 7 月 17 日，追诉时效期限届满之日是 2024 年 7 月 16 日。依据 1997 年刑法第 88 条第 1 款，若公安机关对其犯罪刑事立案之日在 2024 年 7 月 16 日以前，则未超过追诉时效，可以追诉；若在 2024 年 7 月 16 日以前未对其犯罪刑事立案，就超过了追诉时效，不能追诉。

（三）米某脱逃案

1. 基本案情和主要办案信息[①]

1991 年 10 月 8 日，米某因犯盗窃罪被辽宁省辽阳市中级人民法院判处死刑、缓期二年执行，并剥夺政治权利终身。1994 年 4 月 18 日，法院裁定减为有期徒刑二十年，剥夺政治权利五年。

1997 年 11 月 1 日，米某从抚顺第一监狱脱逃。米某从抚顺逃到广州、深圳，通过虚假身份办理户籍证明，先后在广州、深圳等地靠当保安、贩卖水货维持生活。

2001 年 8 月 10 日，公安机关将米某列为网上追逃人员。

2002 年左右，米某通过一周姓朋友办理了姓名为“周彪”的身份证，之后一直持此证在香港和内地往返，还到过沈阳。脱逃期间，米某以周彪身份非法持有毒品，于 2015 年 8 月 26 日被刑事拘留，同年 12 月 25 日因犯非法持有毒品罪被广东省深圳市罗湖区人民法院判处有期徒刑七年，罚金 3000 元。

2018 年 10 月 28 日，警方发现在揭阳监狱服刑的“周彪”与在逃人员米某高度相似，米某最终承认了自己利用虚假姓名掩盖脱逃的犯罪事实。

---

① 这部分信息源自刘键、蓝梦、董志强：《死缓犯脱逃 22 年：当保安、卖水货，终因染上毒品再次落网》，载《检察日报》网，https://mp.weixin.qq.com/s/GySucff4iCCOyzQZMHBsvQ；辽宁省抚顺市顺城区人民法院（2019）辽 0411 刑初 197 号刑事判决书，该判决书提未提“追诉时效”。

2019 年 3 月 10 日，米某被狱侦人员押解回抚顺。

2019 年 8 月 23 日，辽宁省抚顺市河北地区人民检察院提起公诉，指控米某犯脱逃罪。

2019 年 11 月 5 日，辽宁省抚顺市顺城区人民法院作出（2019）辽 0411 刑初 197 号刑事判决：米某犯脱逃罪，判处有期徒刑四年，与前罪没有执行的刑罚十六年三个月十六天，剥夺政治权利五年；实行数罪并罚，决定执行有期徒刑十九年，剥夺政治权利五年；与米某因非法持有毒品罪被判处的有期徒刑七年，并处罚金 3000 元实行数罪并罚，决定执行有期徒刑二十年，并处罚金 3000 元，剥夺政治权利五年。

2. 追诉时效分析

米某的行为构成脱逃罪，发生在 1997 年 10 月 1 日以后，依据 1997 年刑法第 316 条第 1 款，对应的法定刑是“五年以下有期徒刑或者拘役”，法定最高刑是有期徒刑五年（含本数）。依据 1997 年刑法第 87 条第 2 项，对应的追诉时效期限是十年。依据 1997 刑法第 89 条第 1 款，追诉时效起点是犯罪之日，即 1997 年 11 月 1 日，追诉时效期限届满之日是 2007 年 10 月 31 日。依据 1997 年刑法第 88 条第 1 款，若侦查机关对该脱逃罪刑事立案之日在 2007 年 10 月 31 日以前，就不会超过追诉时效，无论米某何时到案，均可以追诉；若侦查机关对该脱逃罪刑事立案之日在 2007 年 11 月 1 日以后，就超过了追诉时效，不能追诉。该刑事判决书只提到了“案件来源、到案经过等证据材料”，未提及立案决定书等，未明确载明立案之日；不过，2001 年 8 月 10 日，公安机关将米某列为网上追逃人员，据此可以合理推断公安机关在此日以前已经刑事立案了，立案之日在 2007 年 10 月 31 日以前，未超过追诉时效，可以追诉。不过，进行网上追逃却未予立案，亦有可能。

按立案时说，米某脱逃罪的追诉时效终点因信息不足而无法确定；按强制措施时说，终点约是 2001 年 8 月 10 日；按起诉时说，终点是 2019 年 8 月 23 日；按审判时说，终点是 2019 年 11 月 5 日；按到案时说，终点是 2019 年 3 月 10 日；按追诉时效期限届满时说，终点是 2007 年 10 月 31 日。

米某办理“周彪”虚假身份证的行为还可能构成伪造、买卖身份证件罪的基本犯，依据1997年刑法第280条第3款，对应的法定刑是“三年以下有期徒刑、拘役、管制或者剥夺政治权利”，法定最高刑是有期徒刑三年，依据1997年刑法第87条第1项，对应的追诉时效期限是五年。依据1997年刑法第89条第1款，追诉时效起点是相关身份证犯罪行为终了之日，即2015年12月25日，追诉时效期限届满之日是2020年12月24日。依据1997年刑法第88条第1款，若公安机关在2020年12月24日以前对其犯罪刑事立案，则未超过追诉时效、可以追诉；若在2020年12月24日以前未对其犯罪刑事立案，就超过了追诉时效，不能追诉。不过，该罪未被立案、追诉，则会永远成为犯罪黑数。追诉时效适用于犯罪黑数的结论是，超过了追诉时效，不能追诉。

米某犯非法持有毒品罪，依据1997年刑法第348条，对应的法定刑可能是“三年以上七年以下有期徒刑，并处罚金”，法定最高刑是有期徒刑七年，对应的追诉时效期限是十年；对应的法定刑也可能是“七年以上有期徒刑或者无期徒刑，并处罚金”，法定最高刑是无期徒刑，对应的追诉时效期限是二十年。该罪不存在追诉时效争议，故分析其追诉时效适用较简略。由于脱逃罪的追诉时效终止在前，故该罪不会导致脱逃罪的追诉时效中断，亦不会产生其他影响。

结合1997年刑法第69条至第71条，可以归纳出下列司法规则：未决犯实施了脱逃罪，属于“判决宣告以前一人犯数罪”，依据1997年刑法第69条，应当数罪并罚。已决犯实施了脱逃罪，属于“判决宣告以后，刑罚执行完毕以前，被判刑的犯罪分子又犯罪”，依据1997年刑法第71条，应当数罪并罚。无论未决犯还是已决犯，行为人脱逃期间犯新罪且先决的，若新罪刑罚执行完毕后才发现其逃犯身份，该已决之新罪不影响未决之罪（或已决之罪）与脱逃罪的并罚；行为人脱逃期间犯新罪且先决的，若新罪刑罚执行完毕以前发现其逃犯身份的，应当三罪并罚。辽宁省抚顺市顺城区人民法院的判决很好地适用了数罪并罚的相关条款，值得肯定。

另外，米某的姐姐帮助米某逃至深圳的行为，构成窝藏罪的基本犯，依据1997年刑法第310条，对应的法定刑是“三年以下有期徒刑、拘役或者管制”，法定最高刑是有期徒刑三年。依据刑法第87条第1项，对应的追诉时效期限是五年，追诉时效起点很可能是 1997 年 11 月的某日，设为 a 日，则追诉时效期限届满之日是 2002 年 11 月 a-1 日。很显然，司法机关知道米某的姐姐犯窝藏罪很可能晚于 2018 年 10 月，显然在 2002 年 11 月 a-1 日以后，超过了追诉时效，不能追诉，不能刑事立案。其犯罪成为黑数，追诉时效终点是 2002 年 11 月 a-1 日。

（四）赵某应脱逃案

1. 基本案情和主要办案信息[①]

1999 年 6 月 9 日，赵某应因犯抢劫罪，以“李勇”之名被甘肃省兰州市城关区人民法院判处有期徒刑四年，刑期自 1998 年 9 月 2 日起至 2002 年 9 月 1 日止。

2000 年 10 月 15 日，赵某应在永登监狱服刑时，翻墙脱逃。

2016 年 3 月 24 日，赵某应在甘肃省兰州市城关区甲火锅店内盗取现金 2100 元。2016 年 3 月 24 日，赵某应在甘肃省兰州市城关区乙火锅店内盗取现金 1397 元。2016 年 6 月 30 日，甘肃省兰州市城关区人民检察院提起公诉，指控赵某应犯盗窃罪。2016 年 8 月 8 日，甘肃省兰州市城关区人民法院判决：赵某应犯盗窃罪，判处有期徒刑七个月，罚金 2000 元。2016 年 10 月 24 日，赵某应刑满释放。

2018 年 10 月 22 日，甘肃省兰州市城关区人民法院判决：赵某应犯盗窃罪，判处有期徒刑十个月。2019 年 5 月 10 日，赵某应刑满释放（未查到刑事判决书，盗窃事实暂不清楚）。

2021 年 1 月 7 日，赵某应因脱逃罪被抓获归案。

2021 年 5 月 26 日，甘肃省兰州新区人民检察院提起公诉，指控赵某应犯脱逃罪。

2021 年 6 月 29 日，甘肃省兰州新区人民法院公开开庭审理，公诉机关出示了狱内案件立案表、罪犯逃脱登记表等。

---

① 这部分信息源自甘肃省兰州新区人民法院（2021）甘 0191 刑初 107 号刑事判决书、甘肃省兰州市城关区人民法院（2016）甘 0102 刑初 1397 号刑事判决书。第一份判决书未提及追诉时效。

2021 年 6 月 30 日，甘肃省兰州新区人民法院作出（2021）甘 0191 刑初 107 号刑事判决：赵某应犯脱逃罪，判处有期徒刑三年六个月，与前罪余刑一年十一个月十五天合并执行，决定执行有期徒刑五年。

2. 追诉时效分析

赵某应从永登监狱脱逃的行为构成脱逃罪的基本犯。依据 1997 年刑法第 316 条第 1 款，对应的法定刑是“五年以下有期徒刑或者拘役”，法定最高刑是有期徒刑五年（含本数）。依据 1997 年刑法第 87 条第 2 项，对应的追诉时效期限是十年。依据 1997 年刑法第 89 条第 1 款，追诉时效起点是犯脱逃罪之日 2000 年 10 月 15 日，追诉时效期限届满之日是 2010 年 10 月 14 日。依据 1997 年刑法第 88 条第 1 款，若侦查机关（永登监狱）对赵某应脱逃罪刑事立案之日在 2010 年 10 月 14 日以前，就不会超过追诉时效，无论赵某应何时到案，均可以追究其刑事责任；追诉时效终点是监狱立案之日。若侦查机关（永登监狱）对赵某应脱逃罪刑事立案之日在 2010 年 10 月 15 日以后，就超过了追诉时效，依据 2018 年刑事诉讼法第 16 条第 2 项，不能追诉赵某应的脱逃罪；追诉时效终点是 2010 年 10 月 14 日。

按立案时说、强制措施时说，赵某应脱逃罪的追诉时效终点因信息不足而无法确定；按起诉时说，终点是 2021 年 5 月 26 日；按审判时说，终点是 2021 年 6 月 29 日或 30 日；按到案时说，终点是 2021 年 1 月 7 日；按追诉时效期限届满时说，终点是 2010 年 10 月 14 日。

2016 年 3 月 24 日，赵某应犯盗窃罪，显然在 2010 年 10 月 15 日以后，不符合“在脱逃罪的追诉时效期限以内”的条件，便不可能使脱逃罪的追诉时效中断。尽管不知道赵某应第二次因盗窃罪被判刑的犯罪事实（特别是犯罪日期），但可以肯定的是，不会导致脱逃罪的追诉时效中断，也不会导致 2016 年的盗窃罪的追诉时效中断，因为其 2016 年的盗窃罪的追诉时效终止于刑事立案之日，终止后不再变化。

赵某应是少有的犯脱逃罪后以真实姓名生活，没有逃到外地的罪犯。那么，赵某应犯脱逃罪后，有没有实施逃避侦查的行为呢？司法机关长期以为犯抢劫罪和脱逃罪的人是“李勇”，并不知道真实身份是赵某应。就赵某应而言，使用真名显然比使用“李勇”的名字更安全，仍应当认为其有逃避侦查的行为。现实中，有人犯重罪后为了逃避侦查而故意犯轻罪并暴露自己，以求隐于狱中。而本案中，谈不上赵某应为了不被发现其犯了脱逃罪而故意犯盗窃罪。

（五）刘某云脱逃案

1. 基本案情和主要办案信息①

刘某云，1973年出生。1993年4月1日，刘某云因犯盗窃罪被四川省长宁县人民法院判处有期徒刑四年。1993年6月17日，刘某云被投入四川省兴文监狱服刑。

1995年6月20日，刘某云与赫某某、张某某结伙脱逃。

1996年11月26日，刘某云冒名“李德均”，因犯盗窃罪被云南省曲靖市中级人民法院判处有期徒刑四年。1997年2月27日，刘某云被投入云南省东山监狱服刑，其间获减刑九个月，于1999年7月22日刑满释放。

2000年4月25日，刘某云冒名“谭斌”，因犯抢劫罪被云南省昭通市中级人民法院判处有期徒刑三年，并处罚金1000元。2000年5月24日，刘某云被投入云南省富源监狱服刑。

2001年2月9日，刘某云利用在监狱外劳动的机会脱逃。

2006年8月11日，刘某云冒名“汪美美”，因犯盗窃罪被贵州省水城县人民法院判处拘役五个月，并处罚金1000元，在贵州省水城县看守所服刑。2006年9月17日，刘某云被刑满释放。

2012年5月17日，刘某云冒名“汪美美”，因犯抢劫罪、过失致人死亡罪被贵州省安顺市中级人民法院判处有期徒刑十九年，剥夺政治权利五年，并处罚金2万元，刑期自2011年6月18日至2030年6月17日。刘某云于2012年6月21日被投入安顺监狱服刑。

2014年7月19日，刘某云向监狱主动供述两次脱逃的犯罪事实。

2015年8月18日，贵州省安顺市西秀区人民检察院提起公诉，指控刘某云犯脱逃罪。

① 这部分信息源自贵州省安顺市西秀区人民法院（2015）西刑初字第447号刑事判决书。

2015年10月23日，一审法院判决：刘某云犯脱逃罪，判处有期徒刑二年。原判犯盗窃罪，判处有期徒刑四年，余刑一年五个月二十六天；原判犯抢劫罪，判处有期徒刑三年，并处罚金1000元，余刑一年十一个月三天，总和刑期有期徒刑五年四个月又二十九天，并处罚金1000元，决定执行有期徒刑五年，并处罚金1000元。

2. 追诉时效分析

刘某云、赫某某、张某某共同犯罪，均构成脱逃罪的基本犯，依据1979年刑法第161条第1款，对应的法定刑是“五年以下有期徒刑或者拘役”，法定最高刑是有期徒刑五年（含本数）。依据1979年刑法第76条第2项，对应的追诉时效期限都是十年。依据1979年刑法第78条第1款，追诉时效起点是犯罪之日，即脱逃罪成立之日1995年6月20日，追诉时效期限届满之日是2005年6月19日（非最终结论）。依据1979年刑法第77条、1997年《最高人民法院关于适用刑法时间效力规定若干问题的解释》第1条，若办案机关对刘某云因脱逃罪而第一次决定采取强制措施之日在2005年6月19日以前，刘某云的脱逃罪就不会超过追诉时效，可以追诉，追诉时效终点是决定对刘某云采取强制措施之日；若办案机关对刘某云、赫某某、张某某因脱逃罪而第一次决定采取强制措施之日都在2005年6月19日以前，则三人的脱逃罪都不会超过追诉时效，可以追诉。

因信息有限，只能初步判断刘某云犯盗窃罪（由云南省曲靖市中级人民法院判决）的日期在1995年6月20日以后、1996年11月25日以前，系在脱逃罪的追诉时效期限届满之日以前犯新罪，依据1979年刑法第78条第2款，脱逃罪的追诉时效中断，重新从犯盗窃罪之日起算，若其盗窃行为有多次，则从最后一次盗窃罪之日起算。

因信息有限，只能初步判断刘某云犯抢劫罪（由云南省昭通市中级人民法院判决）的日期在1999年7月22日以后、2000年4月24日以前，系在脱逃罪的追诉时效期限届满之日以前又犯新罪，依据1997年刑法第89条第2款，脱逃罪的追诉时效中断，重新从犯抢劫罪之日起算，若其抢劫行为有多次，则从最后一次抢劫罪之日起算，意味着第一次脱逃罪的追诉时效期限届满之日可能是2009年7月22日以后、2010年的某日。

刘某云从富源监狱逃出的行为构成脱逃罪的基本犯。依据1997年刑法第316条第1款，对应的法定刑是“五年以下有期徒刑或者拘役”，法定最高刑是有期徒刑五年（含本数）。依据1997年刑法第87条第2项，对应的追诉时效期限是十年。依据1997年刑法第89条第1款，追诉时效起点是犯罪之日，即脱逃罪成立之日2001年2月9日，追诉时效期限届满之日是2011年2月8日。依据1997年刑法第88条第1款，若侦查机关对刘某云的这次脱逃罪刑事立案之日在2011年2月8日以前，就不会超过追诉时效，无论刘某云何时到案，均可以追究其刑事责任。这次脱逃罪还会导致第一次脱逃罪的追诉时效中断，从2001年2月9日重新起算，届满之日也是2011年2月8日（非最终结论）。

按立案时说、强制措施时说，刘某云第二次脱逃罪的追诉时效终点因信息不足而无法确定；按起诉时说，终点是2015年8月18日；按审判时说，终点是2015年10月23日；按到案时说，终点是2014年7月19日；按追诉时效期限届满时说，终点是2011年2月8日。

刘某云犯盗窃罪（由贵州省水城县人民法院判决），对应的法定刑是“三年以下有期徒刑、拘役或者管制，并处或者单处罚金”，法定最高刑是有期徒刑三年，对应的追诉时效期限是五年。追诉时效起点即犯罪之日，在2001年2月9日以后、2006年8月10日以前，也在两个脱逃罪的追诉时效内，会导致两个脱逃罪的追诉时效中断，重新起算。

刘某云犯抢劫罪、过失致人死亡罪（由贵州省安顺市中级人民法院判决），其抢劫罪对应的法定刑是“十年以上有期徒刑、无期徒刑或者死刑，并处罚金或者没收财产”，法定最高刑是死刑，对应的追诉时效期限是二十年。其过失致人死亡罪，可能是基本犯，也可能是减轻犯，需要分情况讨论，因不重要且篇幅有限，不必分析追诉时效。两罪成立之日在2006年9月17日以后、2011年6月18日以前，假设刘某云犯的抢劫罪成立之日是a年b月c日，晚于过失致人死亡罪，那么，第一种情形：若a年b月c日早于2011年2月8日，则会引起两次脱逃罪的追诉时效中断，追诉时效期限届满之日是a+10年b月c-1日，未超过追诉时效，可以追诉；第二种情形：若a年b月c日晚于2011年2月9日、早于2011年6月18日，则不会引起两次脱逃罪的追诉时效中断，2011 年 2 月 8 日既是两次脱逃罪的追诉时效期限届满之日，也是两次脱逃罪的追诉时效终点。

该判决书未载明侦查机关因刘某云第一次犯脱逃罪而对其采取强制措施的日期，也未载明侦查机关对刘某云第二次犯脱逃罪刑事立案的日期，无法判断是否超过了追诉时效。若办案机关因刘某云第一次犯脱逃罪而决定对其采取强制措施之日、对刘某云第二次犯脱逃罪的立案之日均是 2014 年 7 月 19 日，那么，第一种情形：两个脱逃罪未超过追诉时效，均可以追诉；第二种情形：两个脱逃罪均超过了追诉时效，不能追诉。刘某云有自首情节，但与认定其有逃避侦查的行为不矛盾，对上述两次脱逃罪的追诉时效不产生影响。

按立案时说，刘某云两个脱逃罪的追诉时效终点因信息不足而无法确定，可能是假设的 2014 年 7 月 19 日；按强制措施时说，两个终点不存在，或无法确定；按起诉时说，终点均是 2015 年 8 月 18 日；按审判时说，终点均是 2015 年 10 月 23 日；按到案时说，终点均是 2014 年 7 月 19 日。按追诉时效期限届满时说，刘某云第一个脱逃罪的追诉时效终点是 2005 年 6 月 19 日，第二个脱逃罪的追诉时效终点是 2011 年 2 月 8 日。

此外，曲靖市、昭通市、水城县司法机关按犯罪人自报的姓名办案的可能性较小。若刘某云伪造、买卖“李德均”的居民身份证，依据 1979 年刑法，不构成犯罪。若刘某云伪造、买卖“谭斌”“汪美美”的居民身份证，则涉嫌伪造、买卖身份证件罪，对应的追诉时效期限是五年。追诉时效起点是犯罪之日，由于其又犯抢劫罪，伪造、买卖身份证件罪，盗窃罪，抢劫罪，过失致人死亡罪的日期不明，难以判断是否发生追诉时效中断，故不予分析。

六、结语

综上所述，笔者归纳出来的追诉时效的适用步骤和影响因素具有普适性，同样适用于脱逃罪。由笔者提出的追诉时效终点二分法说可知，发生在 1997 年 9 月 30 日以前的脱逃罪，适用 1979 年刑法分析其追诉时效问题；侦查机关第一次决定对犯罪嫌疑人采取强制措施之日在追诉时效期限届满之日以前的，未超过追诉时效，可以追诉，且无论犯罪嫌疑人何时到案，均可以追诉。发生在1997年10月1日以后的脱逃罪，适用1997年刑法分析其追诉时效问题；侦查机关刑事立案之日在追诉时效期限届满之日以前的，未超过追诉时效，可以追诉，且无论犯罪嫌疑人何时到案，均可以追诉。反之，在侦查机关第一次决定对犯罪嫌疑人采取强制措施之日在追诉时效期限届满之日以后或刑事立案之日在追诉时效期限届满之日以后等非正常办案的情况下，超过了追诉时效，不能追诉——若在审查起诉阶段检察机关发现超过了追诉时效（不是在审查起诉阶段才超过追诉时效），应当决定不起诉；若在审判阶段法院发现超过了追诉时效（不是在审判阶段才超过追诉时效），应当裁定终止审理。犯罪后能否被现实地追究刑事责任，存在很大的不确定性；即使分析结论是“未超过追诉时效，可以追诉”，离刑事责任现实化也相去甚远。

只要知道基本犯罪事实和犯罪之日、立案之日、采取强制措施之日等几个重要时间节点，就可以分析追诉时效；即使不知道裁判结果，也不影响分析。笔者撰写这五件案例分析时引用了裁判结果，在很大程度上是出于“故事完整性”的考虑，有时是为了补充其他信息（如需要反映对应的量刑幅度）的不足。从相关裁判文书可以看出，司法人员对追诉时效的影响因素的认识不清，对立案之日、采取强制措施之日的重要性认识有限，思考方法未类型化、难以复制，以致说理欠缺逻辑性和说服力。这五件案例，对分析追诉时效如何适用于脱逃罪具有重要的类案参考价值。关于脱逃罪的案例分析颇多，但其难度几乎都小于本文所举的真实案例的难度。

在正常办案的情况下，侦查机关发现了犯罪事实会在较短时间内立案侦查，若查明了犯罪嫌疑人的身份会在短期内决定对犯罪嫌疑人采取强制措施——倘如此，脱逃罪不会超过追诉时效、可以追诉，很难想象脱逃罪竟会超过追诉时效。在非正常办案的情况下，仍有可能超过追诉时效而不能追诉。可能有人认为，追诉时效适用于某个罪名的结论不可能全部是“未超过追诉时效”——这种直觉是对的，若不能自洽且周延地分析追诉时效的适用规则，则可能陷入偏执。脱逃罪既遂后的逃避侦查的行为与其他犯罪的逃避侦查的行为无甚区别，也与自首不矛盾，可以并存。在逃避侦查期间犯新罪相当常见，犯新罪且以假名服刑的情况并不少见，故需要注意行为人有没有实施盗窃、伪造、变造、买卖身份证件罪，使用虚假身份证件、盗用身份证件罪，重婚等犯罪行为，考虑是否引起追诉时效中断，从而正确适用法律，而不能只说犯罪嫌疑人“隐姓埋名”“销声匿迹”“化名、别名”。由于犯罪黑数大于犯罪明数，未查到犯罪记录只能说明没有确实充分的证据证明又犯新罪，不引起追诉时效中断，不能说明其他。

英国结构化量刑方法的缘起、机理与启示*

邱胜帆**

【摘　要】20世纪末以来，英格兰与威尔士地区的量刑方法逐步由传统的诉权模式走向结构化，形成了以分类分步逐级递进的量刑步骤为量刑框架结构的结构化量刑方法。其在量刑方法的设计理念、量刑指南属性划定、裁量权的规范方式等方面均蕴含着独特的机理，寻找到了促进量刑的一致性与保障法官量刑自由裁量权的平衡点。基于英国结构化量刑方法的相关经验与理念启示，在立足于我国话语体系及刑事司法立法的前提下，我国量刑规范化改革在目标追求上，应以方法一致而非结果一致为导向；在步骤展开及规范方式上应从“量化”逐渐转向“结构化”；在裁量标准上需注重对整体量刑情节的有机统一评价，杜绝孤立地将个别情节作为裁量核心；在规范途径上，加强人民法院量刑说理的全面性、类型性与特性化，充分发挥其规范自由裁量权的填补作用。

【关键词】英国；结构化量刑；结构主义；量刑规范化

在全球量刑改革浪潮的推进下，自20世纪末以来英格兰与威尔士地区的结构化量刑方法（structured sentencing）① 逐步成熟与完善，为量刑搭建

---

* 本文系2024年重庆市研究生科研创新项目“结构化量刑方法的构建研究”（项目编号：CYB240166）的阶段性研究成果。

** 西南政法大学法学院刑法学博士研究生。

① 全文中的英国结构化量刑方法特指英格兰与威尔士地区的量刑方法。

了分类分步逐级递进的框架结构，在美国等较为严格的二维矩阵式量刑方法与瑞典等相对宽松的非数字的言语模式量刑方法之间构建了“中间地带”,[1] 具有其独立的特点与机理。在我国，近二十年来量刑规范化改革的开展与推行，使人民法院的自由裁量权逐步规范化，量刑一致性及公正性也得以加强，其所确定的统一规范量刑法取得了较大的成效，但其缺陷与适用困境也逐渐显现。虽然我国与英国的量刑模式及刑事立法司法背景存在差异，但英国在量刑方法基本理念、量刑指南模型和量刑框架结构的构建上均有值得我国吸收借鉴之处。基于此，本文拟对英国结构化量刑方法的缘起、内容及其核心机理进行全面梳理，并在立足我国话语体系及刑事立法司法的基础上，结合我国量刑规范化改革存在的不足与问题，进行有所取舍的吸收借鉴。

一、英国结构化量刑方法的缘起及内容

（一）英国结构化量刑方法的缘起与发展

在传统的诉权模式之下，自 20 世纪 80 年代起，英国上诉法院越来越多地以判决的形式制定量刑指南，创设并发布量刑指导标准与规则。[2] 但基于人力物力的限制，至 20 世纪 90 年代末，此类量刑指导性判决仅涵盖了一小部分罪行。随着量刑偏差问题及诉权量刑模式缺点的逐渐显现，在全球量刑改革的推动与发展之下，英国量刑方法逐步走向结构化。

1982 年，英国首次呼吁成立量刑委员会（Sentencing Council），其间，学术界多次探讨量刑指南的构建，并提出拟定一个量刑委员会的建议，但一直止步于探讨状态。1998 年犯罪与治安法（Crime and Disorder Act）创设了量刑咨询小组（Sentencing Advisory Panel），旨在起草和咨询量刑指导方针建议，但犯罪与治安法对量刑指南的制定有一定的限制，包括量刑咨询小组提出的量刑咨询建议只限于“某一类罪”而不包括总则性的意见、

① See Roberts, J. V., *Structured Sentencing: Lessons from England and Wales for Common Law Jurisdictions,* Punishment and Society, 2012, 14(3), p. 283.

② 参见彭文华：《英美量刑改革的经验教训》，载石经海主编：《量刑研究》总第 4 辑，社会科学文献出版社 2019 年版，第 5 页。

刑事上诉法院制定量刑指南的途径只能限于上诉案件。[①] 2001 年，内政部对英格兰和威尔士的量刑框架进行审查后进一步展开改革，2003 年刑事司法法（Criminal Justice Act）成立了量刑指导委员会（Sentencing Guidelines Council，SGC）。量刑指导委员会在 2004 年至 2010 年之间陆续发布了 20 余个量刑指南。2007 年，随着监狱人口增加和刑事司法成本上升等问题凸显，有关人员主张收紧现有的量刑方针，以便更准确地预测监狱人口。2008 年，政府成立工作组，负责研究结构化量刑框架和常设量刑委员会的优点、缺点和可行性，在对美国各州及新西兰的量刑模式进行充分研究与调研后，发布了征求意见稿《结构化量刑框架与量刑委员会》（Structured Sentencing Framework and Sentencing Commission）。

在前期调研的基础上，2009 年死因裁判官及司法法（Coroners and Justice Act）的颁布标志着英格兰和威尔士量刑改革进入全新的阶段，[②] 该法案对量刑指南的制定准则及司法适用作出了重大改变。一是正式设立了量刑委员会，取代早期的量刑组织（SAP 与 SGC），旨在提高量刑的透明度和一致性，同时保持司法独立。二是明确了量刑委员会在制定量刑指南时需考量的内容，即法院对犯罪判处的刑罚、促进量刑一致性的需求、判决对受害人的影响、促进公众对刑事司法系统的信心、不同刑罚的成本及其在犯罪预防方面的效果、量刑委员会对量刑指南运行及效果监测的结果。[③] 三是修正了法院遵守量刑指南的义务。该法案第 125 条规定，在对 2010 年 4 月 6 日之后犯下的罪行作出判决时应做到：每个法院在对罪犯判刑时，必须遵守与罪犯案件有关的任何量刑准则；在行使与罪犯判刑有关的任何其他职能时，必须遵守与行使该职能有关的任何量刑准则，除非法院确信

---

① 参见杨志斌：《中英量刑问题比较研究》，知识产权出版社 2009 年版，第 171 页。

② See Julian V. Roberts, *Structured Sentencing Outside the United States*, Gerben Bruinsma, David Weisburd, ed, Encyclopedia of Criminology and Criminal Justice, Springer Reference, 2014, p. 5077.

③ See Roberts, J. V., *Structured Sentencing: Lessons from England and Wales for Common Law Jurisdictions*, Punishment and Society, 2012, 14(3), pp. 272-273.

这样做有悖于司法利益。[①] 自2010年4月英格兰和威尔士量刑委员会正式成立后，其自2011年3月始陆续针对特定犯罪或犯罪群体发布相应的量刑指南。至此，英格兰和威尔士的量刑改革逐渐进入平稳发展阶段。

（二）英国结构化量刑方法的具体内容

英格兰与威尔士的结构化量刑方法主要依据具体的量刑指南展开。在结构化量刑指南的设计上，不同于美国的二维量刑网格对所有的犯罪统一规范，英格兰和威尔士的量刑方法是通过为特定的犯罪或犯罪群体制定指导方针来逐步推进的。例如，从罪名入手，制定《家庭暴力犯罪的量刑指南》《毒品犯罪的量刑指南》《谋杀罪的量刑指南》《入室盗窃的量刑指南》等；又如，从犯罪人入手，制定《儿童及未成年犯量刑指南》《患有精神障碍、发育障碍或神经系统损伤犯量刑指南》等。在量刑指南的制定类别上，量刑委员会制定了针对特定罪行的特定罪行指南（offence-specific guidelines）与针对一般量刑问题和原则的总体指南（overarching guidelines），在具体适用过程中总体指南可与特定罪行指南一起使用（特定罪行指南中未涵盖某些因素且需要总体指南指引），而在没有特定罪行指南的情况下法官和裁判官将参考总体指南进行量刑。截至2024年7月，量刑委员会已针对刑事法院管辖的26类犯罪发布了特定罪行量刑指南及《认罪答辩减轻处罚》《儿童及未成年犯量刑指南》《患有精神障碍、发育障碍或神经系统损伤犯量刑指南》《一般指南：总体原则》等9个总体指南。[②] 在量刑指南的适用层级上，也依据英格兰与威尔士法院层级设置，分为治安法院适用的量刑指南与刑事法院适用的量刑指南这两类。

英格兰与威尔士所确立的依据特定的犯罪或犯罪群体的具体量刑指南，以分类分步逐级递进的量刑步骤为量刑框架结构的结构化量刑方法，

---

① See Andrew Ashworth, and Julian V. Roberts (eds), *The Origins and Nature of the Sentencing Guidelines in England and Wales*, in Andrew Ashworth, and Julian V. Roberts (eds), Sentencing Guidelines: Exploring the English Model, https://doi.org/10.1093/acprof:oso/9780199684571.003.0001, accessed 13 July 2024.

② See https://www.sentencingcouncil.org.uk/sentencing-and-the-council/about-the-sentencing-council/history/.

成为美国结构化量刑方法之外较为典型、全面的量刑方法之一，为英格兰与威尔士量刑划定了独特的框架结构。其量刑方法的具体展开方式与内容，依据罪行差异及其对应的量刑指南的不同而有所不同，以下从总体指南及典型的特定罪行指南所明确的方法内容展开介绍。

1. 一般指南所明确的量刑步骤内容

总体指南中的《一般指南：总体原则》（General Guideline：Overarching Principles）主要针对尚无特定罪行量刑指南的罪行适用，将量刑划分为十个步骤。具体而言：步骤一，作出临时判决（provisional sentence）。主要考量行为人罪责与行为危害两方面。首先，充分考量该罪行的法定最高刑及法定最低刑、上诉法院（刑事法庭）对该罪行作出的量刑判决、对类似罪行的明确量刑指南，同时明确提出审慎应用类似罪行的量刑指南，依据罪行情况进行调整，不能将其视为类推“计算过程”。其次，采取分步方法对犯罪的严重程度进行评估，包括罪犯的罪责、犯罪行为的危害这两部分。前者主要依据罪犯的地位、意图、明知程度、预谋程度、参与实施程度、复杂程度，形成从“故意—轻率—疏忽—低/无责任”“主导作用—重要作用—较小作用”“高度规划—部分规划—较少/无规划”的由高至低层级；后者则依据犯罪行为造成的、故意造成的或可能造成的危害进行评估，依据“造成极其严重危害—造成严重危害或极高危害风险—造成重大危害或较高严重危害风险—无危害/低风险/高风险造成重大危害”的由重至轻判断层级。最后，考量判处刑罚是否能实现相应的量刑目的（罪犯的惩罚、一般预防、罪犯的改造和康复、公众保护、罪犯向受其罪行影响的人作出赔偿），根据具体罪行和罪犯特征权衡各量刑目的的权重。步骤二，考量加重和减轻处罚因素，在临时判决的基础上充分考虑可能使罪行更加严重的因素以及可能减轻罪行严重性或反映个人减刑的因素。此时需要考量可能适用的刑种及其调整，调整罚款、社区服务令、监禁刑及缓刑的具体适用与适用幅度。同时，指南中明确列出具有参考性的增加严重性的因素（法定加重因素、其他加重因素）与降低严重性或体现个人减轻处罚的因素。步骤三，对协助起诉的减刑（reduction in sentence for assistance to prosecution），即考虑量刑法（Sentencing Act）第74条（因协助起诉而减刑）以及任何其他法律规则，使罪犯可能因向检察官或调查人员提供（或愿意提供）帮助而获得减轻刑罚。步骤四，认罪减刑，依据量刑法第 73 条及总体指南中《认罪答辩减轻处罚》的规定，对于犯罪人认罪予以从宽处罚，主要考虑行为人认罪的诉讼阶段确定减刑程度，不考虑承认罪行、配合调查和悔罪态度等因素（视为前步骤中的从宽因素）。① 步骤五，危险性考量，主要是针对量刑法附表 15、附表 18 和附表 19 中特定罪行可能涉及延长刑期、判处无期徒刑时，依据量刑法第 10 部分第 6 章及第 273 条、第 283 条的规定进行认定。步骤六，对某些特别关注的罪犯判处特殊监禁，主要是指属于量刑法附表 13 中规定的罪行，且法院未判处终身监禁或延长监禁，但判处了一定期限的监禁，则刑期必须符合量刑法第 265 条和第 278 条的特殊规定。步骤七，整体性考量，若对罪犯判处多项罪名的刑罚，或罪犯已在服刑，则应根据《罪行与数罪并罚指南》的规定，考虑总刑罚是否公正，并与罪犯的整体犯罪行为相称。步骤八，赔偿和附属命令，对是否作出赔偿或其他附属命令进行考量。如涉及枪支、仿制枪支或攻击性武器犯罪，需依据 2007 年严重犯罪法第 19 条中关于实施严重犯罪预防令的标准。步骤九，判决说理。需依据量刑法第 52 条的规定，说明判决理由并解释判决效果。步骤十，扣除羁押时间，根据量刑法第 325 条和 2003 年刑事司法法第 240A 条的规定，考虑扣除诉讼过程中羁押或保释期间。

2. 特定罪行指南所明确的量刑步骤内容

截至目前，量刑委员会已针对治安法院管辖的 25 类犯罪（包括袭击罪、毒品犯罪、盗窃罪、环境犯罪、公共秩序类犯罪、枪支犯罪、虐待罪等）中的 249 个罪行、刑事法院管辖的 26 类犯罪（在治安法院管辖基础上增加过失杀人罪）中的 285 个罪行发布了特定罪行量刑指南。② 特定罪行量刑指南的具体展开步骤与《一般指南：总体原则》所规定具体步骤相近，但具体步骤安排、确定犯罪类别的具体因素、加重和减轻处罚因素所列举内容基于具体罪行的特性与差异而有所不同。

一是在量刑步骤上，依据特定罪行的罪名性质、立法特殊规定等存在

① See Reduction in Sentence for a Guilty Plea-First Hearing on or after 1 June 2017, https://www.sentencingcouncil.org.uk/.

② See https://www.sentencingcouncil.org.uk/offences/?_offence_collection=drug-offences.

步骤的差异。具体而言：对于不涉及量刑法附表15、附表18和附表19中延长刑期、无期徒刑的特定罪行，则不存在《一般指南：总体原则》中的步骤五即危险性考量；对于罪行不属于量刑法附表13中的，则不存在《一般指南：总体原则》中步骤六对特别关注的罪犯判处特殊监禁。例如，对于受贿行为的量刑，仅有确定犯罪类别、起点和类别范围、对协助起诉的减刑等八个步骤。此外，对于立法有规定最低的最高刑罚的，特定罪行指南中存在最低刑罚条款考量等特定步骤，如入户盗窃、贩运毒品等罪行。二是对于步骤一，由一般指南中的“作出临时判决”转化为“明确犯罪类别”，在特定罪行指南中，量刑委员会依据罪名本身提炼归纳影响行为人罪责和所造成危害的主要因素，[①] 将罪责与行为危害划分等级，即明确犯罪类别。例如，对于提供毒品行为，依据行为人在犯罪中的作用确定罪责并划分为三级，依据所涉毒品的数量确定行为危害并划分为四级；又如，对于受贿行为，在确定犯罪类别时，依据行为人的地位、犯罪预谋程度和实施行为复杂程度将罪责划分为高度责任、中等责任、较小责任三类，再依据对行为损害的评估、所造成的影响（实际的受害者或潜在受害者）以及行为人实际或预期收益将行为危害划分为四类。三是对于步骤二，从简单的“考量加重和减轻处罚因素”变为“起刑点和类别范围”，特定罪行指南在划分了犯罪类别后依据步骤一中罪责与危害划定了矩形表格，确定每级罪责与各类危害行为对应的起刑点和类别范围。在此基础上，依据具体罪行特点及司法实践中出现的常见情况列举出针对个罪的增加严重性因素、降低严重性或体现个人减轻处罚因素（影响量刑的次要因素），并依据这些因素在类别范围中确定一个临时刑罚（主要因素确定临时判决的幅度范围，次要因素确定临时判决的幅度范围内的具体位置）。而后依据罪行的特点与内容展开剩下的步骤，包括步骤三协助起诉的减刑，步骤四认罪减刑，步骤五危险性考量（部分罪名），步骤六对某些特别关注的罪犯判处特殊监禁（部分罪名），步骤七整体性考量，步骤八赔偿和附属命令，步骤九判决说理，步骤十扣除羁押时间。

---

① See Roberts, J. V., *Structured Sentencing: Lessons from England and Wales for Common Law Jurisdictions*, Punishment and Society, 2012, 14(3), p. 277.

二、英国结构化量刑方法的核心机理

英格兰和威尔士采取的逐级分步式的结构化量刑方法与较为典型的美国二维矩阵式量刑方法、瑞典等地言语模式量刑方法存在较大的区别，其在量刑方法的设计理念、量刑指南属性、裁量权规范结构等方面蕴含着独特的机理。

（一）强调方法一致而非结果一致的量刑理念

英国结构化量刑方法的构建理念目标虽然以增强预测性、一致性为核心追求，但在对于量刑结果的一致性与保障法官自由裁量权关系的处理上，仍然偏向后者，贯彻了方法一致而非结果一致的量刑理念。

具体而言，一方面，从量刑委员会制定量刑指南的考量上可以体现其强调的是方法一致。2008 年，在起草制定量刑指南的酝酿阶段，政府成立的量刑委员会工作组在考量美国各州及新西兰的量刑模式后，对于在量刑方面实现更大的可预测性和一致性与对量刑司法自由裁量权的相互冲突所造成的紧张关系，进行了价值衡量，最终拒绝采纳以明尼苏达州模式为蓝本的指导方针计划，并在报告中得出结论："即使议会认为重大变革是可取的，也不能在不损害我们对司法的总体承诺的情况下将其引入我们的刑事司法系统。"① 此外，量刑委员会在相关指南文件中反复强调指南的目的是"促进方法的一致性，而不是结果的一致性……允许法院在量刑时有相当大的自由度……"②。量刑委员会主席在接受采访时也提出"……指南的目的是增加量刑方法的一致性，以便罪犯无论在布里斯托尔、伯明翰……都能得到相同的方法"③。另一方面，指南对法官自由裁量权的约束及指南的制定模式也可以体现其对方法一致的追求。例如，对指南适用效力的规定，量刑法第 59 条及 2009 年死因裁判官及司法法第 125 条均明确在法院

① Sentencing Commission Working Group. (2008a), Sentencing Guidelines in England and Wales: An Evolutionary Approach, London: SCWG.

② Julian V. Roberts, *Sentencing Guidelines in England and Wales: Recent Developments and Emerging Issues*, Law and Contemporary Problems, 2013, Vol. 76, No. 1, p. 22.

③ Pina-Sanchez, J. and Linacre, R., *Enhancing Consistency in Sentencing: Exploring the Effects of Guidelines in England and Wales*, Journal of Quantitative Criminology, 2014, 30(4). pp. 731-748.

确信依据指南量刑会违背司法利益的情况下，可以突破指南作出判决，为法官自由裁量权的充分行使提供了例外原则。正如学者所言“一致性将不是通过对任何特定案件的量刑自由裁量权的限制性限制，而是通过实施一种循序渐进的方法来实现的”①。再如，量刑指南约束框架宽松，并非采取美国二维量刑网格的限制性模式，而是采取了依据具体罪行的分步式，更具灵活性的量刑结构，并提供了相应的加强或减轻刑罚的影响因素。可见，虽然量刑指南制定的重要目的是降低监禁率、提高量刑的一致性，但在结果一致与方法一致二者中，量刑委员会选择了后者，以牺牲结果的一致性为代价允许法院在量刑时拥有更大的自由裁量权，② 这也带来了量刑委员会对量刑指南成效的“遗憾”，即“无法像明尼苏达州那样准确地对监狱人口进行预测”③。

（二）位于约束与宽松“中间地带”的指南属性

英格兰和威尔士量刑指南的属性是位于美国相对较为严苛约束的量刑指南与瑞典、芬兰等相对宽松言语指导系统之间的“中间地带”，体现的是以描述性为主、规定性为辅，以定性裁量为主、定量裁量为辅的特点。

第一，指南类型上以描述性为主、规定性为辅。④ 从英格兰和威尔士量刑指南的发布过程来看，不同于美国的量刑指导是一次性针对所有犯罪行为推出的，英格兰和威尔士量刑指南是定期发布其指导方针，且每次发布之前都有一个专业咨询期，量刑委员会发布指南的意见来源包括上诉法院判例法、与利益相关者或有关各方的讨论、统计数据和研究证据、公众意见及原先指南等内容。从量刑委员会的组成人员来看，其人员组成多元化，且多来自司法机构。从指南的修订与制定标准来看，其要求有相应的

① Julian V. Roberts, *Sentencing Guidelines in England and Wales: Recent Developments and Emerging Issues*, Law and Contemporary Problems, 2013, Vol. 76, No. 1, p. 22.

② See Julian V. Roberts, *The Evolution of Sentencing Guidelines: Comparing Minnesota and England and Wales*1, Crime and Justice, 2019. 48(2), p. 1.

③ See Sentencing Commission Working Group, supra note 10, at 14.

④ 规定性与描述性反映的是量刑指南在量刑环境中的具体作用：规定性指的是量刑指南具有改变当前实践量刑做法的权力，其为迅速实现量刑政策目标创造相应的机会；描述性是指量刑指南是对现有司法实践量刑情况的总体描述。

证据表明某一罪行或一组罪行的量刑不一致、不同群体之间量刑不平等、对于某一类罪行或罪犯而言量刑过高或过低等问题时，可以修订或制定量刑指南。从以上三点可以看出，英格兰和威尔士量刑指南无论是在制定与修改的原因、过程还是修改与制定的人员上，都充分体现了对司法实践内容的反映，虽然其蕴含着统一司法实践量刑方法的规定性作用，但其与美国明尼苏达州量刑指南可以突破实践的做法不同，[①] 仍然以描述性为主。

第二，指南方法上以定性为主、定量为辅。在定性方面，一方面，给予法官较大的裁量权。英格兰和威尔士量刑指南采取的是分步展开的结构化模式，不同于美国二维量刑网格中各单元间较窄的刑罚幅度，英格兰和威尔士量刑指南所划定的起点刑与类别范围的幅度较大，[②] 体现了一定的灵活性、自由度。同时其采取主要因素与次要因素的共同调节模式，以主要因素决定临时判决幅度范围、次要因素决定临时判决幅度范围内的具体位置，且没有以精确的数字形式规定法官应如何处理加重或减轻因素，既以规范步骤的方式规范了量刑裁量权，也给予法官相较于美国二维量刑网格更为广泛的空间。另一方面，也明确了特殊情况下可以突破指南作出判决的规定。在定量方面，对于临时判决的确定划定了一定的量化空间；对于罚款的适用划定了一定的量化范围，例如，对于洗钱罪划定了六档罚款档次的起刑点（周收入的 50%、100%、150%、250%、400%、600%）和类型范围（周收入的 25%—75%、75%—125%、125%—175%、175%—200%、200%—300%、300%—500%、500%—700%）；同时，对于认罪减刑的幅度也采取量化方式，如诉讼第一阶段认罪减刑幅度为三分之一、诉讼第一阶段后认罪减刑幅度最多为四分之一，而后按比例减少；对于刑期折抵，也依据量刑法第 325 条和 2003 年刑事司法法第 240A 条明确的计算规则进行量化计算。可以看出，对于需要裁量的（起刑点、类别范围、次要因素调节）部分，指南将较大自由裁量权交给法官；对于可以量化计算的部分（认罪减刑、刑期折抵等），指南将其明确量化。

① 参见［英］朱利安·罗伯茨、尼古拉·帕菲尔德：《论英格兰和威尔士的量刑》，姚山春译，载石经海主编：《量刑研究》第 7 辑，人民法院出版社 2023 年版，第 7 页。

② See Roberts, J. V., *Structured Sentencing: Lessons from England and Wales for Common Law Jurisdictions*, Punishment and Society, 2012, 14(3), p. 276.

（三）分类分步逐级展开的量刑框架结构

在量刑指南所明确的量刑框架结构上，英国的结构化量刑方法也具有其特色及侧重点，主要体现在四个方面。一是按特定罪行及犯罪群体分类制定。美国的量刑指南是一体化的，引入了一套所有罪名均适用的指导方针，而英格兰和威尔士没有实施全面的量刑指南手册，是通过为特定的犯罪或犯罪群体制定指导方针来逐步推进的，[①] 还依据各种情况发布通用指导方针，如认罪减刑。分类制定量刑指南的做法，对于影响各类罪行的主要因素与次要因素的考量，既依据了罪行的立法特点，又贴合了罪行的性质特点与现实情况，也充分地在量刑上体现了对儿童及未成年犯等特定群体的政策导向。二是按照量刑思维逻辑构建量刑步骤。英国结构化量刑方法中的步骤设计，体现的是一种按照量刑思维逻辑展开的具体过程，其具有以下几个特点：（1）步骤的递进性。英国结构化量刑所明确的十大步骤充分体现了从"裁量"到"量化"的逻辑步骤。首先，进行量刑裁量的主要环节，从依据犯罪类别确定起刑点与类别范围，到依据加重和减轻处罚因素作出临时判决，完成了量刑裁判中裁量的重点与核心；其次，进行量刑裁量的次要环节及量刑量化的计算，在临时判决的基础上，依法进行是否因协助起诉而可以获得减刑（是否违反公共利益）及协助的类型程度、危险性考量、整体性原则等次要裁量环节，并进行认罪减刑、扣除羁押时间等量化环节。（2）步骤的完整性。在量刑框架结构的构建上，英国结构化量刑方法的步骤结构具有较大的完整度，具体包括：其明确了"整体性原则"步骤体现了从"单个行为到复数行为"的完整的行为裁量；明确了"没收、赔偿与附属命令"步骤体现了从"刑罚裁量到财产判项、非刑罚处罚制裁措施"的完整的判项裁量；明确了"判决说理"步骤体现了从"内化于心到外化于形"的完整的量刑论证过程；明确了"扣除羁押时间"步骤体现了从"宣告刑到执行刑"的完整的阶段裁量。三是对相称性因素的全面考量。相较于美国各州量刑中强调"相称性的目标要求，制裁的严

① See Clara Herz, *Striving for Consistency: Why German Sentencing Needs Reform*, German Law Journal, 2020, 21, p. 1639.

厉程度与犯罪的严重程度和犯罪前科的增加成正比”，英格兰和威尔士量刑指南将犯罪人罪责的考量从前科扩张到罪犯的地位、意图、明知程度、预谋程度、参与实施程度及复杂程度等较为全面的因素，同时还加入了减轻或加重因素的考量，相较于美国部分州仅从行为危害与犯罪人前科两个片面因素展开量刑而言，英国结构化量刑方法相称性因素的考量更具有公正性、系统性、全面性。四是重视法官量刑说理。英格兰和威尔士量刑指南中将法官量刑说理作为量刑的步骤之一，虽然并非每个案件都需要有量刑说明，但在刑事法院或治安法院开庭审理时都应提供量刑说明，并明确判决应当说明以下事项：相关的刑罚法定限制、相关量刑机构或指导方针的名称、附属命令的范围、当时已知的未决罪行的信息等。①

三、英国结构化量刑方法对我国量刑方法完善的经验启示

21世纪初，针对量刑偏差大、量刑畸重畸轻等实践问题，最高人民法院开展了规范化量刑改革，2010年9月正式发布的《人民法院量刑指导意见（试行）》（以下简称《量刑指导意见》）确定全面试行量刑规范化，各省市也相继发布了量刑实施细则。量刑规范化改革开展以来，我国量刑方法逐渐成熟、相关量刑规范逐渐完善，但其缺陷不足与适用困境也逐渐显现。因此，虽然我国与英国的量刑模式及刑事立法司法背景不同，英国结构化量刑方法也存在量刑步骤过于烦琐、依据内容分散、细化度不足导致操作性不强等缺陷，② 但其部分量刑理念及经验仍值得我国吸收与借鉴。

（一）目标追求：“类案类判”而非“同案同判”

“同案同判”“消除量刑偏差”一直以来是我国量刑规范化改革的目标追求。然而，从量刑的软科学属性出发，“量刑偏差”存在一定的实践必要性、必然性及科学性，甚至是量刑实质公平的体现。一方面，“人不能两次踏进同一条河流”“世界上没有两片完全相同的树叶”，在案件办理过

① See https: //www. cps. gov. uk/legal - guidance/sentencing - overview - general - principles - and - mandatory-custodial-sentences.

② See Mandeep K. Dhami, *Sentencing Guidelines in England and Wales: Missed Opportunities?* Law and Contemporary Problems, 2013, 76(1), pp. 293-294.

程中即使存在相似的个案，但行为的社会危害性、行为人人身危险性也不可能完全一致，而必然会因犯罪动机、犯罪地、犯罪人学识经历，甚至犯罪地经济环境、人文环境、风俗习惯等差异而导致行为危害性或行为人人身危险性存在不同。另一方面，存在差异是实质公平的体现，“类似案件之间存在一定程度的量刑差异是符合罪刑规律的……虽然量刑不公可以表现为量刑失衡，但量刑失衡不一定都意味着量刑不公……”①。因此，“过于强调‘同案同判’，事实上不仅是做不到，而且会使得法官变得非常机械，与法官本身的价值实现相违背”②。

英国结构化量刑方法体现出方法一致性而非结果一致性的量刑理念，承认量刑偏差、量刑结果不一致现象存在的合理性，强调制定量刑指南的核心在于消除“毫无理由的量刑偏差”，契合了量刑个别化原理的要求。基于此理念，英国结构化方法既有助于提高量刑过程的透明度，也提高了量刑的一致性和公众对量刑者的信心。有学者通过“残差离散”及“精确匹配”的研究方法，得出了英格兰和威尔士相关案例中无法解释的差异稳步减少，在相同类型的罪行中刑期差异显著减少的结论。③ 实际上，量刑规范化改革应当以量刑统一化与量刑个别化的辩证统一为基础，④ 以加强方法一致而非结果一致，规范法院自由裁量权而非限制法院自由裁量权，⑤ 实现“类案类判”而非“同案同判”，消除毫无理由的量刑偏差而非消除一切量刑偏差为目标导向。

(二) 侧重核心：注重“结构化”而非“量化”

统一规范量刑法又被称为“三步式量刑法”，其是采取“以定性分析为主、定量分析为辅”的方法，划定了“确定量刑起点—确定基准刑—确

① 李兰：《关于量刑规范化改革的思考》，载《长白学刊》2011年第6期。

② 李本森：《量刑规范化改革的“三点论”——以美国的量刑改革为参照》，载石经海、禄劲松主编：《量刑研究》第一卷，法律出版社2014年版，第7页。

③ See Pina-Sanchez, J, and Linacre, *Enhancing Consistency in Sentencing: Exploring the Effects of Guidelines in England and Wales*, Journal of Quantitative Criminology, 30(3). pp. 731-748.

④ 参见石经海：《“量刑规范化”解读》，载《现代法学》2009年第3期。

⑤ 参见刘佩璇：《量刑规范的“活化”研究——以马乐案为切入点》，载《中国刑事法杂志》2016年第3期。

定宣告刑”的步骤化、层次化的统一量刑步骤，并规定了常见量刑情节的适用调节比例与常见犯罪的量刑。虽然统一规范量刑法在量刑观念转变、量刑情节适用、量刑公正的实现等方面取得了较大成效,① 但其仍存在“定性为主”还是“定量为主”摇摆不定的不足与问题。②

而英国结构化量刑方法采取分步逐级展开的量刑框架结构代替“量化”的方式规范法官自由裁量权。在定性与定量的处理上，采取阶段性的灵活与严苛相结合的方式，对于需要裁量的主要环节，将较大的裁量权交还给法官，没有以精确的数字形式、公式化的计算方法规定法官应如何处理加重或减轻因素；而对于部分无须裁量的环节，引入计算方法或公式，规范量刑步骤。同时，英国结构化量刑方法在量刑步骤结构上的完整性，实现了行为裁量完整性、判项完整性、阶段完整性，较为全面地涵盖整个量刑环节。如此做法，在采取结构约束实现量刑一致性与预测性的同时，也全面保障法官量刑的自由裁量权。有鉴于此，我国统一规范量刑法，需克服机械化、形式化、数量化的计算模式，在步骤展开及约束方式上从“量化”转向“结构化”，做到该裁量的部分交还法院裁量，该量化的部分明确公式予以量化。

（三）裁量要求：强调量刑情节的有机整体评价

统一规范量刑法中对于常见犯罪的量刑，在量刑起点、确定基准刑的过程中存在“唯客观行为论”的问题，尤其在数额犯中存在“唯数额论”的倾向，忽略了行为人人身危险性的考量，正如有学者提到的“直接按照具体个罪的量刑起点、基准刑、调节幅度等进行调节，没有考虑有责性大小对刑罚的影响，或者说基本上不考虑主观方面，量刑成了客观方面各种量刑因素的数字化过程……”③。例如，走私、贩卖、运输、制造毒品罪中，对于基准刑的调节各地以毒品数量作为主要因素，明确“每增加 0.3 克，增加二个月刑期”“每增加 1 克，增加四个月刑期”等规定。虽然

---

① 参见石经海、严海杰：《中国量刑规范化之十年检讨与展望》，载《法律科学（西北政法大学学报）》2015 年第 4 期。

② 参见闫平超：《量刑规范化体系下的量刑方法改革刍议》，载《法律适用》2020 年第 22 期。

③ 刘军：《量刑如何实现均衡——以量刑规范性文件为分析样本》，载《法学》2011 年第 8 期。

“唯数额论”等问题主要是基于相关立法及司法解释的规定直接导致的，且《量刑指导意见》中常见量刑情节对行为人罪责方面等情节有所明确，但量刑起点、基准刑确定作为量刑裁量中的最主要环节，《量刑指导意见》将数额或部分客观行为片面作为决定量刑起点和增加刑罚量的唯一或主要因素，且并不区分从宽从轻与减轻情节、可以型情节与应当型情节，无疑进一步加剧了司法实践中量刑考量的片面性。

而在英国结构化量刑方法中，基于其相称性的要求，在对临时判决的确定过程中，既区分了影响行为人罪责的因素与行为危害因素，也区分了相关影响因素的主次地位（虽然其主次因素区分的合理性有待商榷）。可见，其量刑裁量是建立在对所有影响行为社会危害性及行为人人身危险性的量刑情节的有机统一评价的基础上的。实际上，无论是客观行为还是客观行为中的数量、数额，其仅具有提示个罪客观危害程度之“罪量提示”功能，[①] 并不能反映行为社会危害性及行为人人身危险性的全貌。因此，在我国《量刑指导意见》中量刑起点及基准刑确定等环节的考量中，需进一步加强对整体量刑情节的有机统一评价，杜绝片面地、孤立地以个别情节作为裁量的核心。

（四）路径深化：重视法院量刑说理的填补作用

英国量刑方法中将量刑说理作为结构化量刑方法的步骤之一，体现了其对量刑说理环节的重视。我国量刑规范化改革过程中也同样重视法院量刑说理问题，早在2010年最高人民法院、最高人民检察院、公安部等印发的《关于规范量刑程序若干问题的意见（试行）》（以下简称《量刑程序意见》）第16条对量刑说理的必要性及其内容就作出了明确，要求法院在刑事裁判文书中说明量刑理由，并对已经查明的量刑事实及其对量刑的作用，是否采纳公诉人、当事人和辩护人、诉讼代理人发表的量刑建议、意见的理由，人民法院量刑的理由和法律依据进行说明。但在司法实践中，对于量刑说理问题仍然存在粗疏化、程式化等问题，例如，简单的量

---

① 参见石经海、苏桑妮：《刑法数额因素之“唯数额论”误区》，载《重庆大学学报（社会科学版）》2021年第6期。

刑情节堆砌、以“量刑建议合理”等表述作为量刑依据、公式化的说理忽视具体案件特征等。

量刑说理作为保障裁判结果正当性、权威性和可接受性，确保量刑结果公正性与透明度的重要载体,[①] 是法官内心展开的量刑推理的外化体现，更是对法院量刑自由裁量权规范的程序补充路径。因此，应当针对司法实践中量刑说理存在的不足进行进一步完善。一是加强量刑说理的全面性、类型化，全面贯彻2020年修订的《量刑程序意见》第25条第2款的规定，对于适用速裁程序审理案件、适用普通程序审理案件进行说理程度、内容的区分。对于重大复杂疑难案件，加强量刑说理的完整性，可以借鉴英国量刑说理中的要求，对影响量刑的相关“当时已知的任何未决罪行的信息”进行描述，尽可能地还原案件量刑事实。二是加强量刑说理的特性化，强化说理用语的契合性与情景感,[②] 充分体现个案特性与特点。

① 参见江珞伊、刘树德:《量刑说理中类案运用的审思与规制》，载《法律适用》2022年第1期。

② 参见彭文华:《盗窃罪量刑规范化问题实证研究》，载《华东政法大学学报》2021年第2期。

非法吸收公众存款罪的非刑罚处罚措施研究*

刁雪云**

【摘　要】我国刑法第 37 条后半段规定了非刑罚处罚措施，然而在司法实践中该条后半段鲜少被适用。从法律效果与社会效果相统一、发展目的主义刑罚观、落实罪责刑相适应原则三个方面出发，对部分非法吸收公众存款案件行为人适用非刑罚处罚措施具有必要性。通过整理 7601 件有关非法吸收公众存款罪的一审判决书，可以发现实践中对该类犯罪适用非刑罚处罚措施的困境。立法上，需要从适用条件、适用种类、适用方式三个方面提高对非刑罚处罚措施适用的明确性。司法上，需要从建立内部规则、提高相关人员能力、建立可供衔接的外部保障三个方面完善对非刑罚处罚措施的适用路径。

【关键词】非法吸收公众存款罪；非刑罚处罚措施；刑罚制度

为了以一种相对缓和的刑事制裁制度实现社会防卫和法益保护，节约司法资源，促进社会和谐稳定，预防再犯罪，我国刑法第 37 条规定了六种非刑罚处罚措施。然而，司法实践中鲜少采用非刑罚处罚措施，刑法第 37 条有被架空之虞。非法吸收公众存款罪是一种相对较轻的经济犯罪，其特性为非刑罚处罚措施的适用提供了较为合适的土壤。本文通过分析在处理

* 本文系 2022 年重庆市社会科学规划项目“数字社会经济犯罪的行刑协同共治研究”（项目编号：2022BS113）阶段性成果。

** 重庆财经学院副教授，法学博士，研究方向为经济刑法。

非法吸收公众存款罪中适用非刑罚处罚措施的必要性，以及在现实案例中刑事制裁制度的不足，探讨能够在非法吸收公众存款罪中有效实现报应与预防双重目标的非刑罚处罚措施的适用，从而完善非刑罚化的路径。

一、非法吸收公众存款罪非刑罚处罚措施适用的必要性

（一）法律效果与社会效果有机统一的需要

从法律层面看，非法吸收公众存款罪的社会危害性、行为人的人身危险性均较小。就社会危害性而言，刑法第 176 条规定，非法吸收公众存款罪是指自然人或单位非法吸收公众存款或者变相吸收公众存款，扰乱国家正常的金融秩序的行为。非法吸收公众存款罪侵害的法益为金融管理秩序，这是一种经济财产权益，相较于生命权与自由权而言，是一种更轻的权益。并且，同与之相似的集资诈骗罪相比，集资诈骗罪侵害的客体具有复合性，为金融管理秩序及私人财产权，而非法吸收公众存款罪侵害的客体具有单一性，仅为金融管理秩序。对非法吸收公众存款罪进行处罚时，需要衡量刑罚的严厉性和其造成的社会危害性，若对非法吸收公众存款罪处以严厉的刑罚，不符合罪责刑相适应原则。就人身危险性而言，从行为前看，非法吸收公众存款罪的行为人主观目的是对非法集资款项的非法利用、营利，不具有非法占有他人财产之目的，甚至行为人有时在合法吸收了公众存款后，才产生非法利用资金的意图。从行为后看，刑法第 176 条第 3 款规定了法定的从轻或者减轻刑罚事由，即当行为人积极退赃退赔时，可以从轻或者减轻刑事处罚。这可以从侧面反映行为人的人身危险性较低。

从社会层面看，一直以来，受重刑主义影响，适用非刑罚处罚措施往往不符合被害人或社会公众对刑罚的期待，但在非法吸收公众存款罪中则不然。对该类案件行为人适用刑罚后，带来的后果往往是公司的强制关闭、大批人员的失业、被害人财产权利的不可追回等恶性结果。比起单纯的报应和刑罚，被害人和社会公众的期待更倾向于公司能够正常运行，资金能够顺利流转，从而维护自身合法权益。实践中甚至存在被害人为了恢复财产权利，而为行为人取保候审的情形。再者，从功利主义的角度看，

对非法吸收公众存款罪施以重刑也不符合经济发展趋势。改革开放后，我国从计划经济体制慢慢过渡为市场经济体制，不少经济犯罪发生在这一转变过程中，国家在当时需要通过刑罚的威慑来确保经济运行的顺畅。而现在我国改革开放已四十多年，市场运行体制机制已今非昔比，过去对非法吸收公众存款罪的刑罚已不完全适用于当前情况。虽然 2021 年 3 月 1 日开始施行的刑法修正案（十一）对非法吸收公众存款罪的刑罚结构作出了重大调整，一方面通过提高法定最高刑期和调整量刑结构来加大刑罚剂量，[①] 另一方面增加了法定从轻或者减轻情节，但从笔者收集到的 2021 年 3 月 1 日至 2024 年 7 月 1 日非法吸收公众存款罪一审的 4563 件判决来看，加大对该罪的打击力度是主流，而适用法定从轻或者减轻情节的是少数，后者不到 700 件。

经济犯罪虽然危害了社会主义市场经济秩序，应当追究刑事责任，但需进行类型化责任规定，选择经济犯罪中社会危害可弥补、犯罪人可矫正的案件，适用非刑罚处罚，可以节省经济犯罪刑罚处罚所需要的资源和成本，实现法律效果与社会效果的统一。[②] 在经济犯罪中，非法吸收公众存款罪是社会危害性较小、行为人人身危险性较小、被害人财产权可恢复的典型犯罪。有必要思考通过非刑罚处罚这种缓冲机制，来实现行为人责任和司法成本的协调，从而实现法律效果与社会效果的有机统一。

（二）发展目的主义刑罚观的需要

学界对刑罚目的的探讨经历了从报复刑、报应刑这一报应主义刑罚观，到预防刑、矫正刑这一目的主义刑罚观的演变过程。报应主义刑罚观来源于对私力报复和公力报应的推崇，而目的主义刑罚观强调，刑罚的目的在于一般预防和特殊预防的结合。前者认为犯罪是行为人对社会欠下的“应偿付之债”，个人或社会有向其“回索”的权利，以便回复到受犯罪破

---

① 参见郭华：《非法集资犯罪的司法扩张与刑法修正案的省察——基于〈刑法修正案（十一）（草案）〉对非法吸收公众存款罪、集资诈骗罪修改的展开》，载《法治研究》2020 年第 6 期。

② 参见周永年、杨兴培、谢杰：《非刑罚处罚方法的现实化路径》，载《法学》2010 年第 2 期。

坏前的道德平衡。[①] 这一观念弊端在于没能说明报应的理性限度，缺乏对报应刑罚本身的定量分析，容易让刑罚流于恣意报复和擅断。[②] 后者在批判报应主义刑罚观具有被动性、消极性、徒劳性短板的基础上，提出刑罚应兼顾社会防卫和罪犯矫正的功能，刑罚的目的不在于报应，而只是一种手段，通过这一手段以达到预防犯罪、保护社会的目的。[③] 基于目的主义刑罚观的推动，各国刑法开始深思报应主义刑罚观的不足，并对部分犯罪进行了非刑罚化处理的规定。

非刑罚处罚措施作为传统刑罚观缺陷的弥补措施，已成为西方国家刑罚体系的一部分。在我国，当前学界主流观点认为，刑罚的本质是对犯罪的报应，刑罚的目的是预防犯罪，包括一般预防和特殊预防。[④] 学界对刑罚目的双重性的认可推动了刑罚谦抑性、人道化、“轻轻重重”等刑罚理念的发展。这些都为非刑罚处罚体系的建构奠定了基础。非刑罚处罚措施的适用，既符合刑罚合理性、正当性、合法化的要求，也符合现代刑罚谦抑、人道、公正的价值目标，满足了刑法现代化发展的要求，符合世界刑罚轻缓化、民主化的趋势，从而推动我国刑罚制度从封闭走向开放。

同时，我国刑事政策的演变也对目的主义刑罚观下适用非刑罚处罚措施提供了发展空间。不论是革命根据地时期的“镇压与宽大相结合”，还是2006年《中共中央关于构建社会主义和谐社会若干重大问题的决定》提出的宽严相济刑事政策，都体现了“宽大、宽缓”的政策要求。落实到刑罚层面，非刑罚处罚是用刑罚外相对轻缓的方式替代刑罚而对犯罪人进行的处罚，这与“宽大、宽缓”、宽严相济的刑事政策要求是一致的。可以说，针对轻微犯罪行为适用非刑罚处罚措施是实现宽严相济刑事政策的重要途径之一。

---

① 参见杨鸿雁：《和谐社会视野下对传统刑法观念历史局限的考量》，载《法学杂志》2008年第2期。

② 参见杨涛、吴华清：《论非刑罚化的生成及其实现路径》，载《辽宁大学学报（哲学社会科学版）》2006年第4期。

③ 参见张小虎：《报应主义与目的主义之对峙及调和》，载《社会科学》2003年第2期。

④ 参见马克昌：《刑罚通论》，武汉大学出版社1999年版，第27页。

（三）落实罪责刑相适应原则的需要

从非法吸收公众存款罪的特征、侵害法益和法律规定三个方面来看，非法吸收公众存款罪本质上为轻罪。对于符合刑法第 37 条规定的，因“犯罪情节轻微不需要判处刑罚的”非法吸收公众存款之行为，可以在免予刑事处罚的同时，适用非刑罚处罚措施。

1. 从罪名特征上看，非法吸收公众存款罪具有经济性和二次违法性的特征

一方面，非法吸收公众存款罪侵害的是金融管理秩序，属于经济财产权益中的一种，具有经济性，有必要深入思考非法吸收公众存款罪的罪刑配置问题。实践表明，通过严峻的刑罚对非法吸收公众存款罪进行规制，难以达到设想的犯罪预防效果。对有效预防非法吸收公众存款之行为需要重视的问题不是如何严厉惩罚，而是如何利用系统性的规范建设严密刑事法网，以及对处罚方法进行何种改造。对于后者而言，前提是要认识罪责刑相适应原则对非法吸收公众存款罪防控的重要意义。立法阶段，应充分考量非法吸收公众存款罪的社会危害性、行为人的主观恶性及其人身危险性，在综合这三个要素的基础上再构建科学的处罚方法。刑法第 176 条对非法吸收公众存款罪的刑罚配置原则为以自由刑为主，以附加刑为辅。自由刑的适用虽然可以短暂消灭行为人再犯罪能力，但并不能根除其犯罪欲望。当罪犯走向社会而无力对抗经济的再次诱惑时，原来潜在的犯罪能力会再次展现。[①] 财产刑的适用也存在问题，例如，难以判断罪犯的财产导致的合法财产区分问题，处分罪犯财产能够在多大程度上剥夺或限制其再犯罪的问题。

另一方面，非法吸收公众存款罪需以二次违法性为前提，在前置法律法规未否定评价时，刑法不得主动将行为犯罪化，从犯罪种类上看，该罪属于法定犯。非法吸收公众存款罪的设立是经济发展的结果，因此，对其处罚措施的构建应具有经济性，既需要考虑刑罚规制的成本问题，也需要考虑若通过经济法律法规、行政法律法规等前置性法律法规来调整是否具

① 参见师维：《经济犯罪非刑罚化处置研究》，载《河北法学》2012 年第 9 期。

有更高的性价比问题。在我国规定的非刑罚处罚措施中，有一项措施为“由主管部门予以行政处罚或者行政处分”，旨在通过行政手段更低成本地解决犯罪问题，这为借助非刑罚处罚措施处理非法吸收公众存款罪预留了足够的空间。

2. 从侵害法益上看，非法吸收公众存款罪对刑法保护法益的侵害较轻且法益具有可恢复性

一方面，非法吸收公众存款罪侵害的法益并非社会伦理，对其进行规制只是出于行政管理之目的。对这类犯罪的评价并不具有道义性、历史性。与违反社会伦理的自然犯相比，非法吸收公众存款罪对刑法保护法益的侵害更轻，对其一味进行严厉的处罚，并不能起到刑罚的报应作用，因为其不具有自然犯那样的伦理道德可谴责性。同时，该罪侵害的社会主义市场经济秩序具有抽象性、特定主体不确定性，这提高了行为人对其行为危害性认知的难度。另一方面，非法吸收公众存款罪侵害的法益具有可恢复性，站在被害人的角度，其期盼的不是行为人的人身自由和财产被剥夺，而是自己的财产权得到恢复。从实践上看，被害人在案发后的权利救济途径具有多样性，有的选择刑事诉讼，有的选择民事救济，有的甚至为了获得欠款，选择为行为人取保候审以私下恢复自身权利，而众多被害人的权利恢复有利于社会稳定。刑法对非法吸收公众存款罪的规制目的应为预防犯罪，而预防犯罪的目的更是维护社会安全和公共秩序，单一的通过刑罚实现刑法的报应功能，并不能实现上述目的。

3. 从法律法规上看，刑法第 37 条前半段的规定具有独立性

刑法第 37 条前半段是关于免予刑事处罚的规定，后半段是关于非刑罚处罚措施的规定。一般认为，前半段是后半段的适用前提，即适用非刑罚处罚措施的前提为“犯罪情节轻微不需要判处刑罚”。对于刑法第 37 条前半段的规定，刑法学界一直对其是否为独立的免予刑事处罚的事由争论不休，即在非法定的免除刑罚事由下，能不能依照其对行为人免除刑事处罚。不少学者持肯定说，认为刑法第 37 条前半段的规定属于兜底性条款，虽不具有刑法规定的具体免除刑罚事由，但只要属于“犯罪情节轻微不需

要判处刑罚”的，都可以独立适用。① 也有学者持否定说，认为刑法第37条免除刑罚规定只是刑法规定的具体免除处罚事由的概括，不能直接依据该条规定对行为人免除刑罚。还有观点认为，要将刑法第37条作为酌定免予刑罚的条款，报请最高人民法院核准后方能适用。② 刑法修正案（十一）对非法吸收公众存款罪作出修改后，该条第3款规定“有前两款行为，在提起公诉前积极退赃退赔，减少损害结果发生的，可以从轻或者减轻处罚”。增加该款规定是为了更好地贯彻宽严相济刑事政策，促使犯非法吸收公众存款罪的人员积极退赃退赔，减少和挽回社会公众损失。但该款只属于法定的从轻或减轻处罚的事由，并非法定的刑罚免除事由。如果认为刑法第37条不是独立的免予刑事处罚的事由，则依旧不能对非法吸收公众存款罪适用非刑罚处罚措施。

笔者认为，刑法第37条是独立的免予刑事处罚的事由。“犯罪情节轻微不需要判处刑罚”是适用非刑罚处罚措施的概括性前提规定，具有独立的司法适用价值，即只要符合该条件，就可以适用非刑罚处罚措施，不需要符合“应当或者可以免除刑罚处罚”的条件，也不需要报请最高人民法院核准。对于公诉前积极退赃退赔，未造成恶劣影响的非法吸收公众存款案件的行为人，可以适用免予刑事处罚的规定，并同时适用非刑罚处罚措施。

第一，如果刑法第37条不是独立的免除刑罚的事由，那么为了追求刑法的明确性，避免适用混乱的问题，完全可以将此条的前半段表述为“对于犯罪情节轻微依照本法规定不需要判处刑罚的”，然而该条并没有“依照本法规定”的表述。第二，持否定说者认为，刑法第37条没有与自首、立功等“量刑”情节规定在一起，所以不具有独立性。但该条被规定在“刑罚的种类”一节中，并不意味着是对其具有独立免除刑罚事由功能的否定，而是为了凸显除刑罚外的非刑罚处罚措施。第三，从设立目的上看，刑法第37条本就是为了摒弃我国的重刑主义传统和纯粹的报应主义刑

① 参见何秉松：《刑法教科书》，中国法制出版社1995年版，第448页；马克昌：《刑罚通论》，武汉大学出版社1999年版，第347页；何洪波：《我国〈刑法〉第37条的外部关系研究》，载《铁道警察学院学报》2015年第2期。

② 参见张明楷：《刑法学》（第六版），法律出版社2021年版，第813页。

罚观，如果不认为该条具有独立适用的空间，则违背了其设立初衷。“犯罪情节轻微不需要判处刑罚”不意味着犯罪人不承担任何责任，不会造成处罚空白，有助于刑罚的谦抑，减少在非法吸收公众存款罪中非刑罚处罚措施适用难的问题。第四，刑法第 61 条规定了“根据犯罪的事实、犯罪的性质、情节和对于社会的危害程度”对犯罪人员决定是否判处刑罚。将“犯罪情节轻微不需要判处刑罚”视为独立的免除刑罚事由，更能实现刑法体系的自洽。

综上所述，虽然我国很长一段时间都将经济犯罪视为重罪，尤其是改革开放后，面对严峻的犯罪形势，我国曾大幅度提高经济犯罪的法定刑，增加死刑罪名。但随着现代刑法理念发展，对经济犯罪的处罚逐渐减轻，从刑法修正案（八）到刑法修正案（九），已有 14 个经济犯罪的死刑刑罚被取消，仅有两个罪名保留了死刑。① 与现在还保留死刑的生产、销售假药罪和生产、销售有毒、有害食品罪相比，非法吸收公众存款罪造成的社会危害性较小，既不会直接危害不特定多数人的生命权、健康权，行为人的主观恶性也较轻，其并非想要永久性地占有他人财产，而是通过吸收公众存款的方式进行营利。若要让我国刑法第 37 条关于非刑罚处罚措施的规定落于实践，而非被束之高阁，非法吸收公众存款罪是较为合适的切入口。

二、非法吸收公众存款罪非刑罚处罚措施适用的实证分析

（一）案件数量及刑事制裁的数据分析

样本越多，基于大数据样本体现出来的说服力就越强，信息也越全面，研究结论也就越可信。在样本选择上，笔者尽量追求全面性、代表性、科学性，通过 Alpha 法律检索系统，以“非法吸收公众存款罪”作为案由，以“判决书”“刑事案由”“一审”为筛选要素，收集了 2019 年 1 月 1 日到 2024 年 7 月 1 日有关非法吸收公众存款罪的判决共计 7601 件。

① 参见孙国祥：《改革开放以来经济刑法基础理论评述》，载《武汉大学学报（哲学社会科学版）》2019 年第 5 期。

由于部分案件属于不公开案件，还有一些案件属于重复性案例，在样本的选择上不可避免地存在一些黑数，但大体上可以反映近五年非法吸收公众存款罪的案件数量情况及刑事制裁情况。全国非法吸收公众存款罪近五年的一审案件数量见图 1。

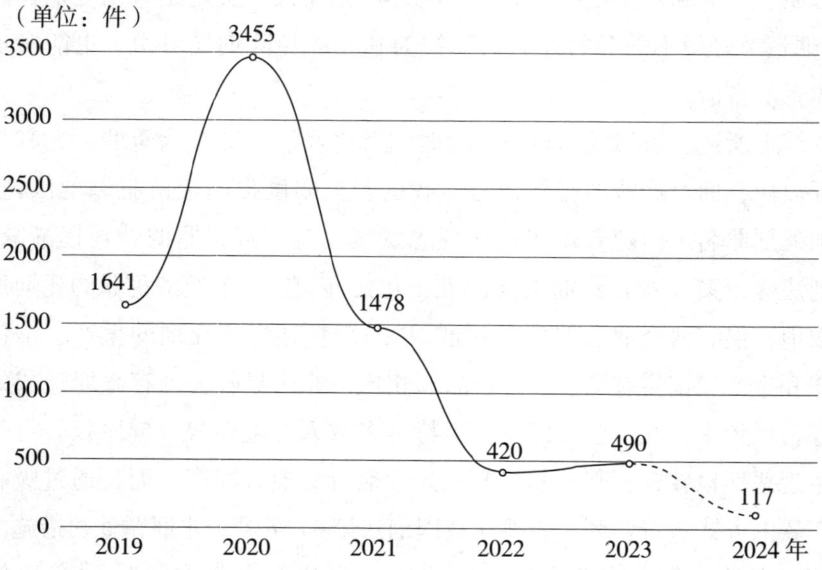

图 1　全国非法吸收公众存款罪近五年一审案件数量

图 1 显示，2021 年前后非法吸收公众存款罪的案件数量出现了明显下降，这主要是因为随着 2021 年刑法修正案（十一）施行，同年最高人民法院发布了《最高人民法院关于修改〈最高人民法院关于审理非法集资刑事案件具体应用法律若干问题的解释〉的决定》（以下简称《修改〈审理非法集资案件解释〉决定》），明确提高了非法吸收公众存款罪的入罪标准。也就是说，2021 年后非法吸收公众存款罪案件数量减少的一个重要原因是法律和司法解释严格了入罪标准。并且，通过对比可以发现，同样是适用修改后的法律和司法解释，2023 年的案件数量并没有少于 2022 年的案件数量，一些司法机关的数据甚至显示 2023 年非法吸收公众存款罪的案件数量与 2022 年同期相比有所增加，因此，并不能直接说明刑罚的严厉可以减少非法吸收公众存款的行为。

如表1所示，近五年来，犯非法吸收公众存款罪被判处拘役的有159件，占比2.1%；判处拘役缓期执行的有107件，占比1.4%；判处有期徒刑的有6658件，占比87.6%；判处有期徒刑缓期执行的有2468件，占比32.5%；并处罚金的有6704件，占比88.2%；单处罚金的有27件，占比0.4%；免予刑事处罚的有57件，占比0.7%。可见，在司法实践中，对非法吸收公众存款罪主刑的适用率高，其中，有期徒刑占据了绝对比重。适用拘役的较少，且缓刑适用比例不高，行为人承担实刑较多。同时，对于附加刑的适用，并处罚金占据绝对比重，单处罚金的案件数量少之又少。刑法第37条的适用依赖法定的从轻、减轻、免除处罚情节，可见在非法吸收公众存款罪的司法判决中，司法人员没有将刑法第37条视作独立的免除刑罚事由。整体上看，对非法吸收公众存款罪的刑事制裁重自由刑、轻财产刑，重实刑、轻缓刑，重刑罚、轻非刑罚处罚。

表1　全国非法吸收公众存款罪近五年一审刑事制裁情况

刑罚情况	判决数量（件）
拘役	159
有期徒刑	6658
无期徒刑	8
罚金	6731
拘役缓刑	107
有期徒刑缓刑	2468
免予刑事处罚	57
无罪	1

如图2所示，57件免予刑事处罚的理由分别为从犯、自首、悔罪、当庭自愿认罪、退赃退赔和坦白。换言之，司法实践中对行为人免予刑事处罚的理由均为法定的从轻、减轻、免除处罚情节。同时，57件免予刑事处罚的案件没有一例适用非刑罚处罚措施。通过扩大判决时间进行查找，仅

找到2017年对行为人免予刑事处罚，并责令具结悔过的判决一份；[①] 2018年对行为人免予刑事处罚，并由主管部门予以行政处罚或行政处分的判决一份。[②] 判处无罪的一个案件是因为行为人缺乏主观故意。

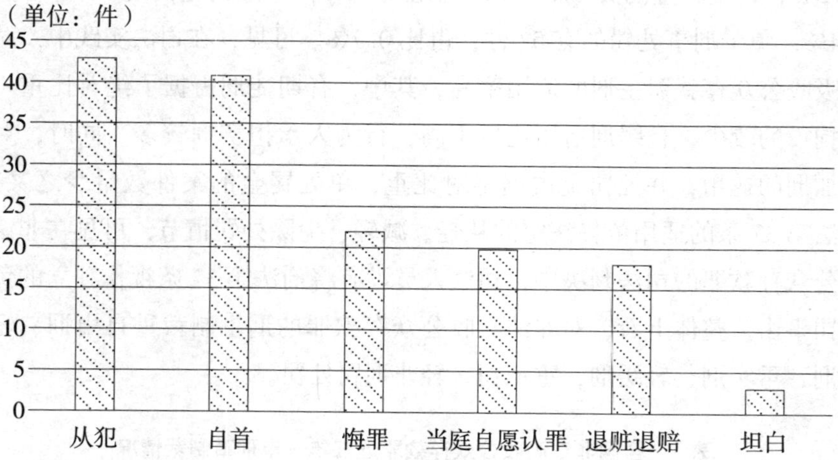

图2　免予刑事处罚适用的量刑情节

（二）非法吸收公众存款罪刑事裁量存在的问题

通过对近五年非法吸收公众存款罪案件数量和刑事裁量的数据整理，可以发现两个问题。

1. 刑罚结构不合理

刑法对非法吸收公众存款罪的刑罚配置同时有主刑和附加刑。主刑包含拘役和有期徒刑，不包含管制和无期徒刑。附加刑包含罚金，不包含没收财产。根据统计，非法吸收公众存款罪有期徒刑的适用率高达87.6%（其中32.5%适用缓刑），这反映了立法上刑罚配置结构的不合理，也反映了司法实践中刑罚适用的单一。非法吸收公众存款罪的设立背景为惩治20世纪90年代初我国民间融资活动蓬勃发展带来的金融乱象，自由刑与当时的社会发展条件相符。但经历近三十年的发展，沿用以自由刑为主的刑罚

① 参见陕西省西安市中级人民法院（2016）陕01刑初79号刑事判决书。

② 参见河南省周口市川汇区人民法院（2018）豫1602刑初118号刑事判决书。

种类已出现了滞后性。自由刑对非法吸收公众存款罪的防控效果不尽如人意。虽然自由刑将犯罪人隔离起来可以在一段时间内防止其再犯罪，实现短期的特殊预防，但从长远发展来看，自由刑难以隔离犯罪人在狱期间的交叉感染，也难以保证其返回社会后不会重操旧业。非法吸收公众存款的行为人被判处刑罚后再次走向社会无法维持正常生活，反而可能再次犯罪。因此，即便是从特殊预防的角度看，自由刑也并非一剂良药。

财产刑是有力打击非法吸收公众存款罪这一类经济犯罪的重要刑罚种类，从犯罪预防的角度看，财产刑可以提醒行为人获得的犯罪收益远不及其付出的成本代价，从而让行为人不敢再实施经济犯罪，从源头上切断犯罪意图。因此，不论是一般预防还是特殊预防，财产刑都能取得较好效果。然而，虽然非法吸收公众存款罪配置了罚金刑这一财产刑，可并处或单处罚金，但在司法适用中，罚金刑通常与自由刑同时适用，近五年单处罚金的案件数量仅占比 0.4%，说明刑事裁量主要还是依赖自由刑。自由刑分为长期自由刑和短期自由刑，短期自由刑的弊端不容忽视。结合刑法第 176 条和《修改〈审理非法集资案件解释〉决定》规定，“数额巨大或者有其他严重情节的，处三年以上十年以下有期徒刑”，而非法吸收或者变相吸收公众“存款数额在 500 万元以上的”“存款对象 500 人以上的”“造成直接经济损失数额在 250 万元以上的”才属于数额巨大或有其他严重情节。在 7601 件判决中，吸收公众存款数额在 500 万元以上的案件有 2351 件，占比 30.9%，有不少案件适用的是短期自由刑。而短期自由刑不具有教育作用。受刑人的家属在物质上和精神上均会受严重打击。受刑人在刑中难以创造经济价值，赔偿受害人，刑余之后，又难以回归社会。[①] 应思考一种刑事制裁措施，避免短期自由刑的弊端，削弱行为人非法吸收公众存款的能力和欲望，并促使其尽快回归社会，鼓励其创造经济价值。

2. 缺乏非刑罚处罚措施

在非法吸收公众存款近五年的一审判决中，无一例适用非刑罚处罚措施的判决，仅有的两例判决分别作出于 2017 年和 2018 年。然而，对于非法吸收公众存款罪这种经济犯罪，尤其应注意多元治理。2017 年最高人民

① 参见万国海：《论我国经济犯罪刑罚配置的完善》，载《政治与法律》2008 年第 9 期。

检察院发布的《关于办理涉互联网金融犯罪案件有关问题座谈会纪要》明确了对于非法集资这类涉案人数众多的金融犯罪，司法机关要注重非刑事手段的运用，多措并举处置和化解社会风险。但即便立法为非法吸收公众存款罪提供了适用非刑罚处罚的空间，司法实践也极少会对非法吸收公众存款之行为作非刑罚化处理，要么过度依赖自由刑，要么直接免予刑事处罚，这就缺乏非刑罚处罚措施这个中间环节，其既可以实现刑事制裁的报应和预防，又能促使行为人快速回归社会。刑法是最严厉的法律，其适用必然威胁人的自由或财产，正因如此，刑法应为二次保障法，刑罚应具有谦抑性，尤其是在非法吸收公众存款罪中，对行为人适用刑罚同时也会从一定程度上切断恢复被害人财产权利的道路。设立该罪有特定的社会、制度、经济背景，重刑罚而轻非刑罚处罚措施不利于建设社会主义市场经济制度。尤其是当前，我国推动经济转型升级和高质量发展，将鼓励创新创业作为推动振兴的聚力之道，在这一过程中，企业家以借用资金的方式获得企业发展资金是合理的。虽然非法吸收公众存款的行为会侵害法益，但不能认为，一旦法益受到侵害就必然适用刑罚。在经济活动中，刑法的介入应当谨慎、有限，应以恰当、多元的非刑罚处罚措施为社会主义市场经济提供更好的法治环境。

总体上看，重刑轻民、重审判轻执行、重自由刑轻财产刑、重刑罚轻非刑罚处罚措施是司法实践处理非法吸收公众存款罪的整体倾向。

（三）非刑罚处罚措施适用困境的成因

1. 立法的抽象性和原则性

我国刑法第 37 条虽然规定了非刑罚处罚措施，但规定比较原则，缺乏细则。首先，非刑罚处罚措施的适用条件较抽象。该条规定适用非刑罚处罚措施的条件是“犯罪情节轻微”“不需要判处刑罚”。一方面，“犯罪情节轻微”需要综合考量行为反映的社会危害性、行为人的人身危险性等诸多要素，这增加了司法工作人员的操作难度。另一方面，“不需要判处刑罚”包含了应当免除刑罚和可以免除刑罚两种情形。虽然我国刑法规定了十五种应当免除和可以免除刑罚的事由，但就可以免除刑罚而言，除了法定的可以免除刑罚事由外，还存在结合案件的具体犯罪情节酌定免除刑罚的事由。其次，非刑罚处罚措施的适用种类较单一。刑法第 37 条只规定了训诫、责令具结悔过、赔礼道歉等六种非刑罚处罚方法，规定的内容单一，种类简单。而非刑罚处罚措施需要根据犯罪人不同的人格特征对症下药，仅六种非刑罚处罚措施难以实现罪责刑相适应。最后，非刑罚处罚措施的适用方式较笼统。如何适用、什么情况下适用非刑罚处罚措施，法律并没有给出明确回答。比如，没有规定训诫的提出方式、赔礼道歉的具体形式、责令具结悔过的内容范围等问题。立法的抽象性和模糊性造成了实务中司法人员适用非刑罚处罚措施的困惑，司法人员不敢也不愿采取非刑罚处罚措施。

2. 司法的惯性和制度缺失

司法工作人员有依赖刑罚的思维惯性，体现为重刑罚措施和刑罚手段。在重刑主义传统下，经济关系的调整往往离不开刑法，但同时对非法吸收公众存款罪的刑法评价应具有二次性。在实践中，司法机关更倾向于不经过二次评价，认为只要违法行为侵害了金融管理秩序，就可以认定为犯罪行为。刑法僭越了前置性法律法规，既造成经济犯罪扩大化，也弱化了前置性法律法规的地位，造成刑法对经济活动的过度干涉。这也变相造成司法工作人员对非刑罚处罚措施的忽视。例如，在检察院、法院的各项统计报表中，几乎没有专门设置与非刑罚处罚措施适用相关的内容。又如，对于虽然实施了非法吸收公众存款行为，但免予刑事处罚的行为人，并没有配套适用非刑罚处罚措施，而是一放了之。

从制度上看，首先，缺乏可供参考的对非法吸收公众存款罪适用非刑罚处罚措施的具体细则。刑法本就对非刑罚处罚措施规定得较为抽象和笼统，司法上又缺乏具体可供参考的适用细则，导致具体运用不规范，司法工作人只能根据各自的理解去适用非刑罚处罚措施，最终导致司法工作人员不敢用、不会用非刑罚处罚措施。其次，缺乏可供衔接的制度保障。刑法第 37 条规定的非刑罚处罚措施中包含了行政处分和行政处罚两种措施，刑事诉讼法第 177 条规定“对被不起诉人需要给予行政处罚、处分或者需要没收其违法所得的，人民检察院应当提出检察意见，移送有关主管机关处理”。《公安机关办理刑事案件程序规定》第 298 条明确“对人民法院作出无罪或者免除刑事处罚的判决……对人民法院建议给予行政处理的，应当依照有关规定处理或移送有关部门”。但这些规定都较为抽象，对适用条件、具体标准等问题均未说明。这也一定程度上造成非刑罚处罚措施适用的指引不明确、衔接不顺畅。最后，缺乏监督和权利救济制度。例如，在实践中若出现司法机关作出非刑罚处罚措施的决定，由谁执行、由谁监督并未明确。又如，行为人对非刑罚处罚措施不服时，通过何种程序来进行权利救济也存在疑问。

三、非法吸收公众存款罪非刑罚处罚措施适用的完善

（一）立法的调整

第一，就适用条件而言，刑法第37条前半段是非刑罚处罚措施适用的前提条件，但“犯罪情节轻微不需要判处刑罚”的规定具有抽象性和原则性，只能从宏观上为非刑罚处罚措施提供法律依据。可以考虑将这一总则的宏观规定与针对非法吸收公众存款罪的分则规定结合起来。刑法修正案（十一）为非法吸收公众存款罪增设了法定从轻或减轻处罚事由，虽然刑法第37条可以独立适用，但当法律没有明确法定免除刑罚事由时，司法工作人员还是倾向于保守地适用刑罚。因此，可以通过立法规定非法吸收公众存款罪的法定免除刑罚事由。例如，《浙江省高级人民法院、浙江省人民检察院、浙江省公安厅关于当前办理集资类刑事案件适用法律若干问题的会议纪要（三）》（以下简称《会议纪要三》）中规定，“实践中，对于行为人按生产经营规模所需吸收资金，并用于生产经营活动的，可不以非法吸收公众存款罪处理”。《会议纪要三》着眼于非法吸收公众存款的资金用途，重视对非法吸收公众存款罪的非犯罪化和非刑罚化，以求实现法律效果与社会效果的统一。但是，一方面，《会议纪要三》属于地方性司法文件，对全国的司法实践难以提供指引；另一方面，除了非法吸收公众存款罪的资金用途外，从犯与否、是否初犯、被害人人数、涉案金额、是否自首、是否退赃、是否用于生产经营等因素，都可以具象化为非法吸收公众存款罪非刑罚处罚措施的适用条件。

第二，就适用种类而言，可以增加非刑罚处罚措施的社会化执行种类。随着对刑罚的合理化、人道化、个别化研究的深入，监禁刑社会化逐

步得到重视。作为预防和减少犯罪的一项非监禁刑事执行制度，社区矫正具有重大意义。而非刑罚处罚措施天然具有非监禁性特征，将社区矫正纳入非刑罚处罚措施的范围，取得的效果或许比监禁刑的社会化更好。当前刑法第 37 条并未将社区矫正纳入其中，且 2019 年颁布的社区矫正法规定，“对被判处管制、宣告缓刑、假释和暂予监外执行的罪犯，依法实行社区矫正”。可见，非刑罚处罚措施被执行人不在社区矫正适用对象之列，有必要对刑法和社区矫正法作出一定修改，将非刑罚处罚措施被执行人与社区矫正结合起来。对于实施了非法吸收公众存款罪的行为人，可以考虑通过赔偿对被害人进行赔礼道歉，并获得社区居民谅解。此外，还可以增加剥夺行为人某种资格、限制其从业等一系列非刑罚处罚措施。

第三，就适用方式而言，可以配合惩罚性赔偿和道德教育处罚。惩罚性赔偿是指审判机关根据被害人的经济损失和精神损害情况，判处或者责令行为人给予一定的金钱补偿的非刑罚处罚措施。[①] 刑法第 37 条虽然规定了赔偿损失，但结合刑法第 36 条“被害人遭受经济损失的，对犯罪分子除依法给予刑事处罚外，并应根据情况判处赔偿经济损失”的规定，赔偿损失针对的是被害人的实际损失，不包括精神损害赔偿。由于法律规定的限制、法律适用上的冲突和法律目的的不同，刑法中犯罪人通常不承担精神损害赔偿责任，但在非法吸收公众存款罪中增加惩罚性赔偿反而能够平衡刑法效益与成本。实践中，为了实现刑罚的报应目的，满足公众对于惩治犯罪人的心理预期，即便行为人完全弥补了被害人的经济损失，也要承担自由刑的刑罚，这变相地让非刑罚处罚措施难以适用。如果能够增加惩罚性赔偿，从而实现刑事制裁的报应功能、平衡受害人心理，反而能够通过较小的刑法成本获得更好的刑法效益。道德教育处罚包括训诫、责令具结悔过、赔礼道歉。对非法吸收公众存款罪的犯罪人配合进行道德教育处罚，有利于让其在规定时间内改正，及时弥补被害人损失。让行为人在社交媒体上道歉，有利于实现犯罪预防。同时，还可以将行为人纳入社会诚信档案，增强处罚效果。

---

① 参见徐海波、童伟华：《经济犯罪刑罚配置的反思与重构》，载《法学研究》2007 年第 12 期。

（二）司法的调整

第一，明确司法机关内部的规则程序。部分观点认为，对经济犯罪适用不起诉决定或者轻缓的非刑罚处罚措施，有宽容甚至纵容经济犯罪之嫌。[①] 然而，司法的权威性和公信力不必然取决于严厉的刑罚，而在于程序本身所体现出的平等、公平、合理。因此，需要司法机关内部的明确的规则程序为非法吸收公众存款罪的非刑罚处罚措施适用提供支持。对进入检察环节的非法吸收公众存款案件适用相对不起诉，同时附加非刑罚处罚措施，这也能够体现检察权对已然犯罪的遏制和未然犯罪的监管作用。司法机关内部需要有一套针对非法吸收公众存款罪非刑罚处罚措施适用的实体性要件和程序性规则，办理相关案件的检察官和法官能够在较为一致的尺度下把握起诉与否、适用刑罚还是免予刑罚、适用何种非刑罚处罚措施等标准，保证非法吸收公众存款罪非刑罚处罚措施适用的公正性。例如，可以通过司法解释明确适用非刑罚处罚措施的条件：非法吸收公众存款行为造成了具体的经济损失，但数额较少，没有其他严重情节；与犯罪情节相对应的量刑幅度，法定最高刑为三年以下有期徒刑；综合情节满足刑法第 176 条第 3 款的规定。

第二，提高司法机关工作人员的能力。受制于我国长期以来的重刑主义观念，非刑罚处罚措施存在适用难的问题，需要司法机关工作人员转变惯性思维、提高能力，才能改变这一现状。一方面，司法机关工作人员需要从观念上认识到任何法律都不可能杜绝所有的经济犯罪。经济犯罪总是与市场经济的发展和经济活动的活跃相伴而生，且一些经济行为往往需要经过长时间的检验才能确定是否有利或有害于国家经济发展。非法吸收公众存款的发生具有复杂性，需要从经济环境、经济管理、经济体制、法律法规等多个方面进行分析，综合各方面的成因并作出调整才能有效规范此类行为，但刑罚是对非法吸收公众存款行为的截断处理，不能很好地兼顾其他治理办法。因此，不能盲目地依靠刑罚杜绝所有非法吸收公众存款行为，通过非刑罚处罚措施为刑罚和其他治理办法搭建一座桥梁，可以保证

---

① 参见龙宗智：《经济犯罪防控与宽严相济刑事政策》，载《法学杂志》2006 年第 4 期。

刑罚功能的实现，也能够更加系统地完善经济环境、经济管理体制机制。另一方面，可以加大对司法机关工作人员能力培养的力度。例如，2023年最高人民检察院印发的《2023—2027年检察改革工作规划》中“主要任务”第10条明确了“深化检察环节诉源治理改革”。北京昌平检察院、江苏丹阳检察院、内蒙古巴林右旗检察院等检察院响应号召，为了适应改革要求，办好不起诉案件，更好运用非刑罚处罚措施，打造“不起诉+”检察品牌，通过交流学习、公开听证等方式讨论非刑罚处罚措施的重大意义和具体适用问题。类似这样的做法能提高司法机关工作人员公正、高效适用非刑罚处罚措施的职业能力。

第三，建立可供衔接的外部保障。首先，对非法吸收公众存款罪适用非刑罚处罚措施需要与同级职能部门、上级部门、异地部门、社会公益组织等机构协同发力，仅靠某个司法机关独立执行难以实现良好效果。这就需要相关单位为司法机关提供全面沟通合作的外部保障，从而形成合力。其次，可以建立健全法务公开，增强社会对非法吸收公众存款行为人的监督。此外，还可以建立健全非法吸收公众存款罪非刑罚处罚措施适用的档案系统。由于经济类案件发生情况复杂，在司法适用中不仅极少适用非刑罚处罚措施，且还存在法律文书不统一的问题，需要建立健全档案的检索机制，为承办非法吸收公众存款案件的司法人员提供不起诉决定书、免予刑罚判决书等具体的信息。最后，确立非刑罚处罚措施的监督制度。可以当地的市场管理部门为主，由社会公众、商会、被害人一同对非法吸收公众存款行为人进行监督。

四、结语

非刑罚处罚措施是在世界刑法人道主义、谦抑性趋势下，轻刑化、非刑罚化的一项具体制度，可以辅助刑罚适用，发挥保障人权、预防犯罪、服务社会的作用。经济犯罪虽危害社会经济秩序，有必要追究当事人刑事责任，但经济犯罪的成因复杂，预防经济犯罪并不能仅依靠刑罚，对经济犯罪惩治的严厉性与经济犯罪数量的减少也并非正相关。有必要区分不同的经济犯罪，对于社会危害性和人身危险性都较小，法益可恢复的经济犯罪案件，适用非刑罚处罚措施。刑法修正案（十一）对非法吸收公众存款罪规定了法定的从轻或者减轻处罚情节，既符合宽严相济的刑事政策，也更符合当下的经济形势。可以结合非法吸收公众存款的被害人人数、涉案金额、退赔情况、集资用途等要素对行为人进行综合考量，有条件地适用非刑罚处罚措施，以最小的成本获得最大的社会效益。

人工智能辅助量刑系统的算法风险与防范对策研究

郭世昊*

【摘　要】人工智能辅助量刑系统是科技与司法融合的必然产物，在享受应用人工智能辅助量刑系统带来便利的同时，要充分认识到人工智能辅助量刑系统算法输入层、隐含层、输出层可能存在的风险，结合我国刑事司法现状分层采取相应防范对策，系统性地建立算法“输入层—隐含层—输出层”多层次、全方位、多元互动的风险防范体系。唯有合理设计人工智能辅助量刑系统的算法规制手段，才能确保人工智能刑事司法实践在法治的轨道上良性发展，促进我国审判能力与审判体系高质量发展，满足人民群众的司法需求。

【关键词】人工智能；辅助量刑系统；算法风险；防范对策

一、人工智能辅助量刑系统的应用概况及必要性分析

利用工具提高工作效率是人类发明创造的不竭动力，而繁重的司法裁判工作让国内外众多学者在近几十年都不约而同地萌生这样一个想法：能否通过使用工具来辅助或者替代法官从事司法工作？人工智能辅助量刑系统的研究、设计应运而生。

* 吉富创业投资股份有限公司法务专员。

（一）人工智能辅助量刑系统的应用概况

从辅助量刑系统的更新迭代进程来看，因受制于技术发展，国内外的辅助量刑系统研究都经历了“机械辅助—智能辅助”的演变模式。

1. 人工智能辅助量刑系统的国外应用

在理论方面，国外人工智能辅助量刑最早思想雏形源自法国学者卢西恩·梅尔（Lucien Mehl）的观点，他在 1958 年就提出了将法律知识科学化、信息化处理，并猜想可通过计算机等科学手段，实现法律文献和案例自动检索以及建立法官裁量模型，但该先见性、创新性的观点并没有被同时代的大多数学者认同。20 世纪 70 年代，布鲁斯·布坎南（Bruce G. Buchanan）和托马斯·海德里克（Thomas E. Headrick）发表了《关于人工智能和法律推理的若干问题的考察》，文章提出两条将人工智能用于法律推理的可行路径——模拟归纳推理与模拟法律分析。该篇文章被视为法学与人工智能结合研究的开山之作，自此“人工智能+法律”成为人工智能学科新的研究分支。

理论指导实践，美国的量刑委员会研发了一款名为 ASSYST 的量刑系统，其主要功能是辅助挑选者从美国联邦量刑指南中挑选出有定罪量刑参考价值的信息。① 1998 年，美国开发了 COMPAS（Correctional Offender Management Profiling for Alternative Sanction）辅助量刑软件。这款辅助量刑软件通过对被告人或罪犯进行测试来评估其犯罪风险，对总体再犯概率进行运算最终得出结论。经测试，该软件的总体再犯预测准确率为 65.1%。②

2. 人工智能辅助量刑系统的国内应用

和国外大多数国家一样，我国的辅助量刑系统研究发展进路也是采用的“机械辅助—智能辅助”这一形式，虽然我国研究起步较晚，但近几年成果突出。

2010 年前，我国的辅助量刑系统研究在性质上更符合机械辅助这一特点。早在 1985 年全国首次法制系统科学讨论会有关“法制建设中的现代

① 参见吴习彧：《司法裁判人工智能化的可能性及问题》，载《浙江社会科学》2017 年第 4 期。

② 参见朱体正：《人工智能辅助刑事裁判的不确定性风险及其防范——美国威斯康星州诉卢米斯案的启示》，载《浙江社会科学》2018 年第 6 期。

科学技术”这一话题的讨论中，钱学森就曾结合未来科学发展的方向先见性地提出将人工智能用于法律实践的构想;[①] 1986年，由肖开权、朱华荣共同主持“量刑综合平衡与电脑辅助量刑专家系统研究”项目。该研究对我国盗窃罪量刑数学模型的建立作出了突出贡献,[②] 被确定为国家社科“七五”研究重要课题。2006年，山东省淄博市淄川法院结合法院裁判的数千份已决刑事案件裁判文书，运用电脑技术研制出了“电脑辅助百种刑法常用罪名量刑系统”。[③]

2010年以后，我国量刑系统的智能辅助特点逐渐显现出来。2016年7月4日，河北高院在全省178家基层法院上线了一款辅助量刑系统——“智审1.0”。该套系统收录了全国数千万份司法裁判文书，办案法官可以方便、高效地从数据库中检索全国法院已经判决的相关指导性案例、参考性案例以及本院和上级法院审理的案件，并可对与案件相关的各类法律法规和文献进行系统性检索与提炼。2017年，上海高院与科大讯飞股份有限公司联手研发人工智能辅助量刑系统“206系统”，旨在更好推进以审判为中心的诉讼制度改革、防范冤错案件的发生。2019年，广东博维创远科技有限公司研发设计了“小包公”刑事智能定罪辅助量刑系统，该系统是国内首创、具有自主知识产权的智能定罪量刑预测系统，可以实现辅助精准定罪、准确量刑，能够一定程度上解决案件量大的问题，缓解现阶段广泛存在的法院裁判压力。

（二）人工智能辅助量刑系统的应用必要性分析

将人工智能辅助量刑系统引入刑事审判流程是司法改革顶层设计的重要配套措施。人工智能技术融入刑事辅助量刑系统的过程，将发挥实现量刑信息整合智能化、促进刑事案件审理高效化以及助力刑事诉讼量刑规范化等方面的优势，与我国当前司法改革进程中所提倡、主张的刑事审判信息化、数字化、科学化要求完美相契合。

---

① 参见钱学森:《现代科学技术与法学研究和法制建设》，载《政法论坛》1985年第3期。

② 参见周尚君、伍茜:《人工智能司法决策的可能与限度》，载《华东政法大学学报》2019年第1期。

③ 参见熊秋红:《人工智能在刑事证明中的应用》，载《当代法学》2020年第3期。

1. 实现量刑信息整合智能化

区别于依靠人力资源对刑事数据进行整合的传统数据整合模式，智能辅助量刑系统可以突破办案人员时间、空间和能力的限制，全方位、多层次、多角度对刑事数据展开收集、归类、处理。近年来，随着算力的迭代，通过对大量的刑事数据强化、深度、监督学习，辅助量刑系统可以分析、归纳、总结出统一的法律适用标准以及裁判标准，减少刑事案件审理中恣意判决的发生。

2. 促进刑事案件审理高效化

在人员管理司法改革浪潮中，法官的员额被严格控制在39%以内，①大部分人员因员额制改革从法官队伍中分流出去。在当前的司法环境下，“案多人少”矛盾已经成为影响和制约人民法院发展的瓶颈问题之一。以中国裁判文书网公开的刑事数据为例，2016年至2020年中国裁判文书网每年录入刑事案件数量均在140万例左右（见图1）。司法工作人员已经投入相当多时间、精力，但仍无法很好缓和日益突出的“案多人少”矛盾。

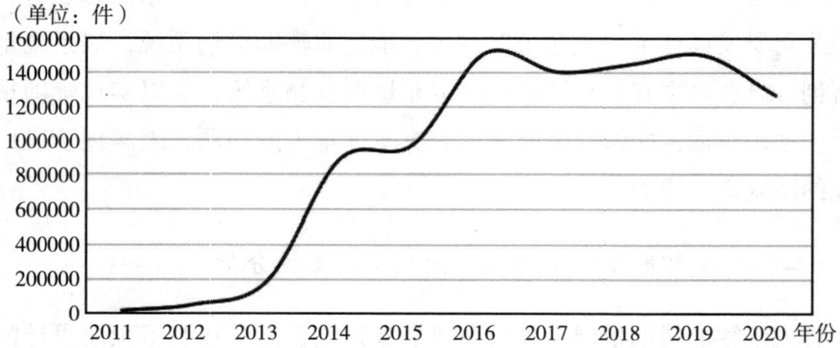

图1　中国裁判文书网录入2011年至2020年刑事案件数量②

人工智能辅助量刑系统的应用可以优化资源配置、提高司法资源的利用效率，对缓解审判压力具有重要作用。通过内部算法优化法院的人力资

① 参见陈瑞华：《法院改革的中国经验》，载《政法论坛》2016年第4期。

② 图1数据来源于中国裁判文书网（https://wenshu.court.gov.cn/），最后访问日期：2021年10月29日。

源调配，最大限度地减少法官无效的事务性司法劳动，合理实现优化配置，充分地利用并节约诉讼资源、提升诉讼效率。[①] 在案件的立案、证据提交、开庭及结案等环节中，智能化辅助系统设备的引入，可以将法官从大量重复性、琐碎性的基础工作中解放出来，使其拥有更多的精力从事审判核心工作。

3. 助力刑事诉讼量刑规范化

近年来，刑事司法实践中出现的“同案不同判”现象越来越受到社会关注，已经成为社会热点问题，对司法权威、公信力、人民法院的庄严形象产生了诸多负面影响。在十余年的量刑规范化改革进程中，我国刑事司法库已积累海量量刑数据和数以万计的刑事案例，为利用人工智能辅助法官量刑创造了必要的数据条件。人工智能辅助量刑系统能够最大限度不受承办法官主观认识影响，对待审理的刑事案件给出量刑建议或者裁判意见。

二、人工智能辅助量刑系统的算法风险

算法是人工智能技术的核心，连接辅助量刑系统刑事实践应用全过程。从学术趋势观之，目前法学界对于算法风险的分类分级并没有一个统一的学术标准，算法风险的防范研究总体呈现平面化、散状化、碎片化态势，[②] 对智能辅助量刑系统的算法风险研究更缺少专门的、系统性的论述。本文以人工智能辅助量刑系统的处理逻辑为分析进路，在人工智能算法深度学习的“输入层—隐含层—输出层”（见图 2）基础上，对智能辅助量刑系统中所涉及的广义算法风险按照“算法输入层—算法隐含层—算法输出层”这三个层次依次进行剖析，结合我国当前刑事司法的实践现状进行探究，逐步揭示其内在运行机理。

① 参见孟醒：《智慧法院建设对接近正义的双刃剑效应与规制路径》，载《中国政法大学学报》2020 年第 6 期。

② 参见胡小伟：《人工智能时代算法风险的法律规制论纲》，载《湖北大学学报（哲学社会科学版）》2021 年第 2 期。

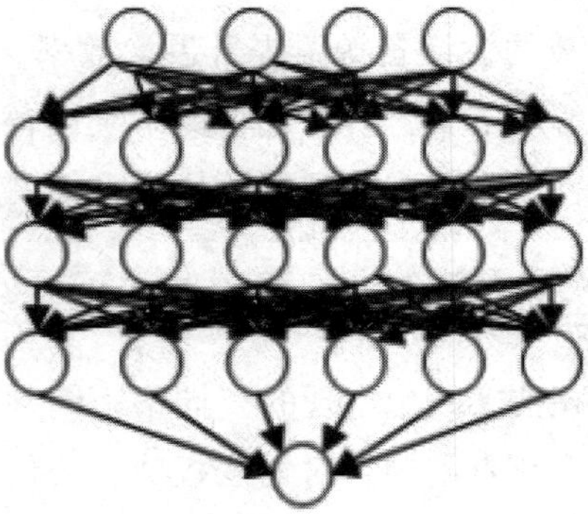

图 2　人工智能算法深度学习模型

（一）算法输入层风险

数据是人工智能发展的基石，在人工智能系统产品的研发中占据重要地位，然而现阶段我国刑事案件数据从体量和质量上来看，尚存在刑事数据体量不充分与质量差异化两大问题。算法输入层存在的问题会直接影响到算法隐含层算法模型的构建和算法输出层产出的决策。

1. 刑事数据体量不充分

第一，刑事裁判数据完整性存在不足。由于刑事案件自身的敏感性与特殊性，部分法院会将公开的刑事裁判文书内容进行部分删减。这种删减一般并不是对刑事案件当事人身份信息的屏蔽处理，而是对判决文书中某些特定段落的删除，这种行为会使得辅助量刑系统针对特定问题的分析存在不同程度的数据偏差，最终导致模拟学习效果不尽如人意。

第二，部分罪名对应案例数量寥寥无几，无法形成学习规模。以威科先行案例库为搜索资源库，以相应罪名为关键词，以访问日期为数据统计截止日期，搜索范围为“全文”，搜索模式为“常规”，选择“刑事案件”“一审”“判决书”执行高级搜索。从表 1 统计的 21 种罪名的数据中可以看出，案例数排名前两位为盗窃罪 1722203 件、危险驾驶罪 1456657 件，体量都已经达到了上百万的规模，而走私武器弹药罪共 9 件，数量仅为个位数。若对体量较小的不常见刑事罪名进行案例学习，则无法形成有效的算法学习规模，会严重影响裁判预测功能和类案推送功能的发挥。

表1　威科先行数据库中21种罪名一审案件数量①

罪名	性质	案例数量（件）
盗窃罪	侵犯财产罪	1722203
危险驾驶罪	危害公共安全罪	1456657
诈骗罪	侵犯财产罪	473928
抢劫罪	侵犯财产罪	322711
强奸罪	侵犯公民人身权利、民主权利罪	85795
贪污罪	贪污贿赂罪	43084
放火罪	危害公共安全罪	18831
组织卖淫罪	妨碍社会管理秩序罪	16144
重大责任事故罪	危害公共安全罪	12088
滥用职权罪	渎职罪	11966
玩忽职守罪	渎职罪	11735
非法狩猎罪	妨碍社会管理秩序罪	11620
单位行贿罪	贪污贿赂罪	6355
重婚罪	侵犯公民人身权利、民主权利罪	4845
串通投标罪	破坏社会主义市场经济秩序罪	3055
徇私枉法罪	渎职罪	1304
洗钱罪	破坏社会主义市场经济秩序罪	606
巨额财产来源不明罪	贪污贿赂罪	476
袭警罪	妨碍社会管理秩序罪	252
组织出卖人体器官罪	侵犯公民人身权利、民主权利罪	98
走私武器弹药罪	破坏社会主义市场经济秩序罪	9

① 数据来源于威科先行案例库（https：//law. wkinfo. com. cn/），最后访问日期：2021年10月29日。

2. 刑事数据质量差异化

第一，破案率摆在首位的传统思维导致刑事数据质量参差不齐。我国首部刑法颁布于1979年，重实体轻程序、命案必破等传统思想对今天的刑事实践仍有一定影响。2012年刑事诉讼法的第二次修正从立法层面正式确立了非法证据排除规则，但至今鲜有通过非法证据排除规则成功排除证据的刑事案例。近几年纠正的几例影响重大的冤错案件均存在严重的刑讯逼供、由供到证和片面取证等问题。[①]

第二，我国幅员辽阔，不同的区域之间发展差异较大，这就导致对类似量刑情节的法律评价往往会因经济社会以及裁判者法学素养的差异在不同时期、不同地域出现细微乃至较大的差距。[②] 在模拟时采用的数据质量越高，越能得出符合刑事实践预期目标的数据结论。倘若用于训练算法的刑事数据规模不完整、规定陈旧、内容不相关，无论研发人员将算法模型设计得多么完美，最后的数据输出肯定也会存在偏差，[③] 直接影响辅助系统建模的有效性。利用这些算法模型对法官办案进行辅助，最后的结果就是将历次的错误不断固化、放大，形成错误的路径依赖，严重影响辅助量刑系统的研发效率，浪费宝贵的研发时间与司法资源。

（二）算法隐含层风险

算法隐含层是指算法输入层与算法输出层之间无法从外部直接观察到的算法处理过程。人工智能辅助量刑系统算法隐含层突出体现的风险主要有算法歧视风险与算法黑箱风险两大类。

1. 算法歧视风险

第一，作为人类思维外化物的算法很大概率会表现出歧视倾向。从算法的设计和研发来看，因为过程是封闭的，所以研发者的价值导向很容易

---

① 参见王秀梅、唐玲：《人工智能在防范刑事错案中的应用与制度设计》，载《法学杂志》2021年第2期。

② 参见高鲁嘉：《人工智能时代我国司法智慧化的机遇、挑战及发展路径》，载《山东大学学报（哲学社会科学版）》2019年第3期。

③ 参见张超：《新闻生产中的算法风险：成因、类型与对策》，载《中国出版》2018年第13期。

被裹挟到算法中去，使算法设计和研发过程中存在算法歧视的可能。[①] 例如，谷歌公司科研团队研发过一款图像识别算法，可以自动甄别照片上的事物，但它将照片中的黑色人种归类为“大猩猩”；微软公司科研团队曾经研发过一款智能聊天机器人并将其命名为 Tay，在与网络用户双向交流的过程中，仅仅不到 24 小时，Tay 就被训练出性别歧视、种族歧视等不良的价值观取向，微软公司不得不在上线首日即宣布对其停止使用。

第二，人工智能辅助量刑系统算法的开发者在研发过程中掺杂的价值判断更为严重。传统的同态复仇即“一命偿一命”思想并没有完全消除，尤其是对于刑事案件来讲，一旦涉及人身问题，往往会牵涉信息接收主体的价值判断。若算法在研发过程中嵌入了相应的价值偏见，这种预设的价值偏见会随着运算结果次数的累积逐渐显现出来，并且通过运算逐渐积累到机械学习的过程中，使其不断强化放大，形成污染数据，最终产生带有偏见的智能算法结果。[②]

2. 算法黑箱风险

第一，算法应用过程中黑箱问题普遍存在。刑事数据输入到相应量刑裁判建议输出过程的算法运作是不透明的，算法黑箱便是对这种不透明的比喻。信息不对称所带来的数字鸿沟是引发人机互动中普遍存在算法黑箱的主要原因，计算机代码所蕴含的机器语言逻辑与人类交往所涉及的自然语言逻辑不同，由此造成了辅助量刑系统开发人员与司法工作人员、涉案人员之间信息不对称。

第二，算法黑箱属性与司法公开追求的天然冲突。人工智能产品用于刑事司法实践活动中，这种天然的算法黑箱与司法活动所追求的公开、透明大相径庭。2013 年初，在美国拉克罗斯市的一场枪击案庭审中，犯罪嫌疑人卢米斯被指控触犯五项罪名。在本案中，威斯康星州惩戒署向法院提交了通过 COMPAS 系统得出的调查报告，该报告显示卢米斯存在暴力累犯风险并且审前风险极高，性质上属于高风险群体。最终，法官部分依据

① 参见金梦：《立法伦理与算法正义——算法主体行为的法律规制》，载《政法论坛》2021 年第 1 期。

② 参见张莉莉、朱子升：《算法歧视的法律规制：动因、路径和制度完善》，载《科技与法律（中英文）》2021 年第 2 期。

COMPAS系统的评估结论作出了有期徒刑六年并处五年的延长考察期的判决。[①] 卢米斯一案引发了广泛的社会关注和国内外法学界的热烈讨论，反映出智能辅助刑事裁判工具应用中的算法黑箱风险。

（三）算法输出层风险

随着人工智能辅助量刑系统的使用，算法输出层的风险也逐渐引起了学者们的重视与讨论，具体包括人工智能辅助量刑系统应用所带来的三种冲击现有审判制度的问题与有组织的不负责任现象的发生。

1. 技术外包带来的审判权削弱

目前，刑事司法领域智能系统普遍采用的研发模式就是技术外包，量刑系统研发外包是司法机关将辅助量刑系统所依赖的技术部分交由司法机关以外的数据处理技术公司负责，司法机关主要提供司法活动中产生的大数据，同时向技术公司准确描述智能系统所应具备的目标需求。[②] 常见人工智能辅助量刑系统研发法院及相应合作单位如表2所示。辅助量刑系统研发过程涉及法学专业与科技研发两套知识体系的交互融合，但融合的效果并不乐观。具言之，法学专业知识与智能算法的契合度并不高，刑事案件的承办法官具有深厚的法学功底与常识阅历，但对智能系统的运行原理可能并不是十分了解，无法对系统生成的结论性意见进行评判。

表2　常见人工智能辅助量刑系统研发法院及相应合作单位[③]

智能办案系统名称	研发法院	合作单位
智慧审判苏州模式	苏州中院	科大讯飞股份有限公司、 苏州科达股份有限公司
上海刑事审判辅助系统	上海高院	科大讯飞股份有限公司
法镜大数据系统	贵州高院	贵州数联科技有限公司

① 参见吴椒军、郭婉儿：《人工智能时代算法黑箱的法治化治理》，载《科技与法律（中英文）》2021年第1期。

② 参见卫晨曙：《刑事审判人工智能的权力逻辑》，载《西安交通大学学报（社会科学版）》2021年第3期。

③ 数据来源于笔者对常见人工智能辅助量刑系统的研发法院及各自相应合作技术单位的网络检索与统计。

（续表）

智能办案系统名称	研发法院	合作单位
重庆“易审”平台	重庆高院	百度智能云
类案指引项目	安徽高院	安徽富驰信息技术有限公司
量刑规范化智能辅助系统	海南高院	北京智慧正安科技有限公司
北京“睿法官”	北京高院	北京华宇元典信息服务有限公司
浙江“智慧法院”	浙江高院	阿里巴巴集团

2. 平衡的诉讼结构被再次打破

在全国量刑建议精准化、规范化、智能化的时代背景下，各地方检察机关积极采取措施，主动摸索高效、合理的模式来提升检察机关量刑建议的能力和水平，通过采取云计算、区块链、人工智能等现代化技术与检察机关工作相结合的方式，最大限度地提升检察机关量刑建议的精准度。以安徽省怀宁县检察院为例，检察院引入智能辅助量刑系统后，运用该系统提出的量刑建议法院采纳率达 98.91%。[①] 当前，控诉方利用人工智能辅助量刑系统进行刑事诉讼活动，对刑事诉讼当事人权利保障提出了新的命题，辩护制度不应当沦落为机器证据逻辑演算得出结果的牺牲品，如何对刑事诉讼被告人的权利进行人工智能时代下的保护是使用辅助量刑系统必须面对的问题。

3. 刑事审判陷入机械量刑之嫌

第一，将量刑等同于刑的量化是人工智能辅助量刑系统研发的机械性风险体现，容易使法官陷入机械量刑的风险。从刑事司法实践的角度看，量刑是法官在遵守法律规定的前提下，结合案件的事实依据，根据内心确信考虑多方因素作出裁判的过程。虽然可以将部分情节以计算机符号的形式表达出来，但是这种量刑结果的最终判断并非简单情节累加的产物，仍然需要法官对案件进行总体上的把控与梳理。

第二，司法人员对辅助量刑系统的过分依赖导致其在司法活动过程中

① 参见江晨、刘观清：《怀宁：三步完成高效量刑预测》，载《检察日报》2020 年 8 月 22 日第 3 版。

不积极发挥主观能动性。辅助量刑系统设计运行的很重要初衷就是提高司法效率，然而随着使用频率和时间的增加，难以保证法官审理案件时继续发挥主观能动性，量刑结果的合理性与合法性缺少保障，进而可能陷入人工智能“操纵”司法的危险境地。

4. 有组织的不负责任现象发生

德国著名社会学家乌尔里希·贝克认为，给人类社会带来不确定性风险的正是人类所一直追求的知识与技术。他在风险社会理论中正式提出了“有组织的不负责任”这一对现代社会学发展非常重要的学术概念。有组织的不负责任并非有组织、有计划、有预谋地逃避责任，而是公司、政策制定者和专家结成的联盟等各种责任相关者以组织中存在的纷繁复杂的结构为理由，来推诿、转嫁本应归属于自己的责任。[①]

在人工智能技术复杂的应用中，相关风险问题的责任主体已经不容易辨明，一旦发生算法风险问题，相应的责任难以寻求归责途径，非常容易出现有组织的不负责任现象。从当下的研发及使用情况来看，人工智能辅助量刑系统是上行政策与下行司法实践需要共同作用下的产物，现阶段人工智能辅助量刑系统处在全国各地法院如火如荼的建设浪潮中，但并没有专门的机构或人员对相应责任进行细致化、专门化的规定。当利用人工智能辅助量刑系统对刑事案件当事人作出的判决结果不公正、不公允时，很可能发生责任推诿。若发生此类情况，必然会对刑事司法的稳定性和司法公信力造成巨大影响。

三、人工智能辅助量刑系统算法风险的防范对策

现阶段，我国各地法院的人工智能辅助量刑系统的研究与开发总体上仍处于起步期，面对上述辅助量刑系统算法存在的诸多风险，在研究的过程中要加强对算法风险进行全方位、多层次的系统分析与研判。算法规制需要建立谱系，将零敲碎打的制度安排及学理思考整合为系统性的思考图式，[②] 建立“算法输入层—算法隐含层—算法输出层”的算法风险防范

① 参见蔡守秋：《针对“有组织的不负责任”健全防治环境风险的法律机制》，载《人民政协报》2013年2月18日第3版。

② 参见苏宇：《算法规制的谱系》，载《中国法学》2020年第3期。

体系。

（一）算法输入层风险防范

人工智能辅助量刑系统裁判系统参数的任何细微变化都可能通过机械学习不断放大，这种蝴蝶效应带来的影响也许会超出研发人员和司法人员的控制范围。因此，在算法输入层积极拓宽刑事数据来源、提升刑事数据质量就显得尤为重要。

1. 拓宽刑事数据来源

首先，努力拓展刑事数据来源，尽力获取全面的法律数据。只有为算法输入层提供充足的数据源，才能挖掘出数据背后的价值。应通过建立跨区域协调统一的刑事司法数据库，利用人工智能技术打破常规的数据来源限制，形成资源共享的司法信息化综合数据库。跨部门的刑事司法数据库建设，在满足我国刑事司法实践的前提条件下，还能拓宽公众的了解渠道、助力刑法学术研究进一步发展，成为司法机关与公民、刑事诉讼理论与实践充分互动的有力推手。

其次，完善与数据收集的相关法律法规，建立司法机关内部沟通的渠道，突破刑事诉讼机关内部的数据分享壁垒。数据分享不能只停留在口号层面，必须通过法律法规将其制度化、规范化。相应的规定至少要包括刑事数据收集、统计口径的确定，数据计算标准的统一以及相应的负责人员的指定等。将上述内容真正落到实处，才能规范刑事数据收集，使司法机关的信息共享真正做到有法可依、有章可循。

最后，确定专门负责收集刑事数据的机构，以此来提升刑事数据收集的集成化水平。该刑事数据收集机构必须具备三个条件。第一，要有足够的数据整合能力，在遵守上述刑事数据收集法律法规有关个人敏感信息、商业秘密等规定情形下，尽可能将公、检、法、司相关平台的数据进行对接，最大限度地利用先进科研手段进行刑事数据信息整合，收集刑事案件全流程的数据，提高数据的集成化水平，构建完备的刑事诉讼数据库，构建现代化的司法数据库。① 第二，考虑到刑事数据收集机构专门收集刑事

① 参见程凡卿：《我国司法人工智能建设的问题与应对》，载《东方法学》2018 年第 3 期。

案件数据的特性，应保证其有充足的经费用于数据整合、筛选、收集，其采用的数据收集设施应随着技术的迭代发展不断更新。第三，要有严密的安全保护措施。对于体量如此巨大的刑事数据，应严格设立防火墙并采取相应的加密措施，防止刑事数据的泄露以及外来电子病毒侵袭，从国家安全层面采取匹配的数据集成保护措施。

2. 提升刑事数据质量

（1）提升刑事司法质效。

努力提高刑事司法审判质效，不断提升刑事裁判文书的质量，是减少人工智能辅助量刑系统算法输入层风险的关键一步。司法机关工作人员要主动对嵌入系统中的法律文本进行筛选，对已经失效或修订的法律规范进行剔除与校正，对辅助量刑系统学习成果进行周期性的测评。强化刑事数据收集、存储、使用等各个环节的监管，确立全流程的多角度监管模式。不单单追求刑事数据的“量”，更要重视刑事数据的“质”，将刑事数据标准从“大”逐步转换成“准”。

（2）不同刑事犯罪区别对待。

提升刑事数据质量需要将不同的刑事犯罪案件区分对待，“不同”之处具体体现在下述两个层面。

第一，不同罪名犯罪的区别对待。以上文表1中的数据为例，盗窃罪共1722203件，走私武器弹药罪共9件，这就要求在收集数据时着重区分出案件体量小的罪名，重点关注数据少的案件。对于体量小的罪名，新增案件的数据很可能对其算法模型造成实质性影响，应对其采取谨慎的态度或暂时停止将人工智能辅助量刑系统应用在这些体量小的案件上，进而保证算法输入层真实和算法模型的适用稳定性。

第二，同种罪名下不同情形的处理。我国每年都会评选出对司法具有重大影响的“中国十大影响性诉讼”，这些案件对我国司法发展具有里程碑式的意义。这就要求在人工智能辅助量刑系统的研发中，对重大疑难、发生率低的新型刑事案件予以特别的关注，综合运用相关知识对此类案件与同罪名下的其他案件进行区分、研判，找寻其特殊的刑事参考价值，为后续的数据循环做好铺垫。

（3）提升刑事数据处理能力。

首先，提升刑事数据清洗能力。目前对数据的清洗采用的是单向度分拣和不可逆的方法，但是这种清洗方法很容易导致刑事数据被系统分类为“垃圾数据”和“合格数据”，将标签为“垃圾数据”的刑事数据直接删除会忽略其潜在价值，进而影响总体数据分析结果的可靠性、适用性。① 笔者建议对刑事数据采用多步骤清洗方案，在对“垃圾数据”进行清洗后，进一步进行无效值、缺失值、异常数据、重复数据等类型化的不同处理，每类待清洗的数据遵循“备份—审核—评估验证—入库”的程序，并且针对不同类型的数据问题匹配不同的数据清洗方案，② 以此提升刑事数据清洗的质量。

其次，丰富刑事数据验证手段。在系统研发阶段可利用人工智能的深度算法和现代化先进的数理统计方法对现有的、模拟的刑事数据进行推断验证，以此来杜绝已暗含偏差的数据在辅助量刑系统的算法中反复固化。对现有的刑事数据公布的偏差情况进行研究、量化、分析，高效、充分利用好已有的刑事数据材料。

最后，通过人工智能技术强化刑事案件数据分析。对失效性、失真性数据及时进行剔除、修改与完善，防止该类数据对量刑系统造成不利影响。只有使用深度智能化、复杂化的算法运算并投入大量的刑事数据辅以验证，才能通过将刑事司法数据不断分拆、整合，融合产出新的刑事数据信息，不断辅助刑事办案人员改善决策。但考虑到刑事数据体量的问题，覆盖全刑事数据的分析算法研发仍是一项长期且艰巨的任务。

（二）算法隐含层风险防范

早在2018年，国家就强调了对人工智能技术研发与规制的重要性与战略意义，鼓励大力加强对人工智能领域相关法律、伦理、社会问题的研究，逐步完善、健全我国人工智能发展相应领域的法律法规、伦理道德、

① 参见张光君、张翔：《应用“大数据+区块链”优化立法评估制度的机理与路径》，载《计算机科学》2021年第10期。

② 参见马克：《数据清洗在统计调查实践中的应用》，载《调研世界》2018年第10期。

制度规范。① 笔者认为，针对算法隐含层风险的防范，除在研发层面重视核心算法模型的科研经费投入力度外，更为重要的是加强对算法设计、研发等环节的法律监管和道德约束。作为两种重要的调整手段，法律与道德通过不同机制从不同方面、以不同方式对人工智能辅助量刑系统算法隐含层风险的调节发挥互补作用，探求设计、研发等过程中的法律监管和道德约束路径，对解决算法隐含层风险问题具有重要现实意义。

1. 算法歧视防范

杜绝算法歧视需要研发者将伦理规制引入算法并加强算法的评估与验证。将伦理引入算法属于对算法歧视规制的“软规定”，加强算法评估与验证可以在现阶段算法歧视规制基础上进一步构建全方位的预防与管控机制，从而以二者共同构建算法歧视风险防范系统。

（1）坚持正确的伦理导向。

在人工智能辅助量刑系统的研究与开发过程中，主动将人工智能伦理道德融入技术研发各环节，自觉开展自我审查，加强自我管理，不从事违背伦理道德的人工智能研发。积极着手构建人工智能辅助量刑系统研发、应用过程中的伦理规则指引，鼓励法学界与实务界主动参与伦理规则的制定，对使用人工智能辅助量刑系统全过程中发现的各种伦理问题，应及时向相关主体反馈并协助解决。确定的管理规范（“软法”）在一定的条件下亦可以通过法律规定的形式确定下来，为后续我国法治建设提供参考。

（2）强化算法评估与验证。

人工智能辅助量刑系统算法的验证评估制度要求在算法投入使用前经过相关机构的评估验证，以此为算法使用的合理性进行背书，进而增加公众对辅助量刑系统算法应用的信赖程度。但从实际操作的角度看，辅助量刑系统算法的评估与验证主要面临如下几个相对比较棘手的问题。

首先，人工智能辅助量刑系统算法评估验证工作由哪个部门来承担？相应的评估与验证过程具体包括哪些内容？笔者认为，有必要设立专门的算法评估委员会对人工智能辅助量刑算法进行评估。算法评估委员会应当

① 参见郑妮：《人工智能法学的概念误区、理论明鉴及空间重塑》，载《理论月刊》2021年第6期。

由政府筹划设立，以对算法的评估与验证进行国家公权力的信用背书。评估的内容主要包含刑事数据的来源、量刑系统算法模型架构、刑事司法裁判数据被赋值的标准等。通过专门机构对算法评估、验证，旨在提升辅助量刑系统算法应用的适格性，最大限度杜绝算法决策受无意识偏见的影响。

其次，该评估验证机构的人员组成应当包括哪些领域的人才？笔者认为，算法评估委员会的组成人员应尽可能充分吸收量刑系统应用过程中可能涉及的各行业优质人才，例如，研发领域专业的科学家、刑法学界的重要学者、伦理学家以及优秀的司法工作人员等，目的就是要通过多元化的角度对辅助量刑算法中可能存在的歧视进行分析。

再次，算法的评估与验证应该通过何种方式进行？笔者认为，应通过动静结合两种形态的验证手段实现人工智能辅助量刑系统的智能化验证。所谓动态验证即通过抽样测试的方式，动态地评估验证算法。静态验证即采用回溯验证的方法来评估算法模型，以此来验证算法的运作状态。通过一动一静的两种验证方式对量刑系统的验证进行全方位的把控，不断检验系统算法设计是否与刑事司法实践的需求相符合。

最后，算法的评估与验证所涉及的范围如何？关于人工智能辅助量刑系统算法的评估与验证范围，笔者认为，一般人工智能产品算法的评估验证无法做到全部验证。但因人工智能辅助量刑系统算法涉及案件相关责任人的实体性权利与程序性权利，为了保证司法的权威与社会的长治久安，凡是人工智能辅助量刑系统所采用的算法都应进行全过程评估与验证，杜绝可能存在的算法歧视，努力实现人工智能辅助量刑系统的公平性和非歧视性。

2. 算法黑箱防范

算法黑箱是人工智能辅助量刑系统应用中最核心的问题之一，是因为不可解释性使得人工智能决策与司法公开的初衷相背离。算法黑箱如何解决的问题会伴随着人工智能辅助量刑系统的研发一次次出现在司法人员和科技人员面前。既然算法黑箱始终伴随着人工智能技术的发展，那么通过采取相应的措施来适当揭开算法黑箱的“面纱”就显得尤为重要。笔者认为可以用以下两种方式来进行平衡。

（1）法律嵌入算法。

辅助量刑系统算法的设计、部署与执行必定、必须要落入法律规制的射程之内。理论界应当将辅助量刑系统的规制在法律层面逐步落实，我国《新一代人工智能发展规划》明确对建立保障人工智能稳定发展的法律法规框架提出了要求。有学者认为，我国应当构建“国家战略—基本法律—标准体系”三级人工智能规范。[①] 算法的法律规制就是要把法律的精神和规范嵌入算法，实现算法逻辑与法律规则的统一，从而完成“法律即代码”的规训过程。[②] 具体在实际操作层面，可以将规制算法的法律法规转化成抽象的、可供计算机代码执行的数学关系，按照符合刑事法律预设的合理运行模式设计相应的关联规则，通过这种对应的关联规则确保达到法律要求的运行结果，同时与其他的法律法规形成正向互动。这就要求立法和司法层面进行双向的探索与对接，逐渐明晰相应法规与规则的建立标准，确保人工智能辅助量刑系统研发及应用的稳步发展。

（2）提升算法透明度。

提升算法的透明度是解决算法黑箱与司法公开对立问题的重要途径。提升算法透明度的核心就是将算法的运作过程与方式尽可能地进行展现。笔者主要从以下几点讨论我国人工智能辅助量刑系统算法黑箱的解决办法。

第一，建立人工智能辅助量刑系统具体运算模型的算法运行备案本，充分记录智能辅助量刑系统在运算过程中形成的全面运行轨迹。通过记录、观察运行轨迹来减少算法黑箱的操作空间，实现人工智能辅助量刑系统的可理解性与可解释性。

第二，结合我国国情探求人工智能辅助量刑系统算法的公开限度。不同于上述算法运行备忘本的记录，算法内容的公开所面临的一个最重要的挑战就是与算法控制者私权的平衡。我国人工智能辅助量刑系统的开发采取的是司法主体与技术公司合作的模式，对于技术公司而言，算法的研发往往承载着其最核心的科技竞争力，通常以商业秘密的形式获得保护。因

① 参见张玉洁：《论我国人工智能的法治化进程：现状、挑战与革新》，载《广州大学学报（社会科学版）》2019年第2期。

② 参见袁康：《可信算法的法律规制》，载《东方法学》2021年第3期。

此，在对算法提出透明度要求时也不得不考虑私权与公共权益的平衡问题。

第三，要结合人工智能辅助量刑系统的特点，有针对性地向刑事诉讼双方当事人细化告知义务，使双方明晰辅助系统的应用标准和制度框架，并通过简明扼要的形式使刑事诉讼当事人理解上述内容。但也应该清楚认识到，人工智能辅助量刑系统的算法在专业层面上不容易被一般的受众所理解，这种具有高度复杂性、专业性的算法有时即使告知了当事人也并不一定能达到很好的效果，只会白白拖延刑事案件的审理进度。因此，可以由专门的机构对算法进行阐明，并进行相应的标注审查。对于普通的告知内容，也应该进行明确的区分，对一些算法细枝末节的解释可以省略，只着重地讲述与被告人实体权利有关的算法即可。

（三）算法输出层风险防范

作为算法应用的最后层面，人工智能辅助量刑系统算法输出层实际上面对的是到底如何应用的问题，这不仅仅是智能量刑系统完善的问题，也是我国智慧司法实际应用进程中需要面对的大问题。笔者认为应明确司法审判人员主体原则，在应用时兼顾效率与公平正义原则，完善监督、问责与救济体系的构建。

1. 遵循司法审判人员主体原则

对犯罪嫌疑人的审判权只能由人民法院来行使，应摒弃机器人替代法官的不切实际幻想，人工智能辅助系统只能以一种辅助性的角色参与到刑事诉讼活动中。笔者建议从以下几个方面避免“智能主义”“机械主义”对司法审判人员主体原则带来的侵蚀，防止法官对人工智能辅助量刑系统产生依赖。

首先，加强刑事案件承办法官使用规范培训。鉴于现阶段无法实现人工智能辅助量刑系统适用群体全部精通“法学+计算机科学”，应对刑事案件承办法官进行必要的使用前培训，统一组织专门的专家学者解释人工智能辅助量刑系统相应的运行逻辑与操作规则，并加强学习考核与不定期检查，避免刑事案件承办法官在应用人工智能辅助量刑系统的过程中形成依赖效应，确保充分发挥其主观能动性。

其次，逐步转换现阶段的人工智能辅助量刑系统研发模式。考虑到现阶段我国人工智能辅助量刑系统研发模式为“司法机关+技术公司”，司法机关在研发过程中充当的更多的是指引者的角色，笔者建议，为了减少技术公司对算法的支配性所可能带来的消解审判人员主体性的影响，应在研发协议中明确双方的责任与义务范围，确立相应的监管机制，对研发内容进行细致的规定并设置不能外包的刑事司法禁区，最大限度防止技术公司干涉法院刑事审判权。

最后，加强“人工智能+法律”复合型的人才的教育培养。司法机关和法学院校必须加快培养自己的“人工智能+法律”复合型人才，真正建立以刑事司法需求为导向的辅助量刑系统，杜绝外部主体干涉审判。我国的法学院校应当在传统法学教育之外，着手人工智能法学的科研教育投入，以培养“人工智能+法律”的高素质复合型人才为学科目标，探求人工智能法学的专业领域知识，打破法学与计算机科学之间的技术与交流壁垒。[①] 应以交叉学科的思维模式来解决人工智能辅助量刑系统中存在的算法问题，逐渐形成一套具有中国特色的人工智能法学培养计划，为司法实践不断输入高质量的法学人才。

2. 效率与公正兼顾原则

效率与公正兼顾是形式正义与实质正义统一的体现。在刑事案件承办中，不加区分地追求“同案同判”甚至“类案类判”，只会导致对个别重要刑事案例的忽视，忽略刑事个案背后所蕴含的法学意义与社会意义，最终会使人工智能辅助量刑系统的应用停留在效率层面而忽视了司法裁判对公平正义的基本追求。[②] 况且，我国各地区犯罪差异化特征十分显著，若只机械地通过人工智能辅助量刑系统进行辅助审判，十分容易忽视事物发展的特殊性，尤其是个别疑难案件中所包含的特殊量刑情节和复杂的社会关系。而司法审判本身就是一个将规范化一般意义上的抽象法条适用到个案的过程，若企图通过精密的算法程序去操纵系统的结果，机械地去倡

① 参见张吉豫：《大数据时代中国司法面临的主要挑战与机遇——兼论大数据时代司法对法学研究及人才培养的需求》，载《法制与社会发展》2016 年第 6 期。

② 参见冯文杰：《人工智能辅助量刑公正取向的双重构建》，载《华东理工大学学报（社会科学版）》2020 年第 6 期。

导、追求量刑结果的整齐划一，通过这种方式来达到“同案同判”的目的，这些都不具有正当性。[①] 只有在大量的案例基础上充分重视刑事个案的研究意义，在实现追求司法效率的同时不抛弃对个案公正的追寻，才能充分实现人工智能辅助量刑系统“平权衡、正度量、调轻重”的司法实践意义。

3. 完善监管、问责与救济制度

（1）建立辅助量刑算法监管制度。

第一，总结现有人工智能技术的监管现状，可以有针对性地结合当下我国刑事司法实践特性来进行专门性分析。国外的许多国家都通过设立专门的机构来对人工智能的使用进行监管，美国国会议员约翰逊·德莱尼在2017年12月提出了人工智能未来法案，并在美国众议院通过。该法案主张在商务部设立联邦人工智能发展与应用顾问委员会，[②] 以实现对人工智能技术应用的监督与管理。

第二，完善人工智辅助量刑系统研发与应用的监管制度。借鉴上述经验，笔者建议，面对各地法院纷纷应用人工智能辅助量刑系统辅助办案的趋势，可以在法院内部设立相应的刑事司法人工智能监管部门来专门负责人工智能辅助量刑系统应用中可能发生的问题。通过构建专门性的法院内部机构，对研发过程中的风险加以沟通、评估、验证，以一种全局性的视角来实现对人工智能辅助量刑系统应用的监督与管理，为现阶段我国人工智能辅助量刑系统的研发与使用提供更全面的合理性保证。除此之外，鉴于人工智能辅助量刑系统的复杂性，刑事司法人工智能监管机构的内部组成人员可以参照前文算法评估委员会人员组成的方式来设立，尽可能以多元化的视角参与到监管中来。应最大限度地推动人工智能辅助量刑系统的优化与升级，以此来不断地满足刑事司法实践需求，确立监管机构与研发主体、承办法官之间的沟通反馈机制。

（2）确立人工智能辅助量刑系统致损的问责制度。

现阶段我国人工智能辅助量刑系统的研究与开发有明显的区域化倾

① 参见倪震：《量刑改革中“机械正义”之纠正——兼论人工智能运用的边界及前景》，载《江西社会科学》2018年第2期。

② 参见郑戈：《算法的法律与法律的算法》，载《中国法律评论》2018年第2期。

向，倘若对有组织的不负责任现象置之不理，任凭人工智能辅助量刑系统大面积普及而不明晰相应的问责机制，等真正出现损害被告人权利的现象恐怕为时已晚，将会对司法公信力造成极具破坏力的负面影响。笔者建议，可以由上文提到的刑事司法人工智能监管部门监督与厘清各个机构在人工智能辅助量刑系统应用中的定位，明晰造成损害的责任，确保辅助量刑系统研发使用中明确追溯性，保障算法输出层行为和决策的可追责，避免有组织的不负责任现象发生，逐步实现人工智能辅助量刑系统致损责任的可审查、可监督、可追溯。

（3）建立人工智能辅助量刑系统致损的救济制度。

面对前文所述的算法输入层、算法隐含层和算法输出层存在的诸多风险，如何对刑事案件当事人的权利进行救济成为人工智能辅助量刑系统算法风险防范体系构建的重中之重。在刑事诉讼活动的进程之中，法律所赋予公民的知情权与抗辩权是公民对抗司法权运行的基本权利，这种权利也是保障程序正义的应有之义，是实现程序正义与实体正义不可缺少的重要一环。因此，笔者建议赋予人工智能辅助量刑系统案件当事人一定的算法解释权与致损赔偿请求权。

第一，应赋予人工智能辅助量刑系统案件当事人算法解释权。算法解释权是指在人工智能辅助量刑系统对具体刑事案件当事人的输出结果可能对其造成程序性或实体性影响时，案件当事人有向算法使用人提出异议，要求提供对具体决策的解释，并要求更新数据或更正错误的权利。[①] 设立算法解释权是为了使刑事案件当事人可以通过行使算法解释权来验证算法的真实性、辅助裁判的准确性。算法解释权早就在欧盟《通用数据保护条例》（GDPR）中确定了下来，已经成为一种实证化权利。[②] 算法解释权的设立，有利于让受算法决策影响的刑事诉讼当事人知情并主张自己的权利，从而维护司法的公平与正义。

第二，应赋予人工智能辅助量刑系统案件当事人致损赔偿请求权。致损赔偿请求权是诉讼当事人的一种重要权利，指在确定人工智能辅助量刑

① 参见张凌寒：《商业自动化决策的算法解释权研究》，载《法律科学（西北政法大学学报）》2018 年第 3 期。

② 参见汪庆华：《算法透明的多重维度和算法问责》，载《比较法研究》2020 年第 6 期。

系统的应用对刑事案件当事人造成损害后，当事人可以主动通过行使致损赔偿权来充分补救自己所受到的损害。致损赔偿请求权是建立在算法问责制度基础上的，当人工智能量刑辅助系统对案件当事人造成权益侵害时，笔者认为，法院等人工智能量刑辅助系统的使用机构应作为赔偿义务人，并应逐渐探索与国家赔偿法的衔接途径，在使用者赔偿后，由人工智能量刑辅助系统的使用者与研究者在内部进行责任的明晰划分与具体承担。

四、结语

人工智能辅助量刑系统的运用可以极大地改善我国刑事司法实践中存在的“案多人少”难题，实现量刑信息整合智能化，促进刑事案件审理高效化，助力刑事诉讼量刑规范化。但我们应清醒地认识到，人工智能辅助量刑系统的应用与普及是一个长期发展的动态过程，在智能社会形态由雏形走向成熟的进程中，人工智能辅助量刑系统研发与应用会不断地对司法实践与算法科技提出新的要求、严的标准。在如此颠覆性的技术面前，我们应警惕地分析人工智能辅助量刑系统带来的算法风险。在人工智能辅助量刑系统研发与应用过程中嵌入“算法输入层—算法隐含层—算法输出层”三个层次的算法风险考量标准，结合我国刑事司法现状分层面采取相应的防范对策，严格把控算法输入层刑事数据的质与量，降低算法隐含层的算法歧视与算法黑箱带来的影响，削减算法输出层对现有审判制度带来的冲击，在遵循司法审判人员主体原则下，兼顾公平与效率，完善人工智能辅助量刑系统的监管、责任与救济制度，确保人工智能刑事司法实践在法治轨道上良性发展。

义愤杀人的认定和量刑的历史经验研究

张孟薇*

【摘　要】义愤杀人是现代司法量刑中考虑的一个重要因素，但是立法和司法中对于何为义愤并没有清晰的界定，导致了事实认定和量刑的不统一。本文研究总结义愤杀人的司法实践历史经验，以期为当代义愤杀人量刑的司法实践提供借鉴。相较于一般的杀人案件，义愤杀人的主观恶性小，客观行为方面与正当防卫有着相似性，社会危害性程度低，因而清代义愤杀人主要是“勿论”和“减轻刑罚”两种量刑结果。清代形成的量刑理论有着历史性的智慧。

【关键词】义愤；量刑；正当防卫；《刑案汇览》

关于义愤杀人，新中国成立之后，立法者曾做过一些立法的尝试，比如，在1955年《刑法大纲草案》第122条规定：“当场激于义愤而杀人者，处五年以下监禁。”1957年《刑法草案（第22稿）》第148条第2款规定：“为了国家和人民利益，当场激于义愤杀人的，可以从轻处罚或者免除处罚。”① 但是当时考虑到对“义愤”的标准不好把握，担心给法院留有过多自由裁量的空间，导致执法不统一和司法腐败现象的发生，所以最终没有采纳这些立法建议。但是随着社会生活的发展变化，司法实践中常

* 郑州大学法学院法律史专业硕士研究生。

① 参见高铭暄：《刑事立法文献资料总览》，中国人民公安大学出版社2015年版，第183、352页。

常会出现因激情或义愤而杀人的案件。目前，我国刑法对此并没有作出具体的规定。

通过在中国裁判文书网进行搜索，笔者查找到127篇与义愤杀人相关的裁判案例。从这些案例中，笔者发现，现代司法实践中对于义愤杀人的认定较为严格。若是因为一般的家庭内部夫妻、兄弟矛盾引发纠纷而产生了杀人的行为，往往很难被认定为义愤杀人。比如，在家暴类案件中，虽然行为人可能长期忍受被害人的家庭暴力，但若是行为人因为难以忍受家庭暴力而杀人，则很难被认定为义愤杀人。但是，若被害人有其他更为严重的过错，则有可能被认定为情节较轻的因素。可见，关于此方面的量刑标准并没有统一，导致司法实践中存在量刑不一的情况。

本文以清代《刑案汇览》中义愤杀人的案例为中心，考察清代的律例及其相关内容，探讨清代义愤杀人案件的认定标准、量刑经验及功能意义和情理观念，以为当今认定义愤杀人及其量刑标准提供一些历史借鉴。

一、清代义愤杀人的司法认定

在清代《刑案汇览》中常使用“义忿”一词，表示对违反社会公共伦理道德和家庭伦理规范的行为产生的愤怒情绪。而在现代案例中，我们更习惯于使用“义愤”一词，表达一般人遇到某些事情所产生的具有正当性的愤怒。为行文方便，除直接引用外，本文统一使用“义愤”一词。

义愤杀人的成立与否是确定刑事责任的有无及责任大小的前提和基础。“义”字包含了正当性因素，以下从清代社会普遍恪守的伦理道德层面分析义愤产生的动机。

（一）清代义愤杀人案例

笔者通过研究清代记录在册的65个司法案例发现，义愤杀人大多发生在亲属或虽无血缘关系但关系比较密切的个体之间。

1. 亲属被奸引发的义愤杀人

在亲属被奸引发的义愤杀人案件中，由于夫妻一方违反了夫妻间的忠诚义务而导致另一方激于义愤将奸夫或奸妇杀害的占了绝大比重，且相比夫有奸情而杀妻而言，妻有奸情而导致本夫（或有服亲属）激于义愤杀害奸夫或奸妇的案件更多。比如，“见闻确凿登时追捕杀死奸夫”[①]“捉奸活埋纵妻卖奸卑幼夫妻”[②] 等案例，均是此类案件中比较典型的情形。在 65 个案例中，此类案件竟多达 15 例，占所查找案例总数的 23%左右。除夫妻之间因奸罪导致一方产生义愤杀人之外，还有因亲属被人图奸而导致的义愤杀人的案件。在“事后杀死图奸罪人分别办理”[③] 一案中，“李二猪的胞妹被李金生图奸未成，李二猪本将其认为是一件丑事，便隐忍下来并未声张。事后李金生又污蔑李三偷了他家的棉花并对其进行辱骂，李二猪激于义忿用铁锨殴伤行为人致其殒命……” 此案中涉及了家庭中兄妹、兄弟之间的亲缘关系，兄长因为自己的弟弟和妹妹遇到了不公义的事情而产生愤怒的情绪，因而其杀人行为被认定为义愤杀人。

2. 其他亲密关系的人被奸引发的义愤杀人

比如，“尼僧因徒被奸纠众杀死罪人”[④] 一案。此案中，源柱的徒弟广聚被谢三要强奸未成，源柱邀请徐行、徐三麻等人帮同捉拿，导致徐三麻被殴伤，谢三要身死。源柱砍伤谢三要左腿肚系激于义愤，应毋庸议。尼僧系源柱徒弟，遇有杀伤例得照大功亲科断。此案件虽不涉及亲属关系，但是师徒关系在古代不同于其他寻常关系，其在社会关系中有着举足轻重的地位，因而此案件也可以被认定为义愤杀人。而反观“托管幼孩被人强奸忿激杀奸”[⑤] 一案，则没有被认定为义愤杀人的特殊情形。此案中，当事人与幼孩周盈顺父亲系邻佑交好，当事人为防止周盈顺受到不法侵害而登时将行为人殴戳致毙。但是，当事人与周盈顺之间并没有亲属关系，其邻佑关系又比不上“尼僧因徒被奸纠众杀死罪人”一案中谈到的师徒关系那么密切，因而不能被认定为义愤杀人。此案便显现清代司法将“义愤”的范围仅限定在家族内部或有服制关系的亲属之间。

3. 违反家庭伦理道德引发家庭内部义愤杀人

违反家庭伦理道德引发家庭内部义愤杀人是少部分非典型代表性的案

---

① 参见祝庆祺等编：《刑案汇览三编》，北京古籍出版社 2004 年版，第 900 页。
② 参见祝庆祺等编：《刑案汇览三编》，北京古籍出版社 2004 年版，第 879 页。
③ 参见祝庆祺等编：《刑案汇览三编》，北京古籍出版社 2004 年版，第 980 页。
④ 参见祝庆祺等编：《刑案汇览三编》，北京古籍出版社 2004 年版，第 228 页。
⑤ 参见祝庆祺等编：《刑案汇览三编》，北京古籍出版社 2004 年版，第 972 页。

件，比如因“妇人屡次违犯教令，不养赡家长，族内有声望的老者激于义愤而将妇人活埋”、因“兄弟相争，激于义愤发生意外而将一方误伤致死”等案件。这些案件中，产生义愤的事由不再仅限于犯奸类案例，而更多涉及家族内部的三纲五常及亲属关系。

（二）义愤杀人事实的认定标准

笔者通过类案研究发现，违反家庭伦理道德的行为是引发义愤情绪，最终导致杀人结果的诱因。义愤杀人发生的范围大多是在家庭成员内部，这类义愤发生的事由往往是因为亲属（直系亲属或者妻子）遭到羞辱。这些羞辱包括实施一般的性侵害，或者是由于亲属（直系亲属或者妻子）行为不检点，与他人通奸等。而像“尼僧因徒被奸纠众杀死罪人”一案，发生在师徒关系之间被认定为义愤杀人的案件，仅仅是个例；邻佑之间、朋友之间，则不可能被认定为义愤杀人。想必是清代司法官员为维护正常的社会秩序的需要，既要尽可能地使普通民众寻求公力救济，以便维护官府司法的权威性，又要维护封建伦常关系与家族内部的统治秩序，因此，为家族亲属之间的伦常关系开了一道方便之门。

同时，被认定为义愤杀人的，行为人只能是由于真正的具有正义性的因素而产生杀人的主观意志，因而实施了杀人的行为。如果是由于其他因素，比如受人挑拨、衅起挟嫌或误信奸徒等，则不能被认定为义愤杀人。比如在“因被谗言责逐杀死父之奸妇”[①] 一案中，“唤姐本系卖奸之妇，经刘小来义父刘东朴留住在家奸宿，唤姐复与孙兆利奸好，刘小来将其消嚷，唤姐变羞成怒，唆令刘东朴将刘小来责逐。嗣刘小来归取镰刀，唤姐不令取去，致相争扭，刘小来触及前嫌，起意致死，将唤姐叠扎致毙”。刘小来杀害唤姐并不是因为其与父亲交好后又与他人通奸的行为，而是归取镰刀时忆起曾因唤姐被父亲责逐之事而心生嫌隙，实谓是以义愤之名行私己之事，因而不能被认定为义愤杀人。最终刘小来照常律被拟以故杀之罪，而没有减轻量刑。

除此之外，清代的司法官员在认定案件属于义愤杀人之后，往往会根

① 祝庆祺等编：《刑案汇览三编》，北京古籍出版社2004年版，第951页。

据行为人与亲属之间的服制关系或不同的案件事实（比如是否为登时、奸所）进行分门别类的判断，进而进行不同的量刑分析。回到现代的研究中，在有关学者的论文中，也同样提到了现代义愤杀人案件的典型特征便是具有明显的类型化特征，诱发该类犯罪的主要原因包括家庭矛盾、情感纠纷、夫妻矛盾等，多发生在有特殊关系的熟人之间，并且由于杀人者犯罪后通常认罪悔罪态度较好，一旦杀人行为实施完毕后，犯罪人的人身危险性和再犯可能性就会大大地减弱，导致公众对义愤杀人者的容忍度普遍较高。

二、义愤杀人的责任划分

无责任则无犯罪，无犯罪则无刑罚。一个没有任何故意或者过失的人不能构成犯罪，自然也就无从讨论量刑。义愤杀人的责任划分需要从以下几个方面考虑：首先，需要符合杀人罪的法律构成要件，即行为人因被害人不义的行为而产生激愤的情绪而后采取行动将人杀害。其次，需要分析行为人的客观行为与主观动机。其中，客观行为方面，要考虑义愤杀人的情节是否有客观违法阻却事由（这里主要是指正当防卫），若满足正当防卫条件，那么义愤杀人行为人可以不用负刑事责任，进而无罪免责。此时也就不再需要讨论责任大小的问题。除此之外，还需要考虑行为人的人身危险性程度（也可以称为再犯可能性）。行为人是由于特定的被害人的不义行为引发愤怒而杀人，行为人的这种施暴行为仅针对特定的人，所以，其人身危险性程度是较低的。从社会效果上进行评价，这种“坏”的结果的范围是较为有限的，甚至在一些案件中，这个社会效果在一定程度上是被社会公众所接受与认可的。因此，从客观方面来看，中国传统社会强调义愤杀人可以减轻处罚的合理性也在于此。在主观方面，则需要考虑行为人对于杀人行为的认识，是直接故意还是间接故意，或者是无故意或过失的意外事件。行为人主观恶性程度会影响行为人是否承担责任及承担责任的大小。

（一）义愤情绪产生的时机与刑事责任

奉天司查：“向来办理杀奸之案，如奸所亲获，当时将奸夫奸妇一齐杀死，并无间隔时日者，律予勿论。”由此可知，如果本夫奸所获奸，登时将奸夫奸妇杀死，可以被认定为义愤杀人，从而律予勿论。通过研究清代律例，我们可以发现清代是重惩奸罪的。清律中以规定“本夫、本夫本妇有服亲属、他人捉奸杀奸勿论或减等处罚”的方式，重惩奸情犯罪。此“捉奸杀奸”的规定，在社会效果上无疑是助长了本夫的义愤之心。此类义愤情绪的产生，是一种即时性的结果，比较符合一个普通人的正常理性反应，因而在清代的判例中是可以不承担刑事责任的。具体案例比如《刑案汇览》中记载的“奸夫将妻占留本夫前往杀奸”① 一案：卢云四与汤周林的妻子曹氏通奸，被汤周林撞获后并禁止，嗣后卢云四乘汤周林外出之际，又拉曹氏至家中留住奸宿，且不允许其搬回，并将汤周林殴伤。后汤周林忿激，起意将卢云四杀害，便邀徐广进等至卢云四家中将卢云四砍毙。汤周林往杀卢云四之时，曹氏正与卢云四同睡一床，实与奸所登时杀死奸夫勿论之例相符。大多数社会一般人在面对此种场景时，都会产生义愤情绪，此案的行为人主观恶性并不是特别大，因而最终并没有承担刑事责任。

（二）人际关系的亲疏远近与刑事责任

我国自古以来就是家天下的格局，因此即使从社会治理的层面来看，亲缘纽带也是不容忽视的存在。通过研究《刑案汇览》中记载的案例，笔者发现，当事人之间关系亲疏远近的不同也对应着不同的法定量刑幅度。通常来讲，当事人与行为人之间关系越近，则量刑越轻，这点在不同辈分的亲属之间表现尤为明显。比如，在《刑案汇览》记载的“父母捉奸仅杀奸妇毋庸科罪”② 一案：“周俸瀧奸拐李世楷之女李二姐同逃，被李世楷拿获，李世楷登时殴伤李二姐身死。李二姐犯奸，属有罪之人，李世楷将伊女殴毙系出于义愤，最终便未科以罪名。”

通常来讲，人际关系的远近会影响行为人的情绪，尤其是在有着家庭血缘关系的亲属之间。清代对义愤杀人的认定大多是出于对家庭伦理道德

---

① 参见祝庆祺等编：《刑案汇览三编》，北京古籍出版社 2004 年版，第 895 页。

② 参见祝庆祺等编：《刑案汇览三编》，北京古籍出版社 2004 年版，第 916 页。

与社会秩序的维护，当惩治犯罪与家族伦常关系发生冲突时，官府往往会将维护家族伦常关系的行为放在更为重要的位置。而事实上，这也是在维护统治者的统治秩序以及古代传统的三纲五常的伦理秩序与道德习俗。

清代认定义愤杀人需满足两个条件。首先，发生的范围是在家庭成员内部，比如夫妻或亲属之间。其次，行为人是出于真正的具有正义性的因素而产生愤怒杀人的主观意志。这就决定了被认定为义愤事由的前提是其具有明显的悖德性，若是衅起挟嫌或其他原因，不能被认定为义愤杀人。此外，行为人义愤产生的时间以及场所，虽然可能不影响义愤杀人的责任认定，但是依旧会影响义愤杀人认定后的量刑问题。

随着社会的不断发展，夫为妻纲的封建思想已不再被大众所接受，在现代社会倡导男女平等的时代背景下，封建残余的旧思想已经在慢慢地退出历史舞台，取而代之的是更为和谐文明的新时代思想与精神。因此，“义愤”中“义”的含义不是一成不变的，而是随着社会历史文化和意识形态的变迁而不断丰富与变化的。现代有学者重新将“不义”行为框定在如下范围：违背家庭伦理孝悌伦理、损害他人性权利、违背夫妻忠实和睦义务、破坏他人婚姻关系以及其他长期或严重损害他人身体健康或名誉尊严等违反社会准则和道德观念的行为。① 在现代刑法理论的背景之下，显然服制关系的远近已然不能成为量刑轻重的考量因素，但是，清代义愤杀人中的当场性与非当场性、即时性与预谋性、是否构成正当防卫等案件事实条件仍可以作为司法工作人员认定义愤杀人的参照因素。比如，非当场性义愤杀人，因其带有明显的事先预谋性质，在情绪上的可谅解性要低于当场义愤杀人，所以其量刑的起点应当更高一些。而构成正当防卫的，在司法实践中，更是可以直接按照刑法中的正当防卫条款，而非故意杀人条款来处理。

基于当时的社会治理背景，在清代若是被判定为义愤杀人，有可能会判处不承担刑事责任，从而免除处罚。而随着法律的现代化进程推进，对义愤杀人的认定则更为严格，仅仅将其作为减轻处罚的情节来处理。家庭

---

① 参见董巍、班耿齐：《宽严相济视角下义愤杀人犯罪的认定标准与量刑规范——以217份刑事判决书为样本》，载《华南理工大学学报（社会科学版）》2024年第1期。

亲属关系对判案结果的影响在现代不断地被弱化，取而代之的是更为公平、更为科学的刑事司法原则。

(三) 义愤杀人的刑事责任与正当防卫

笔者通过研究案例对比发现，一些案件中的案情细节与我国现在刑法中的正当防卫情节是极为类似的。比如，《刑案汇览》中记载的“将调奸之夫兄殴死比例减流”① 一案：“张刘氏夫亡守志，因夫兄张俊科黉夜拨门进房，揭被图奸，经该氏喊嚷逃逸，次早张俊科复向调戏，该氏忿激将其殴伤殒命。”此案行为人的行为除了被认定为义愤杀人之外，还符合我国刑法第20条第3款关于正当防卫的规定：“对于正在进行行凶、杀人、抢劫、强奸、绑架以及其他严重危及人身安全的暴力犯罪，采取防卫行为，造成不法侵害人伤亡的，不属于防卫过当，不负刑事责任。”此案中张刘氏对于夫兄张俊科正要实施强奸的暴力行为，采取防卫手段，以现代刑法来看，是赋予了防卫人特殊防卫权的。即使防卫行为导致被害人受伤或死亡，也不属于防卫过当。当然，在清朝还没有正当防卫的概念，判官在判案时常常会先按照律例初步判断，之后由地方到巡抚，往往会以“于情罪究未允协”“而情法未昭允协”“殊不足以申义愤而昭矜恤”“激于义忿，应毋庸议”等相关表述来解释从轻量刑或免除量刑的原因，从而达到减轻罪责或刑罚的目的。又如“本妇杀死图奸强奸未成罪人”② 一案：“周得佶复于夜间乘空向李何氏调戏求奸，该氏不依喝骂，周得佶将该氏抱住，该氏挣不脱身，顺取草刀戳伤其右胳膊右手背，周得佶松手欲逃，经李成荣赶至抓住，问明情由，取棒殴伤其左乳等处，并令该氏取绳捆住两手，约俟天明送究。经邻人郑登富闻闹趋至，亦斥周得佶之非，周得佶混骂，并称到官定扳李何氏出丑，该氏气愤，复刀戳其右臀并肾囊殒命。”该案李何氏在避奸的过程中，用草刀戳伤周得佶右胳膊右手背，笔者认为，此时属于正当防卫。后来，其夫李成荣赶至将周得佶抓住，并令李何氏取绳捆住周得佶两手，约俟天明送究，此时仍没有脱离正当防卫的范畴，但是周

① 参见祝庆祺等编：《刑案汇览三编》，北京古籍出版社2004年版，第875页。
② 参见祝庆祺等编：《刑案汇览三编》，北京古籍出版社2004年版，第1595页。

得信被控制后依然混骂，并称到官定扳李何氏出丑，李何氏气愤，用刀戳其右臀并肾囊殒命这一情节，在笔者看来，已经超出了正当防卫的范畴，因为此时周得佶的身体已经被控制，失去了继续实施现实不法侵害的可能性。但考虑到李何氏是激于义愤对周得佶实施了伤害的行为，被害人有一定的过错在其中，所以李何氏的行为虽然不能被认定为现代刑法上的正当防卫，但依旧可以适当地减轻处罚。

义愤杀人与正当防卫的相同点在于两者都含有一定的正当性，构成清代义愤杀人的，有可能构成现代刑法上的正当防卫。但是，义愤杀人与正当防卫还是有区别的。比如，在主观目的方面，义愤杀人是基于某种正当性的事由而产生气愤的情绪，从而怒不可遏地实施了杀人的行为，义愤包含了一些激情的因素在其中，只是诱发这些激情产生的原因是某种正当性因素，而正当防卫则是单纯地以防卫为出发点，为了保护自身或他人的人身或财产安全而不得不实施了防卫的行为。同样，义愤杀人与激情杀人也有区别。比如，有学者曾谈到，义愤杀人只适用于杀人罪这一特定罪名，属于法定的从轻情节，能够大幅度减轻被告人的刑罚；激情杀人要求行为人杀人行为的当场性、即时性，而义愤杀人则不作此要求，行为人可以在犯罪行为实施前进行周密的筹划，有步骤地实施杀人行为，甚至行为人可以在被害人的不道义言行结束很长时间之后再去部署实施杀人行为。也有学者认为，在激情杀人中，刺激的正当性与否并不影响其成立，受害人的行为只是引起了行为人自身主观意志上的愤怒，其行为本身不一定违反正义及公理；而义愤杀人则往往是由于受害人的行为本身违反了社会所普遍认知的正义公理，或者是伦理道德、公序良俗等。总之，正确地区分义愤杀人与正当防卫、激情杀人的关系，对定罪与量刑有着重要意义。

由上文可知，义愤杀人情节不仅影响定罪，并且会影响量刑，而量刑环节恰恰是落实宽严相济政策、体现司法公正的核心所在。笔者认为，义愤杀人能够成为清代影响量刑的重要因素不单单在于它的某些情节符合现代正当防卫的一些基本原理，更为重要的原因在于，它符合我国古代几千年来所流传下来的一些家族伦常道德观念的要求。司法工作人员需要做的就是在法理中兼顾情理，使量刑结果既合乎法律的要求，又满足普通民众对司法的期待。

三、义愤杀人的量刑分析

义愤杀人不断地引发社会关注，是因为是否认定义愤杀人直接关乎责任认定及量刑结果的轻重问题。通过研究清代的司法案例不难得出，对于能够被认定为义愤杀人的案件，司法官量刑时考量的结果往往是减轻量刑，在一些特殊的情节之下，也会有“勿论”的无罪结果的出现。

（一）义愤杀人“勿论”的量刑

“历来妇人最重名节，而律义尤惩淫凶。”查例载：妇女拒奸杀人之案，登时杀死者无论所杀系强奸还是调奸罪人，本妇均勿论。此例表明，妇女登时拒奸杀人，是免除处罚的。由此可知，在清代，妇女在面对正在发生的不法侵害时，律例赋予了其无限防卫权，这也正面表明了清代司法对妇女人身安全及尊严贞洁的维护。除了本夫捉奸之外，父母当场捉获奸夫奸妇，义愤杀人也同样是不科以罪名的。

（二）义愤杀人的减轻处罚

查例载：妇女拒奸杀人之案，如捆缚复殴或按倒叠殴，杀非登时者，所杀系调奸罪人，即照擅杀罪人律减一等，杖一百，流三千里。所杀系强奸罪人再减一等，杖一百，徒三年，均照律收赎。

此例与上文的不同之处在于是否登时。若是登时，则勿论；若是非登时，则减轻处罚，照擅杀罪人律减一等，杖一百，流三千里。对于不法侵害的紧迫性方面的要求，此处与现代刑法中的正当防卫原理不免有相通之处，若杀非登时，则表明不法侵害已经结束，行为人产生义愤的紧迫性也在削弱，因此，不能免除处罚而仅是减轻处罚。例如“见闻确凿登时追捕杀死奸夫”一案[①]：樊克敬回家恰好碰上郭倌、郭行与妻子杜氏在屋谈笑，郭行等人便即刻离开，后樊克敬向妻子杜氏究出奸情，便起意杀死郭行等人。樊克敬候至三更始携刀寻赴奸夫门口，将其杀毙。此案巡抚一开始照捉奸已离奸所，非登时而杀例拟绞，但后来，再臣等更有请者，谓之：

① 参见祝庆祺等编：《刑案汇览三编》，北京古籍出版社2004年版，第900页。

"查杀奸例内所称奸所之与非奸所，总以本夫是否当场撞见奸情为断，登时之与非登时，总以本夫有无过后转念为凭。"并且樊克敬回家恰好碰上郭倌、郭行与妻子杜氏，仅是在屋谈笑。"此等乡村小户男女聚谈亦所时有，且郭倌、郭行兄弟二人并无行奸实迹。安知非有别项情节?"于是此案最终并没有以此揣度复行深究，只是将该犯末减，按照奸所获奸，非登时杀死奸夫之例俱以杖一百，徒三年。

除上述情形之外，若是非奸所捉获奸夫奸妇，则另有不同。比如"向妻盘出奸情杀死奸夫奸妇"一案[①]：崔大安于妻李氏与高红绪通奸向不知情，后高红绪复与李氏续旧，经崔大安的父亲崔督瞥见，高红绪当即逃逸，随向李氏盘出奸情，维时崔大安佣工回家，告述前情，崔大安究问李氏与高红绪通奸属实，崔大安忿激，即取菜刀藏掖腰间往寻高红绪。走至高崔氏场园，撞遇高红绪迎面走至，崔大安即拔菜刀砍伤高红绪鼻梁等处殒命，复拾刀回家将妻李氏杀死。该省将该犯依本夫捉奸已离奸所，非登时杀死不拒捕奸夫例拟绞监候。此案的判决理由如是：本夫捉奸，义愤激于须臾，杀奸不容少缓，例分拟杖拟徒拟绞之文，总视其是否奸所登时为断。若杀奸并非登时，获奸又非奸所，自应依罪人不拒捕而擅杀律科罪。由此也可知，虽然杀非登时、杀非奸所也可以被认定为义愤杀人，但减轻量刑的程度与案件发生"是否在于须臾之间、是否发生在奸所"是有着紧密关系的。

（三）义愤杀人情理观念对量刑的影响

霍存福先生在一次访谈中曾谈到，传统法文化的精神可以从六方面进行概括，其中，他首先谈到的便是"宽恕戒残、悲悯仁恤"的宽宏精神，其次便是"本乎人情、据于事理"的情理精神。他谈到中国人情理法并重，一方面表现为不单独地谈论法律，而是将法律纳入人情、事理中进行说明和解释；另一方面不单独地倚重法律，重视情理对法律的"过滤"和检验。这便构成了中国人理解、解释法律问题时的情理精神。[②] 这一点在

① 参见祝庆祺等编：《刑案汇览三编》，北京古籍出版社2004年版，第888页。

② 参见霍存福、夏纪森：《情理精神与传统法重生——霍存福教授访谈》，载《法律与伦理》2021年第1期。

清代司法官员判案过程与判案结果中也得到了具体的体现与表达。

我国古代的法律，经过长达数百年的法律儒家化即儒家伦理道德观念与国家法律制度不断相互渗透和融合的历程之后，形成了融天理、国法、人情于一体的基本特征。法律与伦理道德融为一体，天理、国法、人情水乳交融，这一点通过家庭亲属间相互侵犯之类案件的处理得到了极其生动的体现。中国传统刑法作为国家至上权威的具体体现，尤其体现了这一点。而义愤杀人类案件恰恰符合了这两点，即发生在家庭或亲属关系之间的刑事案件，因此，情与法的冲突在这类案件中表现得尤为突出与强烈。

在儒家政治理论和伦理观念的影响下，中国传统刑法无论对亲属相杀、相殴，还是亲属相奸、相盗，都是以名分尊卑作为刑罚加减的分界，以服制亲疏作为处罚轻重的准尺。比如，古代的“同居相为隐”“准五服以制罪”的相关律条，处处体现着儒家的道德伦理、仁义教化。天理的核心内容，在中国人看来，就是伦理纲常，就是“义”的集中体现。汉人董仲舒说：“王道之三纲，可求于天。”“君臣父子夫妇之义，皆取诸阴阳之道。”“阴阳之道”，对古代中国人来说，就是天理，就是自然法则，就是由此逻辑而推演出来的一切“道理”。[①] 其具体内容就是三纲，即君为臣纲、父为子纲、夫为妻纲。而义愤产生的事由，其中很明显有一部分是违背了这些传统伦理纲常的。比如，《刑案汇览》中记录的“杀死犯奸之妾奸夫一律治罪”一案[②]中，殷宗堂之妾高氏与杨有礼通奸，被殷宗堂奸所获奸，高氏便是违反了三纲中的“夫为妻纲”，殷宗堂激于义愤将其杀害，此案件的处理便没有罪坐本夫。除了清代律条重惩奸罪的背景之外，这也实为对传统伦理纲常中“夫为妻纲”的维护。又如，在“无服族长活埋忤逆应死族妇”一案[③]中，妇人吴许氏屡次违犯教令，不养赡家长，吴德仁作为家族中辈分最尊之人，激于义愤致死蔑伦肆逆之犯。对于吴德仁的量刑细节，原文是这样记载的：“若照谋杀问拟，是将激于公忿之族长而抵罪犯重辟之人，未免情轻法重，将吴德仁等援谋杀本例又复量减分别拟以流徒，亦未允协。吴德仁虽非有服尊长，但吴许氏究系罪犯应死，且其夫

① 参见范忠信：《情理法与中国人》，北京大学出版社2011年版，第29页。
② 参见祝庆祺等编：《刑案汇览三编》，北京古籍出版社2004年版，第919页。
③ 参见祝庆祺等编：《刑案汇览三编》，北京古籍出版社2004年版，第1595页。

信内本有投族处治之语，其翁生前亦有赴祠告知之事，是该犯等即有应捕之责，衡情酌断，自应照罪人不拒捕而擅杀之律问拟，以昭平允。”由此看出，对于违犯教令、不养赡父母的人，非有服之人（此案中为族内辈分最高之人）激于义愤将其杀害，仍可以量减。这也说明古代的“义”是包含孝道的，“不孝”是“重罪十条”中的大罪，因此，毫无疑问，孝道也是包含在伦理纲常之中的。

义愤中的“义”包含了诸多的伦理纲常在其中。在父母、兄弟、夫妻乃至师徒、子侄关系之中，处处蕴含着这种“义”。清代司法官员出于维护封建伦理纲常的考虑，同时也是为了社会的公共秩序及公众的道德伦理教化，使义愤杀人这一特殊情况能够适用赦宥或从宽处罚的量刑情节，这样想来，也是十分合情合理的。司法官员在判案时既要考虑维护国法的严肃性、一致性，又要照顾伦理秩序、道德人情，对部分人采取宽大处理的政策。如果一概不从宽处理，将义愤杀人类案件完全视同一般杀人罪、伤人罪处理，则会“有伤天理”“有乖人情”；但如果一味宽大处理，则无异于奖励私自相斗相杀。只寻求私力救济而放弃公力救济会使国家法律的权威性减弱，有碍法律的实施，危害社会秩序。因此，封建国家力图做到的就是所谓情、理、法的统一——合情、合理、合法。在兼顾人情、天理的同时，也需顾及每个案件中的具体情节，从而对每个案件的量刑会有不同结果，并会有不同的减轻刑罚的情节出现。这些包含情理的典型案例较为恰当地满足了普通民众对于公正司法的期待，同时也使得普通民众心中的道德伦理价值观得到实现。

情理对法理既可能会产生积极的作用，比如一些慎刑、恤刑的司法观念得以体现，也可能会产生消极的作用，比如罪责刑不一致，留给司法机关较大的自由裁量权。司法工作人员只有在具体的司法过程中将情理与法理自然地有机结合，形成法律案件判决法与理的平衡，才能真正实现法律的公平价值与正义价值。

通过对清代《刑案汇览》中案件的分析，笔者认为，清代义愤杀人案件判决的司法实践为我们当代的义愤杀人类案件判决提供了借鉴。缘情立法，法顺人情。在司法的过程中，除了要严格依法办案之外，更要自然而然地贯彻执法原情的原则。根据具体的案件事实作出恰如其分的裁判，这样才能彰显司法为民的魅力，符合普通民众心中的价值所向，也更加符合我国法治现代化中的“赓续中国法治文明的现代化”特色。

四、结语

笔者认为，中国传统的“义”的思想，有一定的封建道德伦常化的寓意在其中，有些思想在现在看来已经过时。但是，从某种意义上来看，“义”即正义，它符合我国现代社会主义核心价值观的基本要求，在不违反法律及公序良俗的情况下，确实应该被提倡和鼓励。“义”作为我国传统思想文化“五常”中的一部分，同时也属于我国传统法文化精神的一个重要的组成部分，在如今重视弘扬中国传统文化的背景之下，准确地界定义愤杀人的认定标准及其对量刑产生的影响，总结清代司法中义愤杀人审理的历史经验，从而在现代刑法宽严相济视角下明确对现代义愤杀人犯罪的认定标准，在力求统一司法工作的“度量衡”方面具有重大的理论意义。我们应该将情理法观念作为法律文化精神在当今社会发展过程中发挥其道德伦理的教化作用，在古代的司法案例中获得更多的启发。与此同时，将传统的法律精神与当今的法律制度或法律理念相结合，这对于弘扬民族优秀法律文化传统，理解中国特色社会主义法治形成和发展的历程与方向，从而建立具有当代价值的法律文化体系，同样具有重要的理论意义和实践意义。

稿　约

《量刑研究》是西南政法大学量刑研究中心主办、面向国内外公开发行的连续出版物，由人民法院出版社出版，每年出版一辑或两辑。欢迎理论界和实务界关注量刑问题的同仁投稿。

一、《量刑研究》欢迎关注量刑理论和实践问题的各种稿件，主要栏目有“理论前沿”“专题研究”“实践探索”“研究综述”等。

二、《量刑研究》稿件以1万至2万字为宜，需注意结构完整、论证充分、写作规范；实务部门的稿件原则上需有较为科学充分的统计数据和实例。

三、《量刑研究》注释一律采用脚注；对所引中文文献请依次注明著(译)者、著作名称、出版社或者期刊名称、出版时间及版次或期刊刊次、页码；所引外文文献请按照该外文通用注释体例加注；引用网络文献，请注明最后访问时间。在排版上，文稿标题用小2号黑体、一级标题用4号宋体加粗、二级标题用小4号宋体加粗，其他正文部分一律用宋体5号字、1.5倍行距。

四、《量刑研究》采用具有原创性的首发稿。来稿一个月后如未接到采稿通知，可另行处理。

五、电子稿请发送至 liangxingyanjiu@163.com。邮件主题：作者姓名-单位-论文题目。来稿一律不退，请自留底稿。文章发表时署名自便，但来稿时请务必写明作者的真实姓名、工作单位、职务或职称、学衔及联系方式。

六、编者保留对来稿进行技术加工处理的权利。文章如发表，文责自负。

《量刑研究》编辑部